矿王谷的黎明

The Sierra Club,
the Disney Company,
and the Rise of
Environmental Law

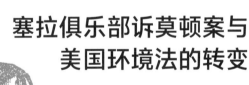

塞拉俱乐部诉莫顿案与美国环境法的转变

［美］丹尼尔·P.塞尔米 著 邢通 译
（Daniel P. Selmi）

中国科学技术出版社

·北京·

北京市版权局著作权合同登记　图字：01-2023-1608

图书在版编目（CIP）数据

矿王谷的黎明：塞拉俱乐部诉莫顿案与美国环境法的转变 /（美）丹尼尔·P. 塞尔米（Daniel P.Selmi）著；邢通译 . — 北京：中国科学技术出版社，2024.3

书名原文：Dawn at Mineral King Valley：The Sierra Club，the Disney Company，and the Rise of Environmental Law

ISBN 978-7-5236-0434-2

Ⅰ . ①矿… Ⅱ . ①丹… ②邢… Ⅲ . ①环境保护法—研究—美国 Ⅳ . ① D971.226

中国国家版本馆 CIP 数据核字（2024）第 039807 号

策划编辑	刘　畅　宋竹青		责任编辑	刘　畅	
封面设计	今亮新声		版式设计	蚂蚁设计	
责任校对	邓雪梅		责任印制	李晓霖	

出　　版	中国科学技术出版社
发　　行	中国科学技术出版社有限公司发行部
地　　址	北京市海淀区中关村南大街 16 号
邮　　编	100081
发行电话	010-62173865
传　　真	010-62173081
网　　址	http://www.cspbooks.com.cn

开　　本	710mm×1000mm　1/16
字　　数	277 千字
印　　张	20.25
版　　次	2024 年 3 月第 1 版
印　　次	2024 年 3 月第 1 次印刷
印　　刷	北京盛通印刷股份有限公司
书　　号	ISBN 978-7-5236-0434-2 / D·135
定　　价	89.00 元

（凡购买本社图书，如有缺页、倒页、脱页者，本社发行部负责调换）

本书赞誉

　　"塞拉俱乐部诉莫顿案"是美国环境法中关于"诉讼资格"的经典司法判例。本案中，美国联邦最高法院首次承认"美学和环境上的损害"也属于"事实上的损害"、受害人可据此提起诉讼，并以此判决创造了审判先例。此外，本案的两个反对意见也对美国环境法的发展产生了深远影响：道格拉斯大法官认为，在涉及环境保护的案件中，应当赋予自然物诉讼资格，让它们可以为自己的存在提起诉讼，所以他认为本案本质上是"矿王谷诉莫顿"；而布莱克门大法官和布伦南大法官则认为，既然环境问题与每一个人息息相关，那么那些众所周知的、为他们所主张的环境价值代言的人就应当具有诉讼资格。

　　尽管美国联邦最高法院最终以塞拉俱乐部未能证明它及其成员的美学或者环境利益受到影响为由，判决塞拉俱乐部败诉，但本案的判决事实上为美国的"公民诉讼"打开了一扇大门。所以本案的意义不仅是本书书名所称的"矿王谷的黎明"，它实际上也寓意着美国环境法中"公民诉讼"的黎明的来临。

——汪劲，北京大学法学院教授

　　有史以来关于美国公共土地政策最令人兴奋的书之一。

—— *Vail Daily*

　　《矿王谷的黎明》是一本了不起的书。丹尼尔·塞尔米不仅是一位权威的法律学者，也是一位表达清晰、极具说服力的故事讲述者。他所讲述的矿王谷的传奇故事将为读者带来精彩的阅读体验，也为美国环境史做出了重大贡献。

——《国家公园旅行者》（ *National Parks Traveler* ）

塞尔米进行了广泛的研究，涵盖所有参与者——塞拉俱乐部、迪士尼、林业局、国家公园管理局以及内政部和农业部——的误判和成功之处。作者对这一重要事件进行了细致的分析，这本书可以作为公共关系、环境研究、政治学、公共管理、法律、新闻等学科学生的优秀参考文本。

——《选择》（*Choice*）

塞尔米巧妙地探索了人们对环境态度的变化，这也是美国人目前在争端中使用的主要手段之一。

——《哈佛杂志》（*Harvard Magazine*）

《矿王谷的黎明》进行了极具吸引力的描述，珍贵的历史细节和扣人心弦的故事闪耀其间。

——《塞拉杂志》（*Sierra Magazine*）

塞尔米写了一本重要且及时的书，这本书着眼于一起环境争端，而这起争端同时推动了理论争辩和制度改革。

——《元科学》（*Metascience*）

《矿王谷的黎明》趣味十足，叙事节奏紧凑，环境管理人员、电影界代表、高级公务员、热诚的律师和法官以及颇具传奇色彩的政治家轮番登场。在宏大的背景下，塞尔米讲述了一起由美国最高法院作出判决的案例，该案例不仅影响了加州内华达地区矿王谷的未来，也改变了整个国家的环境事业。

——安德烈亚·谢里登·奥尔金（Andrea Sheridan Ordin），前美国加州中区检察官

塞尔米讲述了一个非凡的故事：现代环境保护运动方兴未艾，

逐步介入我们的法律框架，在此背景下，美国一处标志性的自然资源突破重重困难，在毁灭中得以幸存。作者聚焦于一个个独特的人物，讲述了这场史诗般的环境斗争背后充满戏剧性的人物博弈。不管你是否从事法律职业，这个引人入胜的故事中的每一处转折都会带来极致的阅读享受。

——汤姆·尤德尔（Tom Udall），前美国参议员，美国驻新西兰和萨摩亚大使

美国最高法院于 1972 年作出的"塞拉俱乐部诉莫顿案"的判决，是美国环境法中具有开创性意义的案例之一，但是如今该领域的专家很少知道其前因后果。塞尔米深入的研究和流畅的写作展示了丰富多彩的人物、暗流涌动的斗争和错综复杂的法律。我们从中可以看到，商业决策、政坛流转、环保组织、辩护策略以及裁判理论共同塑造了该案的最终结果，并且在半个世纪之后仍然影响着法律的方向。

——迈克尔·B. 杰拉德（Michael B. Gerrard），哥伦比亚法学院气候变化法萨宾中心主任

经过充分的记录和研究，《矿王谷黎明》展现了一起与环保意识出现同样具有现实意义的争端。塞尔米是一位令人信服的故事讲述者，从华特·迪士尼及其公司入手，探究了这一重要案例的动态历史。他不仅提供了不同角度的重要内在视角，也提供了改善环境的可行路径。

——约翰·C. 克鲁登（John C. Cruden），美国司法部环境与自然资源司前助理部长

主要人物

塞拉俱乐部

约翰·哈珀（John Harper），俱乐部成员

威尔·西里（Will Siri），主席（1964—1966年）

迈克·麦克洛斯基（Michael McCloskey），保护部主任，后来的执行董事

菲尔·贝里（Phil Berry），主席（1969—1971年）

李·塞尔纳（Lee Selna），俱乐部方的首席律师

华特·迪士尼制作公司

华特·迪士尼（Walt Disney），总裁

罗伯特·希克斯（Robert Hicks），矿王谷项目的负责人

罗伊·迪士尼（Roy Disney），董事长、首席执行官兼总裁

唐·塔图姆（Donn Tatum），总裁兼董事会主席

卡德·沃克（E. Cardon Walker），执行副总裁

矿王谷娱乐发展公司

罗伯特·勃兰特（Robert Brandt），总裁

珍妮特·利（Janet Leigh），勃兰特的妻子，女演员

美国林业局

斯利姆·戴维斯（Slim Davis），（西部）娱乐部主管

劳伦斯·惠特菲尔德（Lawrence Whitfield），红杉国家森林主管

查尔斯·康诺顿（Charles Connaughton），地区林业局主管

爱德华·克利夫（Edward Cliff），林业局局长

皮特·威科夫（Pete Wyckoff），矿王谷项目联络员

美国农业局

奥维尔·弗里曼（Orville Freeman），农业部部长

托马斯·休斯（Thomas Hughes），农业部部长助理

克利福德·哈丁（Clifford Hardin），农业部部长（1969年上任）

美国国家公园管理局

乔治·哈佐格（George Hartzog），国家公园管理局局长

弗兰克·科夫斯基（Frank Kowski），红杉国家森林公园负责人

美国内政部

斯图尔特·尤德尔（Stewart Udall），内政部部长

斯坦利·该隐（Stanley Cain），内政部部长助理

美国司法部

欧文·格里斯沃尔德（Irwin Griswold），司法部副检察长

其他官员

哈兰·哈根（Harlan Hagen），国会议员

帕特·布朗（Pat Brown），加利福尼亚州州长

约翰·克雷布斯（John Krebs），国会议员

罗纳德·里根（Ronald Reagan），加利福尼亚州州长（1967年上任）

菲尔·伯顿（Phil Burton），国会议员

目录

概述　在最高法院

　　1971 年 11 月 17 日，接近上午 11 点时，律师和观察员在位于华盛顿特区的美国最高法院等待着塞拉俱乐部诉莫顿案（Sierra Club v. Morton）口头辩论环节的展开。媒体对此案进行了广泛报道，想要观看这场辩论的人排起了长队，人群从法庭内部一直排到法院大楼旁边的一条街上。诉讼中争论的焦点是矿王谷（Mineral King）的命运，矿王谷是一个风景秀丽的山谷，坐落在加利福尼亚州内华达山脉（Sierra Nevadas of California）高处。该案的主要被告是美国林业局（Forest Service），它授予了一家名为华特·迪士尼（Walt Disney）的公司在那里建造大型滑雪设施的权利。原告塞拉俱乐部（Sierra Club）是美国有名的自然保护组织，由著名的"荒野传道者"约翰·缪尔（John Muir）在 80 年前创立。

　　在动荡的 1969 年，塞拉俱乐部提起了诉讼。这一年，越南战争肆虐，美国因前一年罗伯特·肯尼迪（Robert Kennedy）和马丁·路德·金（Martin Luther King）的暗杀事件，以及马丁·路德·金死后引起的骚乱而陷入困境。同时，1969 年也是人们对环境退化的担忧程度迅速加深的一年，以至于在一些人看来，环境问题是与越南战争同等重要的政治议题。[1]

　　1969 年 1 月，加利福尼亚州圣巴巴拉（Santa Barbara）附近的一个生产平台发生井喷，释放的石油污染了海水，还溅到了海岸上。[2]被焦油状物质覆盖的垂死的鸟类和海洋哺乳动物，以及试图拯救它们的救援人员的照片引起了公众的恐慌。几个月后，俄亥俄州克利夫兰的凯霍加河（Cuyahoga River）有一段被石油覆盖的河段着火了，全国各地的观众通过电视震惊地观看了这条河流燃烧的视频。[3]

媒体对环境问题的关注激增。《时代》（*Time*）杂志将环境问题列为年度问题，称其为"全民关注"；[4]受众颇多的商业杂志《财富》（*Fortune*）也专门用一整期特刊报道了环境问题。[5]据估计，有2000万人参加了1970年举办的第一个"地球日"。[6]美国环境保护局（The Environmental Protection Agency）成立的目的就是将环境监管集中在联邦机构中，这是解决污染问题的一个里程碑。直到1972年，人们对环境问题的热情才略有降低，但公众仍然非常关注环境问题。

诉至最高法院的矿王谷一案就是这种担忧的一个重要例证：这是一起针对环境损害行为提起的诉讼。1969年塞拉俱乐部提起诉讼时，环境诉讼还很少见。但随着环保主义者试图叫停矿王谷开发项目，并要求政府官员对可能造成环境破坏的决定负责时，这些诉讼很快就成倍地增加。[7]

围绕矿王谷的争辩是新环保意识引发的典型案例。1949年，塞拉俱乐部曾赞同在山谷开发滑雪项目，但它在16年后改变了立场。俱乐部以该项目规模巨大，会对矿王谷造成不可避免的损害为由，试图将该山谷并入邻近的红杉国家公园（Sequoia National Park）。即使在政府内部，林业局批准的山谷滑雪开发项目也引发了激烈的讨论。内政部部长斯图尔特·尤德尔（Stewart Udall）拒绝批准修建一条穿过红杉国家公园通往滑雪开发项目的道路，在白宫官员干预后，他才屈服。

在诉讼初期，塞拉俱乐部取得了成功——一名联邦法官批准了一项针对矿王谷开发项目的临时禁令。然而，在此案提交至最高法院之前，其争议焦点就已经成了美国环境法发展史上最重要的问题之一。这个问题涉及"诉讼资格"（standing）这一晦涩难懂的法律术语，同时也是一个基本的法律问题，简单来说，就是法律允许哪些组织质疑环境违法行为。

要想拥有提起环境诉讼的资格，原告必须证明伤害类型是法院所认可的。然而，在矿王谷案中，1970 年，经初级法院裁定，尽管塞拉俱乐部与内华达山脉有长期联系，但该俱乐部并没有资格就所谓的山谷环境损害提起诉讼。如果最高法院维持这一裁决，初级法院就会驳回由"环境法律师"这一新兴阶层提出的许多诉讼，从而扼制通过提起诉讼来预防环境损害的新趋势。

密切关注此案的还有华特·迪士尼制作公司，在当时，这个名字是拟议中的矿王谷滑雪开发项目的代名词。迪士尼公司选择不参与诉讼，它担心这一针对可能的环境影响而提起的诉讼会损害迪士尼的公众形象。然而，该公司还是被卷入了争议之中。1969 年，《纽约时报》(New York Times) 的 2 篇社论抨击矿王谷项目既可耻又愚蠢;[8]《堡垒》(Ramparts) 杂志的封面则描绘了华特·迪士尼挖掘山脉的场面，称其正在领导"迪士尼对荒野的战争"。[9]另一方面，《洛杉矶时报》(Los Angeles Times) 坚定地支持迪士尼，[10]谴责塞拉俱乐部是"纯粹的野蛮人"。滑雪爱好者团体也联合起来支持该项目。

令迪士尼公司感到沮丧的是，它发现自己卷入了一场激烈的公共纠纷，这是它在 1965 年提交开发矿王谷的投标书时从未预料到的。迪士尼公司对自己被贴上"环境破坏者"的标签感到愤怒，它引用了公司在 1948 年至 1960 年制作的 13 部与动物有关的自然电影为自己辩护，其中 8 部获得了奥斯卡奖。[11]这些具有开创性的电影涵盖了从沙漠到北极的众多景观，塞拉俱乐部也因此在 1955 年授予华特·迪士尼终身荣誉会员的称号，以表彰他"让人们能够欣赏各种野生动物做出了巨大贡献"。[12]俱乐部公告中的一篇文章颂扬道:"我们需要迪士尼向世界讲述我们的发现，我们为之奋斗的目标，我们创造的荣耀。"[13]迪士尼也曾获得美国国家野生动物联合会(the National Wildlife Federation)和全美奥杜邦协会(the National Audubon Society)等团体颁发的奖项。[14]然而，自那以后，情况发生了很大变化。

上午 11 点，塞拉俱乐部的律师走到台前。他的面前是一张木制长凳，法官们坐在木凳后面，背景是令人印象深刻的大理石柱子和从天花板垂到地面的红色窗帘。木制长凳在过去的一年内进行了改造，首席大法官沃伦·伯格（Warren Burger）将原本笔直的长凳调整为弯曲状的，这样 9 名大法官可以彼此进行眼神交流，减少互相打断对方的次数。[15] 奇怪的是，现在只有 7 名法官坐在法官席上，另外 2 位法官最近辞职了。而且律师们不知道的是，还有一位法官正在认真考虑是否要参与这个重大案件。

最高法院正在处理的环境诉讼案件的主体资格问题，将决定联邦法院是否能够审理涉及环境的法律纠纷。然而，在这场法庭对决上，关于矿王谷的争议远不止于此。它涉及法律原则、政治斗争、企业计划、公共机构的野心和环境损害索赔等复杂的纠纷。这种混合的力量产生了一系列独特的长远影响，也塑造着矿王谷的未来。

然而，矿王谷之争的起因要追溯到十多年前。相关的历史始于 19 世纪美国西部的一个经典故事：当"矿王谷有丰富的矿产资源"这一消息像野火一样蔓延开来后，成群的矿工争先恐后地拥入了山谷。

第一部分

矿王谷的滑雪开发项目

第一章　美国"阿尔卑斯山"上的诉讼

通往矿王谷的公路长达25英里①，这条路始于内华达山脉下加利福尼亚州三河镇（town of Three Rivers）附近的198号国道。虽然这条道路路况险恶，蜿蜒曲折，多处未铺砌路面，但是它依旧延伸到了卡威河（Kaweah River）东侧陡峭的峡谷。然后，它穿过了绵延11英里的红杉国家公园——红杉国家公园因其种植着世界著名的红杉树而得名。

出了公园，沿着这条路就能进入红杉国家森林（Sequoia National Forest），它将一块名为"银城"（Silver City）的私人土地一分为二，这块土地位于矿王谷以西4英里处。很快，几座避暑小屋出现了。最后，在向前延伸近7000英尺后，就是路的尽头——矿王谷。

矿王谷长约2英里，宽0.25英里，位于内华达山脉的最南端，"沿着西部的分水岭形成一个高高的平台"。[1] 谷底海拔约7300英尺，群山拔地而起，高耸入云。山峰和山口的名字反映了这里壮丽的地势：林木峡（Timber Gap）、帝国山（Empire Mountain）、永别峡（Farewell Gap）和锯齿峰（Sawtooth Peak）。有几座山峰接近或超过了12000英尺。在山谷之上，21个湖泊散布在整个地区。[2]

矿王谷景色壮观，令人敬畏。正如一本旅游指南所赞美的那样，山谷"被悬崖和激流环绕，溪水和瀑布从悬崖上倾泻而下"。[3] 卡威河的东支在山谷中奔流而下，沿着陡峭的峡谷冲向邻近的红杉国家公园。从山谷上方的高峰可以看到令人叹为观止的景色。徒

① 1英里 ≈ 1.609千米，1英尺 ≈ 0.305米，1英寸 ≈ 0.025米。——编者注

步旅行者可以在此看到东部海拔为 14505 英尺的惠特尼山（Mount Whitney），这是美国本土的最高峰。来到山谷的游客会立即意识到，这个山谷很适合滑雪。不过在冬天，这里积雪很深，不时有雪崩发生。

晚春，随着积雪融化，山谷展现出另一种样子，野花绽放，色彩鲜艳。塞拉俱乐部的一位作家在 1903 年提出："在整个内华达山脉中，没有什么比 6 月的矿王谷更美丽，也没有什么比它更像瑞士的阿尔卑斯山的上游山谷了。"[4] 多年来，许多游客都得出了与之相同的结论。

1864 年，服刑后改名为哈里·帕尔（Harry Parole）的矿工哈里·奥·法雷尔（Harry O'Farrell）成为第一个看到矿王谷的白人男子。[5] 2 年后，当詹姆斯·克拉布里（James Crabtree）进入矿王谷时，这里掀起了一场淘金热。克拉布里是一位虔诚的通灵师，他向其他人讲述了他的梦境：一位如悬崖一般圣洁的土著酋长将指引他找到金矿。因此，他在矿王谷一案中对后来被称为"白酋长"的矿脉提出了索赔要求，奥·法雷尔也回来提出索赔。随着矿工们找到了矿王谷的金银矿产，淘金热也蔓延开来。[6]

一个名为"比乌拉"（Beulah）的小镇逐渐发展起来。"比乌拉"的名字源于圣经，意思是"应许之地"或"天堂的边界"。[7] 这个天堂般的小镇很快就有了世俗的必需品，比如一家酒馆、一家商店，这些店铺就设在由店主史密斯建造的两层楼里。矿工们投票决定将该小镇改名为"矿王谷"，[8] 这个选择反映了他们对山谷蕴藏的矿石储量的乐观态度。

不过这种希望很快就破灭了。一家名为新英格兰隧道和冶炼厂（the New England Tunnel and Smelter Company）的公司成立不到两年，就遇到了财务危机，这给该地区的矿产资源贴上了"难以控制"的标签。当一场大型雪崩导致一间工人宿舍倒塌时，[9] 淘金热的第一阶段结束了。虽然没有人死亡，但这一事件似乎象征着山谷拒绝创造财富。

仅仅 9 个月后，这个梦又复活了。托马斯·福勒（Thomas Fowler），一位富有且受人尊敬的农牧场主，他买下了位于矿王谷陡峭山坡上的帝国矿山（Empire Mine）。福勒可能是被纽约市哥伦比亚大学的一份矿石样本分析所吸引，该样本显示这里每吨矿石的价值为 1400 美元，这比之前的任何一份报告都高出 1000 美元。福勒将资金投入矿王谷的矿场建设中，随之而来的是其他人也纷纷声称对其拥有所有权。[10] 然而，有价值的矿物并不能轻易地从矿石中分离出来，因此矿场主的努力注定要失败。

在此期间，矿王谷货车和收费公路公司（the Mineral King Wagon and Toll Road Company）成立了，他们旨在修建一条从圣华金河谷（San Joaquin Valley）山脚下的三河镇到矿王谷的公路。为了满足矿工的需求，这条道路将沿着卡威河东岔路口的曲折路径修建。在陡峭的地形下，短时间内完成这项工程是一项了不起的壮举。这条路于 1879 年 8 月 20 日开通，据说当时已有 100 辆货车装载完毕，等待运输。矿王谷小镇不断发展壮大，酒馆也越来越多。据统计，到 1879 年秋天，这里共有 14 家酒馆。[11] 乔治·华盛顿·布恩（George Washington Boone）据称是著名的拓荒者丹尼尔·布恩（Daniel Boone）的孙子，他捕猎动物，然后卖给镇上的买家。[12]

然而，托马斯·福勒对矿王谷潜在财富的判断被证明是错误的，这种繁荣在 1880 年春天破灭了。虽然福勒仍然相信——他一度挥舞着一块据称有 105 磅重的银砖——但他的钱花光了。一场雪崩以雷霆之势冲过来，掀翻了锅炉房的屋顶并压碎了小木屋；另一场雪崩则将帝国矿山的一个工棚从地基上撞了下来。这场失败是如此彻底，以至于到了 1924 年，只有短暂繁荣时期的遗迹——矿场、矿工小屋和冶炼设备——散落在山谷中，如幽灵般提醒着人们，这座山谷已经失去了潜力。

　　然而，短暂的淘金热在两个至关重要的方面塑造了矿王谷的未来。首先，1879 年通往矿王谷的公路仍然是通向山谷的唯一道路。图莱里县（Tulare）在 1885 年购买了它，[13] 宣布它为公共高速公路，并在之后的几年里对其进行了最低限度的维护。然而，这条蜿蜒曲折的道路无法容纳数量众多的汽车通过，在冬季也无法通行，这使得矿王谷变得与世隔绝。正如 1963 年某汽车杂志上的一篇文章所说，这条道路上"到处是悬崖峭壁，足以使许多偶然感兴趣的探险家望而却步"。[14]

　　其次，虽然联邦政府几乎拥有矿王谷的所有土地，但一些矿产的所有权和山谷中一小部分的土地所有权却被转移到私人手中。

　　与此同时，重要的开发项目正在影响内华达山脉附近的地区。

　　塞拉俱乐部的创始人约翰·缪尔积极地参与了加利福尼亚州国家公园（National parks in California）的建设。在国会于 1890 年创建约塞米蒂国家公园（Yosemite National Park）后，缪尔将注意力转向了内华达山脉的其他地区。缪尔对矿王谷有着个人的理解。1875 年，他曾徒步前往那里；1908 年，也就是他去世前 6 年，又再次前往。他主张对大部分高山山脉进行广泛的保护，建立一个具有"自然边界"[15] 的大型公园。然而，政治上的妥协推动了人造公园的建设，因此这一主张被逐渐淡忘。

　　人们对巨型红杉树数量减少的担忧蔓延开来。自 1862 年以来，不断发展壮大的伐木业摧毁了巨型红杉树，直到树林面积缩小到原来的三分之一。[16] 作为回应，本杰明·哈里森（Benjamin Harrison）总统于 1890 年签署法令，批准建立红杉国家公园。

　　该公园主要是为了保护壮观的红杉"巨林"免受砍伐。这片森林包括雪曼将军树，这是地球上最大的树，高近 275 英尺。与此同时，人们对其他巨型红杉树命运的担忧继续增加。为这些大树寻求保护的主要推动者乔治·斯图尔特（George Stewart）认为，它们"应该得到比被改造成栅栏和木材更好的命运"。[17]

矿王谷不在新的红杉国家公园之中，尽管公园就位于山谷的北部和西部。当时建造国家公园的主要目的是保护红杉树，而这些大树并没有在矿王谷中生长。但是，以三河镇为起点，通往矿王谷的道路现在要穿过新的红杉国家公园。

几乎在同一时间，国会在红杉国家公园的西北部建立了小得多的格兰特将军国家公园（General Grant National Park）。这个新公园也包含一组壮观的红杉树，其中还有世界上已知的第二大树——格兰特将军树，此树高267英尺，树龄超过1500年。创建格兰特将军国家公园的那项法令也使红杉国家公园的面积扩大了2倍。法令通过的过程忙乱又神秘，以致第二个法令比第一个法令落后1周多。[18]

国会还以其他方式处理了公共土地的问题。它授权总统从待售土地中撤回选定的公共土地，并将其所有权保留为联邦所有，这是当时政策的一个根本性变化。缪尔希望保护国家的峡谷地区，在他的敦促下，哈里森总统于1893年签署了一项创建内华达森林保护区（Sierra Forest Preserve）的法令，矿王谷也在该保护区的覆盖范围之内。后来，在1908年，另一项法令将该保护区的一部分——包括矿王谷——划为红杉国家森林。[19]

将部分土地作为国家公园保护，并将其他土地保留为国家森林的决定产生了一个问题：谁来管理这些土地？国会通过两项立法回答了这个问题，这些立法设计了一个至今仍然有效的管理结构。1905年2月的一项立法创建了美国林业局，这是农业部内的一个新机构，负责管理国家森林。11年后，国会在内政部内设立了国家公园管理局（National Park Service），负责监督国家公园。因此，在国家公园管理局管理红杉国家公园的同时，林业局管理着毗邻的红杉国家森林，其中包括矿王谷。

保护主义者继续呼吁对内华达山脉的南部进行更多保护，这些努力最终促成了 1926 年的一项立法。这项立法通过合并位于公园东部的红杉国家森林的土地，大大扩大了红杉国家公园的范围，另外，位于塞拉山脉东部高耸的惠特尼山也包括在内。然而，国会在红杉国家公园的扩建中排除了一个重要地区：矿王谷。[20] 塞拉俱乐部的一名代表在国会前做证，证明矿王谷因现有的采矿权和土地所有权由私人持有，"不具备国家公园的特征"。

最终，这些立法上的努力导致了一种特殊而重要的地理布局。矿王谷仍属于红杉国家森林，由林业局控制；而由公园管理局管理的红杉国家公园从 3 个侧面包围了矿王谷。但国会并没有完全忽视矿王谷。1926 年，当国会扩建红杉国家公园而将矿王谷排除在外时，它在山谷外 25 平方英里的区域创建了一个禁猎区，将其命名为红杉国家森林禁猎区（Sequoia National Game Refuge）。[21]

之后，随着第二次世界大战后滑雪运动的普及，矿王谷的未来成为人们关注的焦点。

到 20 世纪 30 年代末，对于矿王谷的使用已经形成一种固定模式。由于通往矿王谷的道路弯曲狭窄，表面凹凸不平，冬天的大雪使得这条道路无法通行，山谷几乎完全封闭。这条路上有一些小木屋，它们位于矿王谷以西 4 英里处一片叫"银城"的私人土地上。[22] 在靠近矿王谷的地方，人们也开始建造小屋作为避暑别墅。这些小屋几乎都在公共土地上，并且得到了林业局颁发的许可证。

然而，寻求改变的力量正在增长。整个 20 世纪 30 年代，冬季娱乐逐渐成为一种产业。到 1935 年，加利福尼亚州已经拥有 2 个滑雪胜地，包括约塞米蒂的獾山口（Badger Pass）。随着第二次世界大战后经济状况的改善，滑雪运动在 20 世纪 50 年代和 60 年代以每年

15% 的增速在全国范围内增长，每隔 5~6 年，参与滑雪运动的人数就会翻一番。[23]

导致这种增长的一个重要因素源于第二次世界大战。美国陆军建立了第 10 山地师，该师专门训练山地作战，士兵中有不少人是滑雪高手。"二战"后，一些曾在这个著名部门服役的人看到了在滑雪领域谋生的潜力。正如一部美国现代滑雪史所解释的那样，"长期以来，人们普遍认为美国陆军第 10 山地师的退伍军人建立了滑雪产业"。[24] 这些成员虽然在战后分散，但仍保持着联系。

推动滑雪运动发展的另一支主要力量是美国林业局。特别是在美国西部，许多新的滑雪设施都位于由该局管理的联邦土地上。与国家公园管理局致力于保护国家公园不同，林业局的目标是找到对其管理的联邦土地来说价值最高的利用途径，也就是能让更多的人受益。滑雪就属于这一类。

随着滑雪与伐木成为国家森林的主要用途，林业局的专家非常支持开发新的滑雪场。[25] 有兴趣投资这些项目的个人与林业局官员之间的关系得到了发展。在这些人中，许多人都有在第 10 山地师服役的经历。20 世纪 40 年代末，在当地企业越来越强烈的支持下，这群人联合起来，想把矿王谷开发成一个滑雪区。

滑雪界的知名人士都希望开发矿王谷。其中一位是亚历克斯·库欣（Alex Cushing），他是东海岸一个富裕家庭出身的律师，在斯阔谷（Squaw Valley，2021 年更名为太浩湖，Palisades Tahoe）开设了滑雪场。后来，他成为斯阔谷成功举办 1960 年冬季奥运会的主要推动者，而冬奥会是美国滑雪运动的分水岭。另一位是欧洲登山家安德烈·罗赫（André Roch），他参与设计了科罗拉多州的阿斯彭（Aspen）滑雪场。第三位是考特兰·希尔（Courtland Hill），他与美国最知名的铁路公司之一——大北方铁路公司（Great Northern Railroad）的创始人詹姆斯·J. 希尔（James J. Hill）关系密切。最后是广播员洛厄尔·托马斯（Lowell Thomas），他在第二次世界大战期间拍摄了传奇的《阿拉伯的劳伦斯》（*T. E. Lawrence*），并因此而闻名。在他的全国广播节目中，托马斯宣称在矿王谷滑雪将是"全国最棒的"。[26]

最热心推广矿王谷滑雪项目的是当地人。一方是县商会，其成员认为建设滑雪场将会带来经济的繁荣。另一方是图莱里县本身，包括矿王谷所在地区的当地政府部门。为表明其态度，该县在 1947 年提供了高达 5000 美元的资金，用于资助一项关于矿王谷的研究，该研究将调查矿王谷作为冬季运动区的适宜性。[27]这一研究得出的结论是，矿王谷"拥有顶级的滑雪地形，与欧洲成熟的冬季运动中心所能找到的最佳滑雪场地不相上下"。[28]

1949 年 1 月，县商会在矿王谷举办了一场大型聚会，旨在宣传"雄伟的冬季仙境"。[29]热情的宣传如潮水般涌来。一家滑雪杂志设想了一个"风景如画的滑雪城"，并建议"矿王谷"这个名字改成"'滑雪场之王'（对滑雪者而言）更贴切"。[30]科罗拉多州阿斯彭滑雪学校的负责人兴奋地表示，矿王谷"与世界上最具潜力的滑雪场实力相当，甚至超越了它们"。[31]另一位支持者则更务实地强调了滑雪对青少年的好处："参与滑雪运动的青少年不会犯罪。"[32]

塞拉俱乐部也在这个时候讨论了矿王谷的未来，而这次讨论的结果将为俱乐部带来困扰。长久以来，许多俱乐部成员都会从事登山、远足和滑雪等山地运动。塞拉俱乐部的执行董事大卫·布劳尔（David Brower）就是滑雪小组的成员之一。俱乐部的宣传和比赛也都强调户外运动，它还有一个非常活跃的冬季运动委员会。

1947 年 9 月，塞拉俱乐部董事会讨论了矿王谷开发项目。虽然没有进行投票表决，但会议纪要报告称，俱乐部"原则上不反对开发矿王谷，或其他任何非荒野地区"。[33]1948 年 5 月，俱乐部冬季运动委员会的 12 名成员前往矿王谷探索其滑雪潜力，他们得出的结论是："该地区拥有全国最适合发展滑雪旅游的地形。"[34]

1949 年 9 月，俱乐部董事会在矿王谷山下 5 公里处的阿特韦尔工厂（Atwell Mill）参会。林业局允许俱乐部审查其正在准备的招标公告，该招标公告将授权中标者在山谷中建造 1 座旅馆和 2 部滑雪缆车。在该会议上，塞拉俱乐部董事会通过了一项在未来经常被引用的决议。决议指出，塞拉俱乐部"从其政策的角度来看，对美国林业局提出在矿王谷开发冬季运动项目没有异议"。[35]

1949 年 11 月，美国林业局发布了一份《矿王谷度假村和滑雪场拟建计划书》（*Prospectus for a Proposed Resort and Ski Area at Mineral King*）。[36] 一份新闻稿称，"将矿王谷开发成美国最好的滑雪场之一的可能性非常大"，以至于林业局开始主动邀请私人投资者。他们将在这里建造酒店、滑雪缆车以及其他设施。[37] 然而，该计划书只吸引到一个投标，[38] 最终被宣告无效。[39]

这一挫折是暂时的。2 年之内，开发矿王谷的热潮又回来了。1953 年，在加利福尼亚州维萨利亚（Visalia）举行的为期 2 天的集会上，当地人对滑雪场的热情达到了顶峰。就像 4 年前塞拉俱乐部同意在矿王谷开发滑雪项目一样，这次活动也将在未来产生重要影响。

在图莱里县监事会通过"决议"授权图莱里商会举行"公开听证会"[40] 后，该商会组织了一次会议并发出了邀请函。从本质上讲，这次活动的目的是召集那些想要开发矿王谷的人，所以商会邀请了全州各地的重要人物。[41] 大会采取了准公开听证会的形式，主持会议的是国会议员哈兰·哈根（Harlan Hagen）——新当选的地区代表，几个州和当地的地方官员以及议会的首席议员也都出席了会议。[42]

除了少数人表达了一些担忧，几乎所有参与者都赞成将矿王谷建设为滑雪胜地。其中，有 2 个人发表的声明在之后的几十年内变得愈发重要。红杉国家公园的负责人斯科延（E. T. Scoyen）被问及他所在的政府机构对修建一条必须穿过公园，通往矿王谷的新道路的态度。斯科延不愿对此作出承诺，但除此之外表现得非常积极："我们会正式地公开表示，我们同意修建一条公路。"[43] 事实上，作为一个滑雪运动员，斯科延被认为是新滑雪场的主要支持者。[44] 此外，1947 年公园管理局的内部通讯表明，"毫无疑问，国家公园管理局会同意修建一条经过公园通往矿王谷的新道路的提议"。[45]

塞拉俱乐部的代表莱斯利·古尔德（Leslie Gould）博士也出席了此次活动。哈根称古尔德博士是"关注这一领域公共利益的公民团体中"的一员，古尔德提出了一个并不反对这一开发项目的简短声明：

> 塞拉俱乐部成立于 1892 年，旨在保护和享受自然美景。俱乐部的目标一直是保护和用最佳的方式利用荒野地区。我们对矿王谷的开发项目非常感兴趣。鉴于已经有一条通往矿王谷的道路，因此，我们对这个项目的开发保持中立，既不赞成也不反对。当然，如果开发项目能够推动该地区的发展，让更多的加利福尼亚州居民可以滑雪，并且使该地区的交通更加便利，我们会对这一开发项目感到满意。[46]

然而，第二波热情最终也以失败告终。改善通往矿王谷的道路问题仍未解决，在接下来的 7 年里，人们逐渐不再关注该地区。但是 7 年后，情况将发生巨大变化，因为 2 个新出现的主体参与了进来。其中一个人世界闻名，另一个人则是嫁给好莱坞电影明星的皇室成员。

第二章　林业局的投标邀请

到 20 世纪 50 年代末，华特·迪士尼已是家喻户晓，后来甚至被称为"世俗的圣人"。[1]自 1928 年以米老鼠为主角的动画片《汽船威利》（*Steamboat Willie*）上映以来，华特·迪士尼的作品就开始在影院上映。1937 年，迪士尼推出了第一部动画长片《白雪公主和七个小矮人》（*Snow White and the Seven Dwarfs*），取得了突破性的成功。[2]

随着电视出现，1954 年迪士尼开始播放以传奇拓荒者大卫·克洛科特（Davy Crockett）为主角的连载电影，在国内大受欢迎。[3]之后，1955 年，迪士尼在加利福尼亚州的安纳海姆（Anaheim）开设了自己的主题公园——迪士尼乐园。这次"冒险"增加了迪士尼的名气，也给他的娱乐帝国带来了经济上的保障。[4]那时，在电视上展现出友好、慈祥形象的迪士尼已经成为国家的一笔财富。

华特·迪士尼很早就迷上了滑雪。20 世纪 30 年代，他和家人在加利福尼亚州的獾山口滑雪，在那里遇到了一位名叫汉内斯·施罗尔（Hannes Schroll）的奥地利滑雪者。[5]1938 年，施罗尔试图在内华达山脉建造一个名为"糖碗"（Sugar Bowl）的滑雪胜地，附近就是臭名昭著的唐纳帮陷入困境的滞留之地，当时发生了恶劣的食人事件。[6]当施罗尔筹集资金遇到困难时，华特·迪士尼捐赠了 2500 美元。心存感激的施罗尔将"糖碗"度假村的一座山更名为迪士尼山。今天，"糖碗"滑雪场仍能找到迪士尼元素，比如唐老鸭滑雪道。[7]迪士尼和他的家人在"糖碗"滑雪时，曾经在旅馆酒吧当了 2 个小时的酒保，但"几乎没有人知道"。[8]

华特·迪士尼的作品反映了他对滑雪的热爱。1941 年，迪士尼推出了动画片《滑雪的艺术》（*The Art of Skiing*），动漫角色高飞在

"糖碗小屋"中教授"滑雪技巧"。[9]20年后，迪士尼电影《山中客》在瑞士采尔马特拍摄，迪士尼一家曾经在那儿滑过雪。[10]这部电影记录了一个年轻人努力攀登高峰的过程，这座山峰后来成为迪士尼游乐项目"马特洪峰之旅"（the Matterhorn ride）的原型。[11]

鉴于他对滑雪的兴趣，华特·迪士尼似乎是参与1960年冬季奥运会的最佳人选，那届奥运会在加利福尼亚州著名的斯阔谷举行。迪士尼被任命为奥林匹克盛会的负责人，负责开闭幕式、每项赛事的颁奖仪式以及奥运火炬的传递。[12]在奥运会期间，迪士尼萌生了一个新的想法："我可以建造一个比斯阔谷更好的滑雪胜地。"[13]他"将展示如何万无一失地做到这一点"，正如他已经大获成功的迪士尼乐园那样。[14]

为了规划滑雪场，华特·迪士尼向值得信赖的合作伙伴哈里森·巴兹·普莱斯（Harrison Buzz Price）求助。普莱斯自1953年就开始为迪士尼工作，并对迪士尼乐园的经济效益进行了大量的分析和计算。随后，普莱斯聘请了另一个人——罗伯特·希克斯（Robert Hicks）——来执行日常工作。罗伯特·希克斯来自加利福尼亚州的维萨利亚，离矿王谷很近，他对这个地区了如指掌。第二次世界大战前，他曾接受过飞行督察员的培训。战后，在威廉·里尔（William Lear）开发著名的里尔喷气式飞机期间，他曾担任副驾驶与里尔一起飞行，希克斯负责驾驶喷气式飞机在空中飞行，里尔负责起飞和着陆。1953年，希克斯与迪士尼相识，当时希克斯驾驶着一架飞机为迪士尼乐园物色地点。[15]

迪士尼团队的另一位关键成员是威利·舍弗勒（Willy Schaeffler），他是全国知名的滑雪运动员，也是丹佛大学滑雪冠军队的教练。舍弗勒是土生土长的德国人，来到美国之前，他曾在第二次世界大战德国入侵俄罗斯时受了重伤。[16]后来，他被认为是教乔治·巴顿（George

Patton）将军滑雪的功臣。[17] 舍弗勒曾在斯阔谷与华特·迪士尼会面，在那里，舍弗勒为 1960 年奥运会设计了高山滑雪道。[18]

与此同时，林业局开发矿王谷的兴趣又重新燃起，这主要归功于一个人。1958 年，威尔弗雷德·斯利姆·戴维斯（Wilfred Slim Davis）成为林业局西部地区娱乐部的负责人。戴维斯是一名狂热的滑雪者，他在蓬勃发展的国家滑雪产业界有着广泛的人脉，其中许多人脉都是他在第 10 山地师服兵役时结识的。[19] 他曾是因约国家森林（Inyo National Forest）的主管，在那里他与戴夫·麦考伊（Dave McCoy）成了朋友，后者在那里创办了猛犸山滑雪场（Mammoth Mountain ski）。[20] 他还在科罗拉多州的阿拉帕霍盆地滑雪场（Arapahoe Basin ski area）工作，那里有一条以他的名字命名的滑雪道。[21] 戴维斯性格刚烈，他将为林业局重启矿王谷项目提供动力。

戴维斯鼓励迪士尼团队研究矿王谷，[22] 这也成了他们工作的重点。1960 年 5 月，希克斯带着威利·舍弗勒和巴兹·普莱斯（Buzz Price）乘飞机考察了矿王谷，随后又前往山谷进行实地考察。[23] 舍弗勒为迪士尼写了一份看法极为积极的报告，记录了他的结论："我曾在欧洲、北美洲和南美洲最好的滑雪场滑雪及参观，我非常诚实地认为，正如提议的那样，矿王谷地区与世界上最好的滑雪场有着相同的条件。"[24] 他预测，该开发项目将会取得"巨大的成功"，并指出唯一的缺点是需要建造一条通往该地区的道路。

1960 年 6 月 7 日，华特·迪士尼和他的团队会见了斯利姆·戴维斯，审查了舍弗勒的矿王谷报告，"但是道路问题和其他事项导致此事被耽搁"。[25] 迪士尼因此陷入停滞。

1963 年，情况又突然发生了变化。在华特·迪士尼和他的女婿罗恩·米勒（Ron Miller）飞越矿王谷之后，巴兹·普莱斯"突然收到紧急通知，启动了对矿王谷的分析和评估程序"。[26] 迪士尼在实施该项目方面迈出了重要的一步，他指示普莱斯购买位于矿王谷的私人土地。[27] 迪士尼认为，这些购买行为将为他提供强有力的论据，来说服林业局授予他开发矿王谷的权利。[28]

到 1964 年年底，迪士尼已经成功地在矿王谷买下了一些土地。然而，一个重要的竞争对手出现了。

罗伯特·勃兰特（Robert Brandt）在洛杉矶创办了一家股票经纪公司，进入了富人圈子。他风度翩翩，是一名户外运动爱好者，喜欢骑越野摩托车和滑雪等活动。[29]1962 年，他与女演员珍妮特·利结婚，珍妮特·利是好莱坞最耀眼的影星之一。1960 年，她因主演了阿尔弗雷德·希区柯克（Alfred Hitchcock）的电影《惊魂记》（Psycho）而享誉全球。在该片中，她扮演了著名的"淋浴"谋杀场景的受害者。她曾与很多银幕传奇人物合作过，包括吉米·史都华（Jimmy Stewart）、查尔顿·赫斯顿（Charlton Heston）、伊丽莎白·泰勒（Elizabeth Taylor）、约翰·韦恩（John Wayne）和弗兰克·辛纳屈（Frank Sinatra）。[30]

最重要的是，对于一个即将进入政治领域的开发项目提案来说，珍妮特·利在民主党中很活跃。1960 年大选期间，她和她的前夫——演员托尼·柯蒂斯（Tony Curtis）在家中为约翰·肯尼迪（John F. Kennedy）举办了一场大型筹款活动。[31] 后来，珍妮特·利还与林登·约翰逊（Lyndon Johnson）总统关系密切。

勃兰特意识到了矿王谷的潜力，就像迪士尼一样，他对矿王谷进行了初步调查，并决定在那里建造一个滑雪场。和林业局的工作人员聊过之后，他受到了进一步的鼓励。罗伯特·希克斯认为，他们让他"相信自己会被授予开发许可证"。[32] 勃兰特聘请了美国度假顾问公司（American Resort Consultants）来研究矿王谷作为滑雪场的潜力。该公司的综合报告得出的结论为："在矿王谷进行全年户外开发是可行的。事实上，成功的可能性很大。"该报告建议在山谷和周围的山区进行大规模开发，并"继续进行扩张，以最大限度地开发该地区的潜力"。[33] 罗伯特·希克斯听说勃兰特在这项初步工作上花费了 10 万美元。[34]

于是，勃兰特准备向林业局申请山谷的滑雪特许权。

对林业局来说，批准在矿王谷建立滑雪场是一个很容易的决定。1905 年，该机构的第一任负责人吉福德·平肖（Gifford Pinchot）明确提出了一个指导林业局作出决策的原则：公共土地应该"为最多的人提供长期的最大利益"。[35] 建造滑雪场将开放矿王谷供所有居民使用，因此很容易满足这一原则。自 20 世纪 40 年代末以来，林业局一直认为建造滑雪场就是对矿王谷的最佳利用方式，其观点从未动摇过。

随着勃兰特提出修建矿王谷滑雪场的申请，林业局面临着一个重要的选择。它可以只与勃兰特谈判，并决定是否向他发放必要的许可证。或者，它也可以发布招标公告，向公众征集申请，就像它在 1949 年所做的那样。斯利姆·戴维斯与红杉国家森林的主管劳伦斯·惠特菲尔德（Lawrence Whitefield）讨论了各种选择，最终他们敲定了一份招标公告。在发布公告之前，林业局需要完成该地区的娱乐管理计划，也就是林业局用于作出此类决定的规范性文件。[36] 但该计划只反映了开发矿王谷的先前决定。

1965 年 1 月 22 日，戴维斯通知勃兰特，该地区的森林管理员将发布一份关于矿王谷冬夏季娱乐开发项目的招标公告。[37] 随后，戴维斯说服了华盛顿特区林业局局长办公室的人，他们不必再次批准招标公告，从而加快了时间进程。1949 年的招标公告得到林业局局长的批准就足够了。[38]

戴维斯为什么这么着急？如果勃兰特说服林业局授予他许可证，其他竞标者——尤其是华特·迪士尼——将被拒之门外。但正如戴维斯后来的行动所表明的那样，他偏袒迪士尼，发布招标公告将确保迪士尼能够竞标该项目。

戴维斯随后谈到了一个影响深远的问题：国家公园管理局会对拟议中的矿王谷项目作何反应？由于开发项目的需要，国家公园管理局必须同意修缮道路，因为这条道路会穿过红杉国家公园约 11 英里的区域。1964 年 2 月 5 日，戴维斯写信给旧金山国家公园管理局的地区主管，指出"道路亟待修建，请大体上同意我们的方案"。[39]

在旧金山的公园管理局官员对这一要求进行讨论的同时，戴维斯正焦急地等待答复。[40]最后，在 2 月 26 日，公园管理局的地区主管打电话告诉戴维斯，他们不反对发布矿王谷的招标公告。[41]2 周后，一封确认函送达，其内容将很快在围绕滑雪区引发的争端中发挥核心作用。地区主管谨慎地选择了表达方式：

> 我们赞同你的提议。我们唯一关心的，也至关重要的是……为了实现冬季交通，可能不得不在红杉国家公园内建造通往矿王谷的道路。这条道路的建设必须以不损害红杉树或公园建立时的其他价值的方式完成。[42]

仔细阅读我们会发现，这封函件并没有提出反对，但它保留了国家公园管理局判断道路改善是否会损害红杉国家公园"价值"的自由裁量权。

然而，戴维斯并没有耐心等到这封确认函的到来。接到公园管理局电话的第二天，林业局就向公众发布了矿王谷的招标公告。[43]

招标公告要求在谷底建造每小时可容纳 2000 人的电梯或有轨电车，并能够停放 1200 辆汽车。此外，还要建造至少能供 100 个人过夜住宿的度假村，并且需要配套装好电力、供水和污水处理系统。[44]

林业局将从中获得一定比例的收益。

为此，林业局将颁发为期 3 年的初步许可证，"在此期间，我们将制订一个包含滑雪场布局和建设计划的开发方案"。当项目最终敲定后，林业局将授予为期 30 年的长期许可证，外加用于滑雪场、山路和停车场等场所的有一定期限的年度许可证。招标公告解释道，之所以需要颁发年度许可证，是因为联邦法律将长期许可证的许可规模限制为不超过 80 英亩土地。[45]

最后，招标公告谈到了道路的问题。改善通向矿王谷的道路"是该地区进行规划设计的第一步"。因此，招标公告的发布意味着"中标者须负责解决冬季通行问题"，林业局不承诺参与与改善道路相关的融资事项。[46]

招标公告将解决矿王谷未来用途的问题推向关键时刻。与此同时，塞拉俱乐部开始重新评估自己对矿王谷滑雪项目的态度。

在 1953 年由当地商会赞助的矿王谷公开集会上，塞拉俱乐部的代表并没有反对在山谷中建立滑雪场。从那时起，俱乐部越来越关注环境问题，这一变化或许预示着它会重新考虑其在矿王谷项目上的立场。然而，一个最重要的因素阻碍了这种变化：俱乐部正忙于为其他重要地区进行全国性的斗争。1965 年，该俱乐部致力于影响国会立法，希望建立一个国家公园，以保护北加利福尼亚州短时间内被大量砍伐的巨大红杉树。同时，它还支持在华盛顿州的北喀斯喀特山脉（North Cascades mountains）建立一个新的国家公园。

阻碍这种变化的另一个因素是塞拉俱乐部改变立场会带来的后果。例如，董事会早些时候曾同意在峡谷国家公园（Grand Canyon National Park）建造一座大坝，但后来改变了立场。[47]这种反转极大地损害了塞拉俱乐部与公共机构的关系。在 20 世纪 50 年代末关于一条穿越内华达山脉的新道路的争议中，俱乐部主席承认许多董事会成员"担心俱乐部会被指责食言，缺乏道德原则"。[48]因此，这种反转背后隐藏着一种道德考量：俱乐部什么时候会遵守承诺？

20世纪上半叶，塞拉俱乐部与美国林业局和国家公园管理局建立了密切联系，两个部门的官员会定期向俱乐部咨询指导意见。然而，到了20世纪60年代中期，尽管俱乐部的董事会仍然定期在旧金山林业局办公室举行会议，俱乐部与林业局的关系却发生了变化。[49]第二次世界大战后，林业局大幅增加了国家森林的采伐量。[50]该机构认为自己的角色是促进土地的"多用途"使用，而不是保护森林，大量砍伐木材是为了满足第二次世界大战后繁荣发展的房地产的需要。这一观点导致塞拉俱乐部试图保护的森林被砍伐，两个机构之间的关系变得紧张。

按理说，塞拉俱乐部不太可能与国家公园管理局发生冲突，因为根据职责，国家公园管理局的目标也是保护公园内的土地。但即使有这一前提，俱乐部在最近一些问题上的立场也与公园管理局存在分歧。例如，俱乐部非常关注一条拟建中的道路，即所谓的泰奥加山口路（Tioga Pass Road），这条道路将穿过约塞米蒂国家公园。

塞拉俱乐部的基本原则是"探索、享受太平洋海岸的山区，并使之易于进入"。[51]但是该俱乐部反对修建会影响荒野或环境脆弱地区的道路。1951年，该俱乐部舍弃了"使之易于进入"的目标，将其基本原则改为"探索、享受和保护美国内华达山脉等地的风景资源"。最终，公园管理局还是炸穿了约塞米蒂国家公园内的岩壁，建造了泰奥加山口路。塞拉俱乐部和公园管理局在道路上的分歧导致公园服务总监康拉德·维尔斯（Conrad Wirth）将俱乐部描述为"主动寻找斗争机会的组织"。[52]

随着塞拉俱乐部与公共机构的关系破裂，其内部也发生了变化。1965年，俱乐部董事会成员对俱乐部资源的使用以及与公共机构之间的关系态度不一。一些老成员普遍倾向于与国家公园管理局和林业局和解。但是，越来越多的新董事会成员认为这些机构对环境保护不够关心。

董事会的不同态度反映了社会发展的一个重要方面：1960 年后期，环境保护运动开始出现。该运动的兴起对塞拉俱乐部产生了深远影响。塞拉俱乐部最初是一个赞美大自然奇迹的组织，对内华达山脉非常熟悉。塞拉俱乐部的成员大多是户外运动爱好者，除了喜欢徒步旅行，还会从事登山和滑雪活动。正如俱乐部的历史学家所观察到的，"许多会员……相信滑雪场改善了其所在地的景观"。[53]

新的环境保护运动对这种观点提出了挑战，它建议俱乐部应该专注于保护公共土地。到了 1965 年，塞拉俱乐部的董事会已经分裂，老成员与强调环境保护的新成员之间发生了激烈的冲突。随着会员人数从 1952 年的不到 7000 人急剧增加至 1964 年的 25000 人，总部位于加利福尼亚州的塞拉俱乐部成为一个全国性组织，这进一步激化了这场关于组织目标的争议。[54] 该俱乐部也从一个精英组织变得更加民主，放弃了新成员必须有 2 名现有成员为其担保的入会要求。[55]

最后，塞拉俱乐部陷入了一场关于其领导权的重大争论中。与俱乐部联系最紧密的是其执行董事大卫·布劳尔。布劳尔最初是一位著名的登山运动员，因征服了新墨西哥州的希普罗克山（Shiprock mountain）而受到全国关注。他还是一名出色的滑雪者，在第二次世界大战期间曾在陆军第 10 山地师服役——就像林业局的斯利姆·戴维斯一样。[56] 成为俱乐部的执行董事后，他出色地领导了反对在国家恐龙化石保护区和科罗拉多大峡谷修建水坝的行动。在美国，他可能是最知名的环保主义者。

然而，布劳尔是一个固执的管理者，他越来越频繁地在未经俱乐部董事会批准的情况下行事。俱乐部的财务状况一片混乱，董事会成员对此表示担忧。[57]1969 年，人们对布劳尔领导能力的抱怨达到了顶峰。实际上，早在 1965 年，这个问题就已初现端倪。

因此，1965 年年初，当林业局于发布关于矿王谷的招标公告时，变革的力量在塞拉俱乐部周围和内部积蓄。尽管俱乐部的董事会成员和高级管理人员都没有关注矿王谷，但一位新的塞拉俱乐部成员将凭一己之力改变这种情况。

1961 年，约翰·哈珀（John Harper）从内布拉斯加州（Nebraska）搬到了加利福尼亚州贝克斯菲尔德（Bakersfield）的圣华金河谷，在标准石油公司担任地质学家。[58] 哈珀喜欢户外活动，并很快加入了塞拉俱乐部的克恩 – 卡韦阿（Kern-Kaweah）分会。事实上，俱乐部的许多成员都像哈珀一样，从事与开采自然资源相关的工作。

哈珀很快就发现了矿王谷，这里距离他的新家只有不到 3 个小时的车程。1961 年夏天，他徒步走出了山谷，来到海拔更高的内华达山脉，并得出结论：那里"确实是一个非凡的地方"。哈珀兴奋地说："还有什么地方能像这里一样，可以让人如此轻易地深入真正的高山地区，完全与琐碎的日常生活脱离呢？"[59]

在前往矿王谷的旅途中，他听到了要把山谷开发成滑雪场的传闻，于是他将这一消息告知了塞拉俱乐部。哈珀首先提到一个"不可思议的'传闻'"，即华特·迪士尼计划用单轨交通系统将人们送入矿王谷。他用危言耸听的语气问道，矿王谷是否"会变成冬季高山版的迪士尼乐园"？以及单轨铁路是否会"为该地区的商业化打开不受控制的门槛"？[60] 一个月后，哈珀"收回"了他的担忧。一名护林员告诉他，迪士尼只是对地形进行了初步调查。[61]

在塞拉俱乐部内部，哈珀的担忧反响平平。该俱乐部的南加利福尼亚州分会正忙于反对一项提案，该提案要求解除洛杉矶附近圣戈尔戈尼奥荒野区（San Gorgonio wilderness Area）的荒野状态，并允许人们在那里滑雪。该地区有海拔超过 11500 英尺的圣戈尔戈尼奥山。南加利福尼亚州的俱乐部成员对矿王谷知之甚少，如果有的话，他们也会将其视为用以保护圣戈尔戈尼奥荒野区的替代地点。

1963 年仲夏，对矿王谷的担忧促使哈珀对山谷进行了详细研究，并提出建议。作为一名优秀的作家，他研究了矿王谷的各个方面，并于 1964 年夏天出具了一份报告，标题为《矿王谷：关于加利福尼亚州图莱里县内华达山脉矿王谷地区的特征和用途的初步报告》(The Mineral King Basin: A Preliminary Report on the Character and Uses of This Portion of the Sierra Nevada, Tulare County, California)。[62] 哈珀的报告在决定矿王谷的未来方面将发挥关键作用。

该报告详细介绍了山谷的物理特征、历史、通行方式、当前和可预见的用途，以及"被忽视的价值"。虽然哈珀的研究方法大体上是科学的，但他因为无法掩饰自己对山谷的热爱，所以该报告的一些语句变得过于诗意：

> 矿王谷在短暂的采矿业繁荣期过后的 85 年里，因其精致的美景一直保持着高山隐居地的特征。钓鱼爱好者、徒步旅行者、露营者，各种寻求娱乐的人都曾到过这里。许多人已经成为虔诚的朝圣者，他们经常来这里尽情欣赏卡威河东岔口的景色，那里有沿湖的林线和如地毯般展开的森林。[63]

了解到 1949 年塞拉俱乐部支持在矿王谷修建滑雪场项目后，哈珀找到了一种可能绕过这件事的方法。他写信给红杉国家公园的负责人，提出将矿王谷纳入红杉国家公园。公园主管在回复中果断拒绝了这个想法，给出"无数重要的"理由来反对这一提议。[64]

哈珀推断，公园主管对此"不感兴趣"意味着将矿王谷纳入红杉国家公园"几乎没有成功的希望"。他转而主张对山谷进行"临时区域保护"，并建立一个"地质区域"，包括谷地内 8000 英尺以上的土地。哈珀研究了林业局的政策手册，发现该手册承诺这些地区"将在不受干扰的情况下尽可能地得到保护"，并且"不会受到道路或其他改善措施的侵犯"。[65]

最后，报告谨慎地提出了建立滑雪场的可能性，并警告说，在那里，只有"最简陋的滑雪设施"才可以被容忍。任何精心设计的开发都会"破坏山谷的娱乐、环境、美学和教育价值"，改善后的入山通道将打开"使整个山谷遭到亵渎"的大门。哈珀总结道，商业滑雪"绝对不被支持"。[66]

1964 年 2 月，哈珀完成了这份报告，并按照塞拉俱乐部的指示，将它寄给了由该俱乐部南加利福尼亚州 6 个分会成员组成的委员会。然而，这些代表将该报告视为一个麻烦。俱乐部南加利福尼亚州保护委员会主席罗伯特·马歇尔（Robert Marshall）直言不讳地告诉哈珀，他的建议"将引起争议"。马歇尔引用了一些观点，强调俱乐部不应该反对矿王谷的滑雪开发，因为这将缓解开发其他地区的压力。[67] 对马歇尔来说，矿王谷只是一个讨价还价的筹码。

但矿王谷对哈珀来说很重要，随着更多建造滑雪场的传闻从矿王谷传来，哈珀对自己的报告毫无作用感到越来越沮丧。终于，俱乐部官僚机构的僵局从高层被打破了。哈珀被允许在一次座谈会上发言，与会者包括塞拉俱乐部主席威尔·西里（Will Siri），他是一名生物物理学家和登山运动员，以及董事会的另一名成员。哈珀后来说道，他们"对这份报告被压了 8 个月感到震惊"。[68]

也许他们并不像哈珀所说的那么震惊，因为他们明白圣戈尔戈尼奥之争对塞拉俱乐部的重要性。不过，关于矿王谷的报告还是引起了他们的注意。1964 年 11 月 16 日，西里写信给哈珀，对他"出色的报告"表示认可。他承诺，一旦克恩 – 卡韦阿分会委员会正式批准该报告及其建议，俱乐部的保护委员会和董事会将"采取一切必要的行动"。[69] 在给哈珀的一封长信中，董事会的一位成员指出，该报告没有明确说明为什么排除了将矿王谷并入红杉国家公园的可能性。[70]

这封信正确地指出了哈珀的矛盾心理，到底哪一种方法更有可能成功？哈珀认为矿王谷客观上不适合建设大型滑雪设施，并告诉红杉国家森林主管劳伦斯·惠特菲尔德，俱乐部的克恩-卡韦阿分会——包括未来的俱乐部主席乔·方丹（Joe Fontaine）在内的一个小团体——会反对"这项可怕的开发"。[71] 哈珀无疑更希望将山谷纳入红杉国家公园，但他认为这种解决方案是不可能实现的。

后来，林业局于 1965 年 2 月 27 日公布了矿王谷滑雪开发项目的招标公告。山谷的未来走向"变得一团糟"。[72] 时间已所剩无几。

1965 年 5 月，在塞拉俱乐部董事会会议上，矿王谷开发项目的有关事宜被提上议程，塞拉俱乐部对矿王谷的立场问题也随之到了需要作出抉择的关键时刻。在向更注重环保的组织转变的过程中，塞拉俱乐部陷入了困境，矿王谷问题成为各方力量冲突的导火索。经过长达 2 天的激烈辩论，董事会终于解决了俱乐部的立场问题。

董事会最初考虑通过一项决议，该决议将"坚持其早期的矿王谷政策"，同时要求林业局采取措施，减轻项目开发带来的影响。其中一项措施是"只有在绝对必要的时候，才能对矿王谷进行现代化建设"。[73] 董事会的辩论围绕着改变先前立场可能引发的道德问题展开。任职时间较长的成员担心，在发布招标公告后改变俱乐部的立场会被认为是失信的表现。

支持先前政策的动议失败了，随之而来的是一场"口头混战"，[74] 对此"谁也没有准备"。[75] 显而易见的是，大多数董事会成员对矿王谷并不熟悉。[76]《日落》（Sunset）杂志的旅游编辑马丁·里顿（Martin Litton）和已经在董事会任职 2 年的一名成员都强烈反对在矿王谷建设滑雪区。里顿把该地区的地图带到会议上来。在一次关于通往矿王谷的道路的讨论中，著名摄影师兼董事会成员安塞尔·亚当斯（Ansel Adams）表示，他"不知道这条路会穿过国家公园"。里顿后来回忆道，他对大名鼎鼎的亚当斯的回应是："你只需要看看地图，傻瓜。"[77]

辩论的另一个核心问题是塞拉俱乐部和林业局之间的关系。负责监督加利福尼亚州所有国家森林的地区林业局主管查尔斯·康诺顿（Charles Connaughton）出席了董事会会议，[78] 林业局对塞拉俱乐部长期以来不反对矿王谷开发的政策了如指掌。正如塞拉俱乐部的主席威尔·西里后来所说，该机构"认为在矿王谷中开发冬季运动项目不会有强烈的反对意见"。[79]

争论此起彼伏。董事会否决了一项反对林业局招标公告中描述的开发类型的决议。实际上，一些董事会成员认为现在反对建设滑雪设施为时已晚。另一个担忧是，改善通往矿王谷的道路是否会损害红杉国家公园，以及这条道路是否会最终建成一条横跨内华达山脉的高速公路。董事会还讨论了建造滑雪场是否有其他可供选择的地点。[80]

争论的转折点是马丁·里顿一次充满激情的演讲，他在演讲中"情绪激昂"。[81] 里顿反对滑雪开发的论点集中在矿王谷的优美风景上，对此他掌握着"以平方英寸为单位"的第一手知识，以及他非常看重该地区的荒野特质。[82] 里顿对林业局持坚定的怀疑态度，从不愿意妥协。[83] 他认为，委员会应该采取最正确的环保主义立场，没有必要向现实形势低头。[84] 许多人后来会回忆起里顿的演讲，包括大卫·布劳尔，他认为这是改变他对这个问题的看法的原因。[85]

董事会的新势力占了上风。最终，董事会以 9 票对 4 票通过了决议，该决议宣布，"塞拉俱乐部反对在矿王谷进行任何拟议的娱乐开发"，并要求林业局在接受任何投标之前，就其对矿王谷的管理计划举行公开听证会。[86] 在赞成该决议的 9 名成员中，只有 3 名在

1955 年之前担任过董事会成员，包括安塞尔·亚当斯。该决议的 4 名反对者分别于 1933 年、1938 年、1948 年和 1957 年在董事会任职，他们对决议结果感到不满。[87]

董事会立场的变化出人意料，南加利福尼亚州的一些地方分会也对此非常不满。他们担心董事会的新决议会对圣戈尔戈尼奥滑雪场的反对提案造成负面影响。各分部都要求董事会重新考虑其决议。[88]

奇怪的是，即使是来自贝克斯菲尔德的俱乐部年轻成员约翰·哈珀也对董事会感到不满。[89]哈珀认为董事会"清醒得太迟了"。[90]他给董事会写了一封冗长的信，称其行为是"一个巨大的错误"，"行动迟缓且徒劳"。[91]他还写信给董事会主席威尔·西里，称"人们普遍认为"，塞拉俱乐部的反对只是"说了很多漂亮话，却没有努力争取一致支持"。[92]

西里的回应很耐心。他觉得哈珀根本不明白塞拉俱乐部是如何运作的。改变俱乐部的立场需要时间，而且必然会很困难，因为不同的意见不可能在一夜之间得到调和。至于矿王谷项目，俱乐部没有运转良好的行政机制来启动。相反，"几乎在我们承担的每一个保护问题上，俱乐部的有效性都取决于少数敬业人士的决心、技能和足智多谋"。西里说，矿王谷"很幸运，因为它拥有一位才华横溢而有说服力的倡导者"。[93]

哈珀出人意料的反应也导致大卫·布劳尔和安塞尔·亚当斯都给哈珀写了长信，解释他们不断变化的立场。布劳尔的信是发自内心的，他不觉得哈珀"会仅仅因为自己认为俱乐部采取行动为时已晚，就希望塞拉俱乐部犯错"。[94]亚当斯告诉哈珀："当以前的政策显然变成了对破坏性项目的支持时，我发自内心地认为，我们必须改变，以应对荒野地区面临的新威胁。"[95]

对俱乐部的年轻成员进行的劝慰达到了预期的效果。哈珀给俱乐部的保护部主任迈克·麦克洛斯基（Mike McCloskey）写信，称这场战斗"并不像我之前想象的那么绝望"。[96]

不过，作为塞拉俱乐部的主席，西里完全明白在反对滑雪项目的过程中，俱乐部将会开始一场艰苦的战斗，几乎没有成功的可能，而且俱乐部内部存在异议。麦克洛斯基对当地分会因俱乐部立场发生变化而强烈不满感到震惊。他担心，如果反对意见出现在媒体上，"俱乐部的声音出现分歧，这会让公众感到困惑"。[97]

1965 年 9 月，董事会重新讨论了矿王谷的问题。开会前 9 天，来自南加利福尼亚州的俱乐部成员罗伯特·马歇尔冷静地提出了反对塞拉俱乐部改变其立场的理由。他对董事会的决议"最强烈的反对"理由是，"如果没有重大的全国性运动，这一决议的愿景就无法实现……而这样的运动是不存在的"。俱乐部之外没有反对在矿王谷修建滑雪场的力量，提起诉讼的法律依据也不存在。自 1949 年塞拉俱乐部同意在山谷开发滑雪场以来，唯一的变化是"我们对自然价值的特征认知和需求变得更加世故"。此外，新的矿王谷政策"肯定会削弱圣戈尔戈尼奥的反对力量"，对俱乐部"不讲理和不妥协"的指控也会显得可信。[98]

然而，俱乐部内部的抗议浪潮开始消退。促成因素之一是董事会成员弗雷德·艾斯勒（Fred Eissler）在 1965 年 7 月撰写并发布的一份报告，当时他和他的家人在矿王谷度过了为期 9 天的旅程。他对山谷和周边的美景赞不绝口，称其为"我所见过的最美丽的荒野地区之一"。他强调说："所有证据都表明，开发项目将彻底破坏矿王谷的独特性，以及与之相邻的大片区域。"[99]

艾斯勒的报告引起了共鸣。塞拉俱乐部的决策者对矿王谷的了解很少，而这份报告的描述有助于填补信息空白。1965 年 9 月，董事会召开会议，重新考虑对矿王谷开发项目的决定，结果会议虎头蛇尾。董事会成员还清楚地记得 5 月为争夺矿王谷而召开的那次艰难又充满情绪的会议，他们没有兴趣再开一次这样令人痛苦的会议。只有一位董事表示他会改变自己的投票。[100]

然而，董事会对俱乐部的立场做出了另一项改变，这将产生重大的长期影响。红杉国家公园的三面都被山谷环绕，董事会建议将矿王谷禁猎区纳入其中。[101] 正如俱乐部 2 天后发布的新闻稿所解释的那样，矿王谷"理应是红杉国家公园的一部分，它太重要了，不能被大规模地开发破坏"。[102]

与此同时，华特·迪士尼和罗伯特·勃兰特正忙于准备对林业局招标公告的回应。两者之间存在竞争关系，双方都选择了远远超出林业局预期的大型项目提案。

第三章　激烈的滑雪开发项目之争

当塞拉俱乐部因为矿王谷而苦恼时，林业局于1965年2月发布的招标公告引起了媒体的关注，并在有兴趣建造度假村的民营企业主中掀起了一股热潮。《弗雷斯诺蜜蜂报》（*Fresno Bee*）立即将罗伯特·勃兰特列为主要竞争者，"林业局的人称他为对矿王谷感兴趣的开发商的领头羊"。[1]

勃兰特很早就认识到，政治因素会影响林业局授予如此重大的权利，最终可能会由华盛顿特区的林业局局长，甚至是他的上级，农业部部长奥维尔·弗里曼（Orville Freeman）作出决定。勃兰特特意设计了针对这些人的政治策略。

4月，勃兰特写信给尤金·怀曼（Eugene Wyman），他是一位著名的洛杉矶律师，与政界有一些联系，他的妻子罗莎琳德（Rosalind）是洛杉矶市议会有史以来最年轻的议员。勃兰特列出了他打算采取的所有行动，包括与斯利姆·戴维斯"至少会面6次"，以及与塞拉俱乐部会面，并向怀曼征求推进这些事项的建议。[2] 随后，怀曼用民主党全国委员会的信笺纸给弗里曼写了一封名为"亲爱的奥维尔"的信，信中提到了"我们要好的朋友罗伯特·勃兰特和珍妮特·利"。怀曼告诉弗里曼，无论他能为勃兰特提供什么帮助，"我们都会非常感激"。[3] 虽然弗里曼没有在给怀曼和勃兰特的书面回复中明确表态，[4] 但勃兰特已经成功地向弗里曼表明自己在民主党里有重要关系。

由于美国度假顾问公司（勃兰特的顾问）已经完成了相关工作，勃兰特可以从容地安排竞标工作。他很快聘请了建筑师哈里·格斯纳（Harry Gesner）为他的提案准备建筑图纸。格斯纳是勃兰特的朋友，他们一起骑山地车，一起滑雪。[5]1957 年，作为加利福尼亚州马利布（Malibu）"波浪屋"的建筑师，格斯纳获得了一些名气。据说"波浪屋"为世界闻名的悉尼歌剧院提供了设计灵感。[6]

第二次世界大战期间，格斯纳曾随滑雪部队驻扎在科罗拉多州，[7]所以他也参与了勃兰特提议的滑雪轨道的布局。在矿王谷工作时，格斯纳有一次差点被雪崩卷走，最终被直升机救了出来。[8]

招标公告的发布让迪士尼大感意外，华特·迪士尼称其时机"不佳"。[9]一直在为迪士尼购买矿王谷土地的罗伯特·希克斯提前联系了林业局，想要一份招标公告的副本，以便将其寄给迪士尼。[10]但他不必为此费心。招标公告公开的前一天，负责监督该项目的林业局官员斯利姆·戴维斯直接给华特·迪士尼写信。戴维斯提醒迪士尼，他曾在 1960 年与迪士尼及其员工会面，讨论过矿王谷的开发事宜。戴维斯附上了两份招标公告，"希望你们对该地区及其潜力的兴趣继续占上风"。[11]

希克斯意识到勃兰特已经占了先机。[12]但是，迪士尼的工作人员能力极强，急忙追赶进度。很快，希克斯和林业局的工作人员进行了长达 5 个小时的会面，他们一致认为招标公告中列出的只是最低要求，提交的投标书可能会远远超过这些要求。该机构希望收益能够最大化，并会选择最高的报价，除非出现否决事由。[13]从那时起，迪士尼就将矿王谷列为大型项目。

4 月初，离申请截止日期不足 4 个月，希克斯和迪士尼顾问巴兹·普莱斯草拟了一份工作计划。[14]希克斯负责申请工作。借迪士尼的助手罗亚尔·克拉克（Royal Clark）之口，希克斯向迪士尼传达了消息，称他已经与林业局的斯利姆·戴维斯见过面，戴维斯说，对常年通车道路的政治支持将是决定谁被选中的重要因素。希克斯还报告说，罗伯特·勃兰特"准备申请工作时的认真态度给林业局留下了深刻印象"。[15]

迪士尼团队很快就全速推进矿王谷项目的进程。滑雪专家威利·舍弗勒负责设计滑雪缆车和索道。[16] 普莱斯和希克斯聘请了位于帕萨迪纳（Pasadena）的拉德和凯尔西（Ladd and Kelsey）公司承担这个项目的建筑工作。这家公司在洛杉矶设计了许多标志性建筑，其中包括 1967 年拍摄的电影《毕业生》（The Graduate）结尾中出现的小教堂，电影中痛苦的达斯汀·霍夫曼（Dustin Hoffman）敲打小教堂阁楼的玻璃，试图破坏他的搭档凯瑟琳·罗斯（Katharine Ross）的婚礼。[17] 在这个大型项目的初始阶段，由普莱斯和希克斯指导桑顿·拉德（Thornton Ladd）进行设计，这个项目最终可能每天容纳 2 万名滑雪者，提供 1 万张床位。[18]

与此同时，国家公园管理局与林业局就开发事宜进行了交流。红杉国家公园的负责人证实，"我们原则上不反对这项提议"。不过，他提醒道，公园管理局不会为修建道路支付费用，而且"肯定会非常关注这条道路是否会破坏"红杉林，"以及公园里的其他自然美景"。[19]

塞拉俱乐部现在有了一项反对矿王谷开发项目的新计划，但还没有实施。制定战略的任务落到了 31 岁的迈克·麦克洛斯基身上。麦克洛斯基主要在俄勒冈州长大，曾就读于哈佛大学，之后在军队服役 2 年。他担任了 3 年多塞拉俱乐部的西北地区组织者，对该地区的环境问题有全面的了解，并与塞拉俱乐部的成员有广泛的互动。[20] 之后，他加入了塞拉俱乐部的旧金山总部。

麦克洛斯基有两个特质，这些特质塑造了他的工作风格。首先，他热爱政治，了解政治的运作方式。20 岁出头的时候，麦克洛斯基曾竞选过俄勒冈州的州议会议员，在 2.5 万张选票中以 2500 票之差落败。他已经学会了如何寻求支持，如何传递政治信息，用他的话说，就是"政治家如何思考和反应"。他所获得的洞察力将帮助他有效地影响公众。[21]

其次，麦克洛斯基曾就读于俄勒冈大学法学院。这段经历让麦克洛斯基明白，他并不想从事法律工作，但在他的内心深处根植了一种律师式的处理问题的方式。他懂得行政程序的重要性，以及如何利用公开听证会等程序性事项将自己置于有利位置。作为一名律师，他也预见到了诉讼在环境纠纷中可能发挥的作用。

大卫·布劳尔是麦克洛斯基的上级，但布劳尔最终并没有在矿王谷上花费时间。在一定程度上，这可能是因为布劳尔曾参与撰写1948年的塞拉俱乐部报告，这份报告支持在矿王谷修建滑雪场。[22]布劳尔也越来越强硬地在内部管理问题上为自己辩护。因此麦克洛斯基将领导反对矿王谷开发项目的运动。

塞拉俱乐部主席威尔·西里承担了一项棘手的任务，即正式通知林业局塞拉俱乐部立场的变化。他给负责加利福尼亚州国家森林的地区林业局主管查尔斯·康诺顿写了信。西里将这一变化描述为"酝酿已久"，同时承认"如果在4个月前甚至2年前就向你传达这一观点，可能会更及时"。尽管该俱乐部"乐于推广滑雪运动，不反对选点合适的开发项目"，但它"不能容忍牺牲脆弱的荒野地区"。西里告诉康诺顿，塞拉俱乐部还担心，修建一条穿过红杉国家公园的公路"将会砍掉许多大型红杉树，并破坏峡谷岩壁"。[23]西里要求就滑雪场的提案举行公开听证会。俱乐部还发布了一份新闻稿，重申了这一要求。[24]

西里的信和新闻稿是塞拉俱乐部首次公开阐明其反对在矿王谷建设滑雪场的理由。在接下来的几年里，该俱乐部反对矿王谷项目的理由不断变化。然而，反对的最初动机集中在程序问题上：林业局在这片美丽的地区修建滑雪设施之前，难道不应该听听是否有反对意见吗？

林业局拒绝举行听证会。康诺顿在给西里的回复中，巧妙地结合了林业局业已作出的决定，并断言已经举行过听证会：

> 正如你们董事会的一些成员所知，自 1949 年林业局发布第一份招标公告以来，矿王谷的娱乐开发一直是林业局规划中最重要的工作……1963 年 3 月 13 日，国会议员哈根在维萨利亚举行了一场公开听证会，以确定采取什么措施来加快开发进度。我们有这次听证会的记录，不存在任何反对意见。[25]

该机构后来还辩称，通过与其员工就该项目进行会谈，他们已经与公众进行了充分的沟通。[26]

康诺顿的信中提到的"公开听证会"是 1953 年——而不是信中错误表述的 1963 年——由图莱里县商会主办的公开集会。虽然这既不是正式的政府听证会，也没有明确邀请公众参加，但那场集会确实允许任何人随心所欲地发表言论。这件事发生在 12 年前，并没有涉及目前的招标公告，其主要目的是推广滑雪胜地，而不是研究建造滑雪胜地可能造成的影响。尽管如此，在接下来的 7 年里，林业局仍将早先的那次集会视为一次充分的"公开听证会"。

麦克洛斯基对 1953 年的集会一无所知，他花了 1 个月的时间才找到那次集会的有关信息。在这之后，1965 年 8 月 7 日，他向林业局局长爱德华·克利夫（Edward Cliff）就康诺顿拒绝举行听证会一事提出复议。在这封冗长的信中，他列出了在俱乐部看来为什么需要举行听证会的 6 个理由。麦克洛斯基指出，康诺顿误写了 1953 年集会的日期，认为那次集会是"图莱里县商会为了促进发展而组织的"。他还抨击了康诺顿提到的林业局为矿王谷制订的"连续"规划。[27]

麦克洛斯基的信条理清晰，论述有力，但缺少一个重要组成部分：要求林业局举行听证会的法律授权。没有这个权利，麦克洛斯基只能无力地辩解："就重要的土地使用问题举行听证会显然是林业局的职责……"[28]

　　围绕着拟议中的滑雪场修建的一个大问题是，如何获得一条在任何天气条件下都能通往矿王谷的道路。华特·迪士尼和罗伯特·勃兰特都承认这条道路至关重要，而且两人都明白，只有政府才能修建这条路，矿王谷的私人开发项目无法承担修建道路所需的巨额资金。双方开始通过不同的方法来解决这个问题。

　　勃兰特认为自己在联邦政府层面找到了一个潜在的解决方案。1964 年，美国商务部受命对风景优美的公路和公园大道进行考察。[29]这项研究于 1965 年年底完成，耗资 400 万至 800 万美元，以建设一个观景道路系统。[30]勃兰特和珍妮特·利在华盛顿会见了该研究的负责人，并提出修建通往矿王谷的观景公路的可能性。正如勃兰特所说，他想"看看矿王谷公路是否能融入国家观景道路系统中"。[31]尽管勃兰特的想法很聪明，但希望渺茫。当时修建观景公路的联邦资金还没有到位，[32]事实上这笔资金从未出现过。

　　总之，勃兰特一直在追赶进度。早在招标公告发布之前，迪士尼就已经开始着手解决这个问题了。迪士尼决定将重心放在加利福尼亚州而不是华盛顿，[33]他们在政府中找到了一位可以提供帮助的关键人物：参议院议长休·伯恩斯（Hugh Burns）。伯恩斯身材魁梧，待人友好，他在加利福尼亚州立法机构中拥有相当大的权力，曾提出过一些重要的高速公路法案。他来自圣华金河谷的弗雷斯诺市（Fresno），那个地方距离矿王谷只有几个小时的路程。

　　哈里森·普莱斯（Harrison Price）和迪士尼的密友兼律师劳埃德·赖特（Lloyd Wright）曾前往弗雷斯诺，与伯恩斯讨论"迪士尼先生对矿王谷的兴趣"。[34]迪士尼找对了人。修建矿王谷公路的第一步是正式将这条路列为州际公路。如果公路局发现现有公路有缺陷，伯恩斯承诺将在 1965 年通过立法将这条路列为州际公路。[35]1965 年 8 月 1 日，就在林业局招标结束之前，伯恩斯的立法提案被送到了州长埃德蒙·帕特·布朗（Edmund G. Pat Brown）的办公桌上，等待签字。这时，麦克洛斯基才从一名塞拉俱乐部的董事会成员[36]那里得知该提案。麦克洛斯基匆忙写信给州长，要求否决该法案。[37]但这一行动是徒劳的。

乐于助人的伯恩斯参议员还同意帮忙采取下一步行动。名单上的州高速公路需要争夺有限的建设资金，伯恩斯将敦促加利福尼亚州公路委员会（California Highway Commission）优先建设这条公路。

华特·迪士尼的巨大影响力让矿王谷公路离实现又近了几步。

1965 年夏天，根据林业局的招标公告，投标截止日期为 8 月底。争夺矿王谷开发许可的各方之间的紧张气氛逐渐升温。正如约翰·哈珀所指出的那样，"谣言满天飞，但大多是毫无根据的"。[38]准确的信息非常珍贵。

8 月中旬，迪士尼的人发起了一场公关活动。一份新闻稿宣布，华特·迪士尼制作公司将向林业局提出申请，在矿王谷建造一个滑雪度假村，该公司的董事会已经批准了这一申请。[39]林业局的斯利姆·戴维斯认为，华特·迪士尼发布新闻稿是为了"平息无数关于迪士尼意图的谣言"，[40]但是他认为，在投标截止后不到 2 周的时间里，这些谣言就会烟消云散。事实上，迪士尼发布的新闻稿很可能具有战略意义：该公司试图开始将"迪士尼"这个具有积极含义的名字与矿王谷联系起来，因为公众的看法会影响其竞标结果。

不出所料，一些报纸对迪士尼的新闻稿作出了回应。《纽约时报》发表了一篇题为《内华达山脉度假区将由迪士尼规划》（Sierra Nevada Resort Is Planned by Disney）的短文，[41]《洛杉矶时报》也发表了一篇关于迪士尼项目的短文，只不过该文章将项目地点错误地写成了红杉国家公园，而不是红杉国家森林。[42]10 多天后，当罗伯特·勃兰特宣布他将进行投标时，华特·迪士尼已经在竞争中处于更有利的位置。《洛杉矶时报》发表了一篇关于勃兰特的文章，但它的标题是《迪士尼的矿王谷提案受到了挑战》（Disney's Mineral King Proposal Challenged）。[43]

1965 年 8 月 31 日是投标截止日期，这一天可能成为加利福尼亚州波特维尔（Porterville）历史上令人难忘的一天。这个位于圣华金河谷的小镇是红杉国家森林管理处所在地。矿王谷竞标将是这个小镇的一个标志性事件。在林业局的办公室里，兴奋的气氛"在空气中噼啪作响"，[44]办公室很快就"变成了麦迪逊大道①风格"。[45]

迪士尼精心准备了竞标陈述。最吸引人的是华特·迪士尼本人，他乘坐公司专机从伯班克（Burbank）总部飞过来，与林业局官员会晤，并亲自递交投标书。迪士尼将用展品展示的方式参与竞标，这些展品将一直保留到竞标结束，[46]其中包括艺术家们为迪士尼拟建的矿王谷滑雪区效果图。

罗伯特·勃兰特的计划更为宏伟。根据林业局的通知，竞标者也可以进行非口头形式的展示。[47]于是，勃兰特准备了一个非常长的预告片。负责迪士尼展示的罗伯特·希克斯后来抱怨说，迪士尼本来也想做一个预告片，但被告知不行，而勃兰特却得到了准许。[48]

媒体的报道铺天盖地，华特·迪士尼完成了一次成功的亮相。他被拍到走下飞机，迎接他的是被称为矿王谷"谷主"的当地居民雷·巴克曼（Ray Buckman），还有挥舞着旗帜的孩子们。[49]迪士尼

---

① 麦迪逊大道（Madison Avenue）是纽约曼哈顿区的一条著名大街，美国许多广告公司的总部都集中在这条街上，因此这条街逐渐成了美国广告业的代名词。——编者注

的随行人员有 10 人，包括罗伯特·希克斯、巴兹·普莱斯和威利·舍弗勒。[50] 迪士尼"给了每个人与他握手和讨论提案的机会"。[51]

迪士尼的投标书围绕着"当代阿尔卑斯"展开，这个选择反映了他对瑞士采尔马特小镇[①]的赞赏。他告诉媒体，迪士尼公司"将追随上帝的意志，努力完善其壮丽的杰作"。[52]

罗伯特·勃兰特的出场也非常耀眼。他的预告片里包含 12 张三维等高线地形图和模型。[53] 勃兰特的建筑方案融入了维京色彩，一家当地报纸也许是热情过头了，将其描述为"宛如天外来客，但又非常实用"。[54] 勃兰特还展示了一个 15 英尺高的北欧青铜雕像模型，它将被放置在度假村的入口处。勃兰特的方案还包括建造一个有着圆形玻璃墙的餐厅，这个餐厅将位于白酋长峰（White Chief Peak）的顶部。

申请人的材料被放置在一个大房间里，他们将在那里参加答辩。勃兰特的妻子，女演员珍妮特·利，出生在圣华金河谷的默塞德镇（Merced），她也陪着勃兰特来到了波特维尔。利穿着做旧的蓝色牛仔裤和运动鞋，散发着影星的气质。她和勃兰特带着参观者观看了预告片，并回答了问题。

林业局总共收到 6 份投标书。[55] 洛杉矶建筑师拉格纳·克沃勒（Ragnar Kvale）和他的兄弟谢尔（Kjell）提交了一份。克沃勒曾是太阳谷（Sun Valley）的滑雪教练，在那里教过电影大亨达里尔·扎努克（Darryl Zanuck）滑雪，并与他签约，当上了演员。后来，克沃勒转行做了建筑设计，拉斯维加斯（Las Vegas）的撒哈拉赌场酒店就出自克沃勒之手。[56] 他的兄弟谢尔是美国最大的进口汽车经销商之一，1970 年前后经营着 100 家店。[57] 他们提议在矿王谷建一个人工湖。

---

① 采尔马特（Zermatt）位于阿尔卑斯山的群峰之中，被誉为"冰川之城"，是世界著名的山间旅游胜地。——编者注

林业局欣喜若狂。斯利姆·戴维斯自豪地说，林业局"从来没有得到过如此多大人物的回应"，[58] 而且拟议的开发项目"将是林业局历史上收益潜力最大的单体项目"。[59] 有 3 份投标书都提出要投资 3000 多万美元，这让林业局官员感到震惊。"即使在他们最大胆的想象中"，他们也没有想到投资会超过 1000 万美元。[60] 据约翰·哈珀称，林业主管劳伦斯·惠特菲尔德承认，他和他的员工对这些投标书大大超出林业局招标公告中的标准感到"目瞪口呆"。[61]

林业局向投标人承诺，将在 30 天内作出最终决定。

迪士尼和勃兰特获得了最多的媒体报道，显而易见，他们之中的一个将赢得这个竞争激烈的项目。这两份投标书[62] 有一个重要的共同点：他们都提出要建设大型滑雪设施。两家公司都承诺将吸引大量游客来到矿王谷。例如，根据迪士尼的设想，到 2000 年，每日到访山谷的游客将达到 120 万至 150 万人。[63]

迪士尼提交的方案包括以下几点：

● 游客将在矿王谷入口前停车，该区域可容纳 2500 辆汽车。随后，他们将通过"一套与高山环境美学兼容的新运输系统"进入山谷。

● 度假村将坐落于山谷之下，即在现在的小木屋所在区域。它将包括一栋有 200 间客房的单层酒店，一栋有 400 间客房的三层酒店，以及 200 间一屋多床式客房。到 1976 年，这里将有 2000 间客房，7200 张床位，包括低、中、高三档价位，外加提供工作人员住宿的员工宿舍。

● 该项目将建设自助餐厅、中等价位餐厅、高档餐厅，以及像购物中心一样的购物长廊。除此之外，该项目还将在阿斯彭平地上建造一个度假村会议中心和一个可容纳 100 人的餐厅，这些餐厅将坐落于山顶。

● 度假村将包括一座教堂、一个溜冰场、各种便利商店和特色商店、一座剧院、一家杂货店和一个邮局，还会有一个直升机机场。

● 游客们将由 13 架滑雪缆车运送出山谷。6 部缆车将从矿王谷度假村出发，另外 7 部缆车位于山顶的阿斯彭平地。缆车每小时可搭载 3000 名滑雪者。

● 矿王谷最终将建成通往周围山区所有主要雪域的缆车，每小时的缆车容量将超过 10000 人。[64]

迪士尼强调了自己在管理方面的经验，以及对其他滑雪场（如"糖碗"）的熟悉程度。

这份投标书也花了很多时间强调迪士尼具有保护矿王谷自然环境的能力，以及迪士尼作为自然资源保护主义者和野生动物保护倡导者的历史，特别是迪士尼的电影。迪士尼提供的宣传册宣称："多年来，自然资源保护主义者的目标与华特·迪士尼公司提供娱乐及休闲的目标一致。"投标书强调，华特·迪士尼认识到"有义务保护矿王谷的自然美景和独特的高山环境"。[65]迪士尼的新闻稿重申了这一点，宣称"迪士尼的总体规划将基于保护矿王谷自然美景的需要"。[66]

罗伯特·勃兰特的矿王谷娱乐发展公司（Mineral King Recreational Development Company）提交的投标书提供了一个规模相当的方案：

● 停车场可容纳 2000 多辆汽车，靠近电梯，且停车场将是双层的。

● 度假中心将包括 180 座乡间小屋，以及可容纳 1600 人的住宿区，包括宿舍、汽车旅馆、公寓楼和小木屋。私人可购买公寓楼，但必须用作出租。

● 住宿区和度假中心将包括服装店、美容店、理发店、礼品店、五金和体育用品综合商店、桑拿房、剧院、保龄球馆和小教堂，以及 2 个游泳池和 1 个溜冰场。

● 山谷缆车系统将包括 4 部电梯、1 条电车轨道和 1 部缆车，每天可以为 6200 名滑雪者提供服务。

● "二阶"和"三阶"电梯也在计划之中。目前，"二阶"电梯被认为是可行的，它们将使缆车系统的日容量增加大约一倍。"三阶"电梯需要更长时间的研究。[67]

勃兰特的投标书反映出他在林业局发布招标公告之前就对山谷进行了广泛调查。他的方案比迪士尼的更详细，意在传递一种信息，即勃兰特可以迅速将计划变为现实。此外，勃兰特明白，迪士尼在娱乐管理方面有着丰富的经验，而他却一窍不通，所以他试图通过召集一批全国知名的专家为他提供建议来应对迪士尼的这一优势。[68]

勃兰特的投标书还有一个突出特点：对矿王谷雪崩风险的处理。勃兰特强调，自己进行了关于雪崩的研究，了解了如何预防雪崩。考虑到这个因素，勃兰特把他的度假中心设在了与迪士尼不同的地方——主山谷之外。[69]尽管迪士尼的投标书也提到了雪崩，但没有深入探讨。[70]

林业局很快开始考虑这些方案。招标公告承诺，将采用 4 个标准来选择中标者：①拟开发项目能否满足公众需求；②按预计收入百分比来计算投标费用，最低为 2%；③证明竞标人的财力足以满足招标公告的要求；④申请人的经验、品格，以及能否高效、令人满意地提供必要的公共服务。[71]第②个和第③个标准可能是客观的，而第①个和第④个标准却是主观的，因此林业局在作出最终决定时有很大的自由裁量权。

提交投标书 3 天后，斯利姆·戴维斯给他在华盛顿办公室的林业局上司理查德·科斯利（Richard Costley）写信，信中说道，"我们认为这个项目"会由迪士尼或勃兰特中标。[72]1 周后，9 月 8 日，罗伯特·希克斯拜访了位于波特维尔的林业局办公室。他向华特·迪士尼报告说，"矿王谷项目许可的决定可能已经作出了"，因为负责评估投标的工作人员已经外出处理其他事务了。[73]

然而，这个"已经作出"的决定却一直没有到来。华特·迪士尼和罗伯特·勃兰特度过了不安的 4 个月。

随着矿王谷项目竞标在波特维尔展开，华盛顿特区林业局拒绝了塞拉俱乐部的复议请求。林业局官员查尔斯·康诺顿拒绝就拟议的滑雪开发项目举行公开听证会。他认为没有必要"再举行一场公开听证会"，因为发布招标公告的决定"是基于详尽的研究和规划"作出的。事实上，对该地区的研究"一直在持续进行"，在招标公告发布之前，娱乐区的管理规划就已经"基本完成"了。最后，山谷被指定为野生动物保护区并不妨碍农业部部长允许它用于其他用途。[74]

麦克洛斯基艰难前行，向农业部部长奥维尔·弗里曼提出复议申请。他重申了自己的诉求，还与农业部部长助理约翰·贝克（John Baker）在华盛顿会面，敦促举行听证会。[75] 林业局仍然不以为意。

在这种情况下，反对开发矿王谷看起来"几乎没有胜算"。[76] 威廉·伯格伦（William Bergren）的家人多年在矿王谷露营，他曾给政府官员写过无数封信，抗议开发矿王谷。然而，他的结论是："说实在的，现在只能寄希望于奇迹发生。"[77]

林业局把大部分决策权放在了当地林业部门，受地区林业局官员的监督，最终受华盛顿特区林业局局长的监督。[78] 在红杉国家森林的案例中，当地林业局主管劳伦斯·惠特菲尔德向旧金山的地区林业局官员查尔斯·康诺顿报告。在康诺顿手下工作的地区助理林业员正是斯利姆·戴维斯。

在矿王谷这样重要的问题上，戴维斯和康诺顿意识到，他们必须通过华盛顿特区林业局高层——局长爱德华·克利夫以及负责娱乐开发项目的下级官员理查德·科斯利的最终同意。而这位局长又向农业部部长奥维尔·弗里曼汇报了这一情况。

弗里曼在明尼苏达州（Minnesota）出生、长大，他曾在明尼苏达大学当过守卫，同时还在橄榄球队担任四分卫。在大学里，他和休伯特·汉弗莱（Hubert Humphrey）成了亲密的朋友，后者在 1965 年成为美国副总统。第二次世界大战期间，弗里曼曾在海军陆战队服役，下颌被日本狙击手的子弹打伤。1946 年获得法学学位后，弗里曼于 1954 年当选明尼苏达州州长，后来又连任两次。

在 1960 年的总统大选中，他先是支持汉弗莱，随后又承诺效忠于获胜的候选人约翰·肯尼迪。弗里曼是路德会的执事，但当肯尼迪的天主教信仰在选举中成为一个问题时，弗里曼在电视上宣布，宗教偏见在明尼苏达州的政治中不具有重要性。1960 年，弗里曼在第四次州长竞选中失败，肯尼迪任命他为农业部部长。当时弗里曼才 42 岁，是有史以来担任该职位最年轻的人。作为农业部部长，他的工作重点是食品券和学校早餐项目，以确保食物供应充足，减轻饥饿。[79]

康诺顿和戴维斯以为，他们可以通过州林业局局长办公室来决定矿王谷竞标的最终结果。事实证明，他们想错了。波特维尔办公室收到投标书后不久，奥维尔·弗里曼便告知克利夫局长，自己"希望在最终决定作出之前参与进来"。[80]

尽管这位部长坚持要参与其中的做法让加利福尼亚州林业局的一些工作人员感到困惑，[81]但在华盛顿，这一举措似乎是合乎逻辑的。林业局副局长阿特·格里利（Art Greeley）写道，矿王谷"是加利福尼亚州的'热门'项目，州长帕特·布朗对此很感兴趣"，[82] 出于政治考量，应该由华盛顿的高级官员来决定这个问题。斯利姆·戴维斯希望对最终决定保留一些控制权，他建议州林业局人员与华盛顿特区的决策者讨论彼此的想法。[83]

与此同时，加利福尼亚州的林业局官员试图解决竞标中出现的几个财务问题，其中一个问题涉及罗伯特·勃兰特的资金情况。勃兰特曾告知林业局，玛丽·卡特涂料公司（Mary Carter Paint Company）是一家多元化、涉足土地开发的涂料制造商，可以提供1000万美元的融资，甚至"根据需求"最高可提供4000万美元。[84] 于是戴维斯对这家公司进行了简单的调查。[85] 一个相关的难题是，很难比较迪士尼和勃兰特对林业局的收益回报率哪一个更高。

另一个问题是雪崩。戴维斯会见了迪士尼的滑雪专家威利·舍弗勒，让他"阐明如何充分实现雪崩控制"。戴维斯指出，迪士尼在书面宣传册中"承诺对可能存在的风险进行彻底的研究和控制，但没有给出细节"。舍弗勒告诉他，迪士尼将设计制造"大型土石坝分流器"。为了控制雪崩引起的土石崩落，"火炮将被优先考虑"，也可以"人工放置炸药，或者从升降机、直升机上扔下炸药，或者用空气炮发射"。[86]

在戴维斯的"印象"中，华特·迪士尼制作公司的方案充分认识到了研究矿王谷雪崩风险的重要性。但奇怪的是，戴维斯刚刚参加了关于这一问题的会议，他却对这个重要的安全问题使用"印象"这一模糊的表述。[87]

戴维斯也向勃兰特提出了雪崩控制的问题。勃兰特的雪崩顾问，华盛顿大学的爱德华·拉切佩勒（Edward R. LaChapelle），是这一领域的知名专家，他撰写了林业局的第一本雪崩手册。[88] 勃兰特团队认为，戴维斯的提问是在隐晦地指出，他们关于雪崩的解决方案还需要进一步研究。勃兰特的首席顾问菲利普·伦德斯特伦（Philip Lundstrom）愤怒地反对"这种贬低我们工作的做法"。在一份直接针对迪士尼的声明中，他宣称，某些竞争者很可能犯了错误，"把主要建筑物放置在该地区最大的雪崩路径上"。伦德斯特伦指责道，任何打算这样做的申请人"都不符合'有经验'或'有能力'的标准"。[89]

戴维斯马上否认，称自己没有"任何贬低勃兰特公司彻底而又充分的雪崩调查的意思"，只不过是自己看到勃兰特方案上写着对雪崩问题有必要进行进一步的研究。随后，他为"其他竞争者"（如迪士尼）进行辩护，指出在最初的 3 年许可期内，建筑物的位置可以改变。[90]显然，竞标人对雪崩问题存在争议。在这个问题上，斯利姆·戴维斯似乎在为迪士尼辩护。

然而，在这个时候，资金和雪崩都是次要的。几天之内，当地林业局办公室提出了一项建议，华盛顿林业局的行政主管很快就同意了。1965 年 9 月 30 日，林业局局长爱德华·克利夫写信给农业部部长奥维尔·弗里曼，信中说道："经过全面分析，我们认为迪士尼的提议显然更好。"[91]

克利夫提到了 2 个"影响他权衡的主要因素"。首先，迪士尼的方案"投资规模更大，服务的人更多"。其次，在预期时间里，迪士尼将带来"将近 4 倍的收入"。[92]在林业局看来，无论是投资还是收益回报，都是越多越好——这是敏锐的罗伯特·希克斯在起草迪士尼投标书时就已经意识到的事实。[93]

得知弗里曼部长在最终决定中为自己预留了部分话语权后，勃兰特和迪士尼加紧行动，为自己的投标争取政治支持。二者的政治分歧很明显：华特·迪士尼是共和党人，而罗伯特·勃兰特和他的妻子珍妮特·利是民主党人。加利福尼亚州州长帕特·布朗和总统林登·约翰逊也是民主党人，这让迪士尼在政治上处于不利地位。

事实上，虽然约翰逊政府在 1964 年授予了华特·迪士尼总统自由勋章，但有一个众所周知的故事（具体细节各不相同），迪士尼在颁奖典礼上佩戴了约翰逊的对手巴里·戈德华特（Barry Goldwater）的一枚徽章。[94] 此外，正如罗伯特·希克斯在 8 月初指出的那样，"不要低估勃兰特的政治关系"。[95] 于是，迪士尼的工作人员开始着手扭转这种政治上的不利局面。

作为当地人，希克斯把迪士尼的方案介绍给了图莱里县的政界人士和商界人士。他成了服务业俱乐部和商会会议的常客。[96] 希克斯还联系了其他官员，其中包括帮助迪士尼修路的民主党州参议员休·伯恩斯，他还计划联系当地的国会议员，同样是民主党人的哈兰·哈根（Harlan Hagen）。[97] 在华盛顿，乔治·墨菲（George Murphy）刚刚就任加利福尼亚州参议员，他是华特·迪士尼的老朋友，在选举前，华特·迪士尼曾出现在墨菲的整版广告中。[98] 墨菲强烈支持迪士尼的提案，并尝试给奥维尔·弗里曼打电话，[99] 尽管墨菲是共和党人。

勃兰特却选择了另一个方向。10 月下旬，他在维萨利亚的一家汽车旅馆举办了一场大型的鸡尾酒会。[100] 他敦促与会者给奥维尔·弗里曼写信，请他"仅根据投标书的内容来授予这个项目，不要考虑政治或人情因素"。[101] 但勃兰特自己把大部分注意力放在了加利福尼亚州州长帕特·布朗身上，并利用了妻子珍妮特·利广泛的政治关系。[102] 布朗此前曾任命利在州娱乐委员会任职，1961 年，她与布朗、演员加里·库珀（Gary Cooper）和女演员赛德·查理斯（Cyd Charisse）的合照被广泛宣传。林登·约翰逊总统也很熟悉利，他在 1964 年任命她为国家和平队咨询委员会成员。[103]

勃兰特认为，加利福尼亚州林业局官员偏袒迪士尼，他只希望最终决定在一个"公平的竞争环境"中作出。罗伯特·希克斯担心布朗州长的影响力。罗纳德·里根（Ronald Reagan）将在第二年与布朗竞争加利福尼亚州州长的职务，而华特·迪士尼是里根的支持者。[104] 希克斯认为，如果迪士尼公开支持里根，布朗可能会以支持勃兰特作为回应。

到了 10 月中旬，奥维尔·弗里曼还没有作出任何决定，政治谣言四起。10 月 21 日，报刊上的一篇文章报道称，"罗伯特·勃兰特……比华特·迪士尼更有优势"，并提到"未经证实的报告称，肯尼迪家族有意投资勃兰特提出的开发项目"。[105] 也有传言称，迪士尼的竞标被取消了，罗伯特·希克斯指控国会议员哈兰·哈根"显然站在勃兰特一边"，而哈根称"唯一玩弄政治的竞标人正是迪士尼"。[106] 还有传言说华特·迪士尼将会获胜，因为他曾向林登·约翰逊总统承诺，他将在约翰逊的家乡得克萨斯州建造一个新的迪士尼乐园。

至于林业部门，这是一个纪律严明的官僚机构，普通官员通常会接受中高层的决定。但现在情况似乎有所不同。斯利姆·戴维斯告诉迪士尼的滑雪顾问威利·舍弗勒，如果弗里曼部长没有将许可授予迪士尼，"这将会引起相当大的骚动，对地方林业局产生重大影响"。[107] 林业部门内部的紧张气氛显而易见。

帕特·布朗在华盛顿特区的代表欧文·斯普拉格（Irvine Sprague）一直在向弗里曼办公室施压，要求就矿王谷的招标事宜举行听证会。[108] 然而，林业局反对这个提议。弗里曼的助手汤姆·休斯（Tom Hughes）主张成立一个由他本人、农业部助理秘书约翰·贝克和林业局的爱德华·克利夫或阿特·格里利组成的三人委员会，该委员会将开会讨论，并向弗里曼提出建议。[109] 这一提议将这个问题推向了高潮。奥维尔·弗里曼接受了这个建议，并将会议要讨论的重点放在迪士尼和勃兰特的方案上。[110] 两天后，其他人被告知他们竞标失败了。[111]

助理秘书约翰·贝克通过电报邀请了勃兰特和罗伊·迪士尼（Roy Disney），他们很快接受了邀请。罗伯特·希克斯通过电话向斯利姆·戴维斯询问，后者放弃了中立的伪装，告诉希克斯，他认为会议上可能出现各种问题。他强调，"华特·迪士尼亲自出席会议将带来很大的不同"。[112] 戴维斯的选择是迪士尼，既然他已经在内部推荐了迪士尼，那么他就可以通过帮助希克斯来支持自己的选择。希克斯还在波特维尔会见了林业局的工作人员，花了三个半小时——其中包括办公室下班后的一个半小时——"深度调查了农业部在华盛顿发表报告的新闻稿"。[113] 政府官员正在为他们中意的候选人进行战斗准备。

1965 年 11 月 5 日，汤姆·休斯、约翰·贝克和爱德华·克利夫组成的三人委员会在华盛顿召开了会议。会议首先听取了华特·迪士尼的方案，迪士尼代表团成员包括华特·迪士尼，高管唐·塔图姆（Donn Tatum）和卡德·沃克（Card Walker），滑雪专家威利·舍弗勒，经济顾问巴兹·普莱斯，以及项目经理罗伯特·希克斯。助理秘书贝克作了简短的开场白，介绍了三人委员会和在场的其他林业局人员，包括"最熟悉矿王谷及其开发方案"的斯利姆·戴维斯。[114]

华特·迪士尼解释了他对矿王谷感兴趣的原因，以及他对"糖碗"滑雪场的投资和 1960 年为冬奥会所做的工作。他强调了自己对大自然的欣赏，并回答了矿王谷的交通规划以及他为修建道路争取国家资金所做的努力等问题。巴兹·普莱斯论述了对矿王谷项目发展情况的预测。[115]

作为一个大型公司的负责人，华特·迪士尼本人对公司方案的具体细节了解相对较少，所以他和罗伯特·希克斯以及巴兹·普莱斯想出了一个暗号。如果迪士尼回答不了这个问题，他会按一下希克斯的大腿，让他接着回答。如果希克斯不知道答案，他也会对普莱斯做同样的事情。[116]

几天后轮到罗伯特·勃兰特了。在两个半小时的听证会上，他展示了"方案中描述的滑雪缆车、旅馆和其他设施的比例模型"。[117] 斯利姆·戴维斯向希克斯详细转述了勃兰特的演讲内容。据戴维斯说，勃兰特的团队包括他的度假顾问菲利普·伦德斯特伦，2名来自玛丽·卡特油漆公司的经理——项目的潜在投资者，美国金融家和环保主义者劳伦斯·洛克菲勒（Lawrence Rockefeller）的法律顾问亨利·戴蒙德（Henry Diamond），以及雪崩专家爱德·拉切佩尔（Ed LaChapelle）。[118]

戴维斯说，当勃兰特试图展示新的材料时，委员会经常打断他。勃兰特知道，在加利福尼亚州林业局的推荐下，他处于不利的地位。因此，他会尽量增补新的材料，比如有关融资的信息。勃兰特认为，他的提案已经详细研究了雪崩问题，并在此基础上确定了设施的选址，而迪士尼的方案在论及雪崩问题时比较粗糙。根据戴维斯的说法，委员会曾两度阻止勃兰特展示迪士尼方案中存在的"极端雪崩风险"。[119]

11月10日，斯利姆·戴维斯给副局长阿特·格里利送去一份分析报告，这个报告对两个问题进行了分析，即矿王谷的雪崩风险以及勃兰特提议的从停车场疏散到滑雪坡道的可能性。他肯定了迪士尼在雪崩方面进行的研究，并从两个方面批评了勃兰特方案，包括他的融资问题。[120] 戴维斯的分析强烈倾向于支持迪士尼。汤姆·休斯向弗里曼部长报告道，勃兰特"非常重视迪士尼方案中度假村面临的雪崩风险"。他观察到，地方林业局却"倾向于忽视这种风险，对于这一问题必须仔细核查"。[121]

各方都在焦急地等待最终的决定。此时，迪士尼方发生了一个小插曲。勃兰特提议的资金规模让迪士尼的人大吃一惊，希克斯开始怀疑玛丽·卡特油漆公司提供的融资有犯罪嫌疑。[122] 于是，迪士尼在佛罗里达州雇用了一名私人侦探（前FBI探员）来调查这家公司。

11月30日，普莱斯和希克斯将私人侦探的初步调查报告发给了华特·迪士尼。他们告知迪士尼，"有迹象表明，玛丽·卡特油漆公司是黑社会洗钱的幌子"，并建议可以利用私人侦探获得的文件"进行宣传"。[123] 在长达5页半的报告中，私人侦探用了大约3页篇幅讲述玛丽·卡特油漆公司的背景，并将卡车司机工会主席詹姆斯·霍法（James Hoffa）与此事联系起来，但报告对调查结果的来源含糊其词，比如"熟悉内华达州拉斯维加斯赌博集团的消息人士""线人"和"机密信息来源"。[124] 最后，迪士尼方没有再追究此事。

现在到了紧要关头。12月1日，阿特·格里利致信三人委员会，告知他们勃兰特和迪士尼提交的关于雪地安全和道路融资的意见书"没有提供任何证据"。[125] 这一结论否定了勃兰特声称的双方在雪崩控制方面存在差异，从而宣告了勃兰特的失败。同一天，格里利还向委员会提交了一份华盛顿办公室和旧金山地区森林管理局对两份投标书的详细分析报告。

该分析全方位支持迪士尼。迪士尼方案的"每一项都明显比勃兰特的方案更有能力为人们服务"。迪士尼的净资产是勃兰特集团的4倍，因此迪士尼"在资金上明显更有实力"，而且迪士尼"已经证明，它可以在与矿王谷相当的项目上做得非常出色"。[126]

然而，迪士尼的人却在高度焦虑的状态下等待着。华特的弟弟、公司财务主管罗伊·迪士尼在华盛顿参加了会议。12月6日，他给奥维尔·弗里曼写信，询问"最终决定何时能够作出"。[127] 对迪士尼公司而言，拖延意味着一个对他们有利的决定可能因为政治原因而动摇。

事实上，政治力量已经在起作用了。12月9日，农业部部长弗里曼就本部门的重要事项向约翰逊总统提交了周报，矿王谷"榜上有名"。弗里曼告诉约翰逊，这一项目有两个很好的方案，而且全国都很关注这一项目最终花落谁家。然后，他总结了他所看到的政治形势：

> 最初，迪士尼试图通过接近全国各地的国会议员来获得政治上的支持，这可能是因为迪士尼是一位杰出的共和党人（他支持里根竞选加利福尼亚州州长）。而勃兰特一直是一位积极的民主党人。加利福尼亚州州长和一些当地人跟我谈过这个项目，两党的国会议员也对此非常感兴趣。这个项目将引起公众的广泛关注。[128]

他告诉约翰逊，他已经成立了一个特别委员会，"因为勃兰特认为地区林业局偏袒华特·迪士尼制作公司"。[129]

弗里曼随后承诺，特别委员会将很快提出建议，他将亲自审阅。他总结道：

> 该决定将基于哪个方案对加利福尼亚州人民和国家最有利，以及哪一方案将给联邦政府带来更大的回报。如果两个方案难分伯仲，我将为矿王谷开发项目作出裁决。[130]

然而，林业局在会议后对两个方案的分析并不意味着它们"难分伯仲"。毫无疑问，这预示着迪士尼即将获得批准。勃兰特用越来越绝望的措辞疯狂地向民主党联络人发送了一连串电报，强调雪崩的安全问题。其中一封给国会议员哈兰·哈根的电报引用了一项新的安全比较分析，声称自己"已确凿无疑地证明"华特·迪士尼公司"在评估公共安全危害方面犯了严重错误"。[131] 最后，勃兰特直接给约翰逊总统写信，指责地区林业局"在判断、对比和分析矿王谷的安全方面，对我们团队非常不公平"。[132]

然而勃兰特的努力失败了。汤姆·休斯扮演了关键角色，他是弗里曼的三人委员会中对政治最敏锐的一个，也是与地区林业局联系最少的一个。休斯向约翰逊总统的助理保罗·波普尔（Paul Popple）说明了自己的结论："在我看来，迪士尼的方案要好得多……我认为我们已经竭尽全力，确保勃兰特有充足的机会来陈述他的观点。"[133]12月15日，委员会的三名成员——贝克、休斯和克利夫——在阿特·格里利准备的报告草稿上签了字。[134]

收到三人委员会的意见后，[135]弗里曼表示同意，并在当天发电报给罗伊·迪士尼，宣布他们获得了矿王谷项目的开发许可，而罗伯特·勃兰特收到了一份传递坏消息的电报。第二天，勃兰特又收到了一封解释信，其中包含三人委员会的分析。[136]

勃兰特被压垮了，他真诚地认为自己的方案更胜一筹，但他面临着重重障碍。

首先，在1965年，华特·迪士尼这个名字充满魔力。他创造的迪士尼乐园、电视节目、一系列电影和自然纪录片，使得他在美国人的生活和意识中占据了独特的位置。人们感到与他有个人联系，并希望与他关联在一起。早在1960年，斯利姆·戴维斯在与华特·迪士尼第一次见面后就热情地表示：

> 迪士尼先生的真诚和实事求是给我们留下了深刻的印象。他所从事的每一件事几乎都取得了成功，他的所有事业都有最优秀的人才围绕在他身边助力。我们已经有过大量的审查许可证持有人的经验，他们都是靠微薄的资金运作的，因此我希望迪士尼能够对矿王谷项目抱有更大的兴趣。[137]

其次，迪士尼具有雄厚的资金支持。相比之下，勃兰特不得不从多个渠道拼凑融资，这种融资方式永远不会像迪士尼那样安全。

再次，迪士尼承诺给林业局的收益回报要比勃兰特多。迪士尼已经提交了一份建造超大型滑雪场的方案，能够为该机构带来更多的财政收入。如此大的规模也最符合林业局的组织理念，即确保最大多数人的最大利益。

最后，迪士尼的项目执行风险低于勃兰特。迪士尼曾成功打造过大型娱乐项目，而勃兰特没有类似的成就。

因此，林业局想让迪士尼承接矿王谷项目。这一项目将决定林业局相关人员的事业成败，而迪士尼是更安全的选择。然而，这种态度也导致迪士尼和勃兰特受到了不同待遇，就像勃兰特在写给总统的信中所指控的那样，招标公告中模糊的决策标准让林业局在作选择时有极大的自由裁量权。这些标准还意味着，提交的投标书内容可能会有很大差异，因此很难对它们进行比较。

还有雪崩的问题。勃兰特的雪崩报告是由一位资深专家详细编写的。报告指出，度假村不应该建在迪士尼提议选址的地方。这是一个重要问题，而迪士尼对雪崩关注较少。

认识到这一关键区别，斯利姆·戴维斯和林业局的官员们想出了一个绕过这一问题的办法。未来 3 年内，在最终许可发放之前，迪士尼可以对雪崩问题进行更仔细的研究，林业局也会坚持要求迪士尼这样做。事实上，在获得最终许可前的 3 年过渡期中开展这样的研究，主要是为了获得最终许可。[138] 通过这种方法，他们可以放心地认为迪士尼最终会选择一个安全的地点，从而淡化这一问题在当前决策阶段的重要性。

当投标书送到奥维尔·弗里曼的办公桌上等待决策时，林业局的建议引起了一些关键人员的重视，包括局长爱德华·克利夫和副局长格里利。正如克利夫告诉弗里曼的那样，他"不知道如何证明矿王谷项目不应由迪士尼集团承接"。[139]

罗伯特·勃兰特在巧妙地调动政治力量方面做得很好，但他无法说服林业局的官僚机构，从而赢得该项目。

罗伯特·勃兰特退出了争夺矿王谷项目的舞台。华特·迪士尼很高兴，他给奥维尔·弗里曼写信，说公司的每个人都对中标感到非常欣喜。他强调说："最重要的是，我们会好好保护该地区的自然美景。"[140] 在迪士尼看来，这场战斗已经结束。

实际上，它才刚刚开始。

第四章　内阁的争吵

林业局授予华特·迪士尼制作公司一份为期 3 年的短期许可证，以规划、开发矿王谷。然而，招标公告要求，"在这段时间内，中标者须从 198 号国道入口处改造 25 英里长的道路……改造后的道路要达到游客可以在冬季自驾前往矿王谷的标准"。中标者必须"解决冬季通行的出入问题"，并"作出适当安排"。当"短期许可的主体道路建好"，林业局就会颁发长期许可证。[1] 虽然招股书中的"标准"和"适当"等词可以被灵活地解释，但罗伯特·希克斯和华特·迪士尼制作公司知道，他们在投标书中承诺的方案规模取决于道路情况。

1965 年 9 月，当迪士尼和勃兰特在华盛顿为得到许可而与其他竞争对手展开激烈角逐时，希克斯再次会见了州参议员休·伯恩斯，他提议，迪士尼的方案会让"修高速公路的小伙子们兴奋起来"。[2] 伯恩斯再一次做到了言出必行。到了 11 月，加利福尼亚州公路部门开始规划一条通往矿王谷的全天候公路。[3]

然而，为这条公路筹集资金仍然是个问题。尽管预算难以达成一致，但可以确定的是这条路的修建成本将非常高，可能超过 2500 万美元。林业局的招标公告强调，林业局不会为这条路提供资金，国家公园管理局同样也不会为经过红杉国家公园的那段路支付费用。至于图莱里县，它曾为迪士尼摇旗助威，但当修路资金出现问题时，它却无动于衷。

1965 年 12 月，迪士尼在竞标中获得胜利后，罗伯特·希克斯将注意力转向如何获得修路资金上来。不过，他首先想解决一个私人问题：在矿王谷的规划工作中，他将扮演什么角色？

　　迪士尼的各项业务都处于发展的关键时期。1966 年 5 月，《财富》杂志发布的一篇长文报道了这一情况。这篇文章附有一张华特·迪士尼与朱莉·安德鲁斯（Julie Andrews）喝茶的大幅照片——安德鲁斯是当时非常成功的迪士尼电影《欢乐满人间》（Mary Poppins）的主演。迪士尼计划在矿王谷投资 3500 万美元，还要斥资 5 亿美元在佛罗里达州建造"迪士尼世界"。该公司正在从一家以电影制作为主的公司转型为一家业务更广泛的娱乐企业。矿王谷的滑雪开发项目是这一计划的重要组成部分。[4]

　　虽然罗伯特·希克斯曾负责迪士尼的矿王谷投标事务，但迪士尼公司并没有聘用他。他是巴兹·普莱斯公司的独立承包商。当迪士尼获得开发矿王谷的许可后，希克斯决定重新理顺自己与迪士尼之间的关系。

　　经过几个中间人的斡旋，华特·迪士尼给希克斯留出了 5 分钟时间。希克斯告诉迪士尼，他想担任矿王谷开发项目的项目经理。迪士尼没有直接回应。他只是说："我们必须去欧洲，考察那里所有的度假村，这样我们才能做到最好。"5 分钟很快就过去了，希克斯只能离开。

　　迪士尼从来没有直接对希克斯说"好的"，但希克斯很快就发现自己的名字出现在华特·迪士尼制作公司的工资单上。[5]颇有才干的希克斯在接下来的 13 年里一直是迪士尼矿王谷项目的核心人物。

　　林业局也迅速采取行动，任命了一名联络员，负责监督迪士尼的规划工作。被选中的联络员是皮特·威科夫（Pete Wyckoff），他曾在斯利姆·戴维斯领导下的旧金山娱乐管理部门工作，在娱乐项目和冬季运动方面有丰富的经验。[6]他曾在美国西部和欧洲各地滑雪，是国家滑雪巡查队的一员，还参加过应对雪崩的课程。和希克斯一样，威科夫参与了矿王谷项目的全过程。

迪士尼面对的情况是特殊且困难的。3年内，迪士尼必须提升道路状况，以达到冬季可公共通行的标准，而且必须覆盖"关键路段"。此外，招标公告要求要"做好资金规划"，以便在初始许可证授予后的5年内完成道路建设。[7]

希克斯就道路问题与参议员乔治·墨菲的助理桑迪·奎因（Sandy Quinn）进行交涉。墨菲在从政前是一位著名的好莱坞演员，罗纳德·里根后来将自己从政"归功"于他。当时里根对墨菲开玩笑说，如果墨菲能当选，那么他也能当选。墨菲也是华特·迪士尼的老朋友，经常引用迪士尼给他的竞选建议——"和足够多的人交谈，你就会赢"。[8]墨菲这样做了，并击败了在任的民主党人，成为迪士尼矿王谷开发项目的积极支持者。

迪士尼工作人员还决定与支持罗伯特·勃兰特的民主党州长帕特·布朗接触。[9]他们发现布朗非常乐于接受迪士尼，已经放下了之前迪士尼与勃兰特的争执。为了与罗纳德·里根争夺这场艰难的连任之战，布朗将矿王谷滑雪项目视作能为加利福尼亚州带来巨大经济效益的政绩项目。巴兹·普莱斯的公司曾估计，15年内，矿王谷项目在投资、就业和销售方面的收益将达到令人瞠目的10亿美元。[10]因此，布朗同意帮助迪士尼修建公路。迪士尼还联系了其他州级官员和地方官员，桑迪·奎因则努力为修建公路寻求联邦资金援助。[11]

这种多管齐下的政治接触产生了立竿见影的效果。[12]1966年3月上旬，加利福尼亚州公共工程局局长驳回了2名下级公路官员的建议，同意由州政府为新公路提供资金，尽管真正的项目计划需要四五年才能制订出来。[13]这条新公路的修建事项出现在加利福尼亚州公路委员会4月会议的议程上。会议的第一个晚上，华特·迪士尼制作公司安排了接待该委员会的晚宴。[14]

矿王谷高速公路修建项目差点成为高速公路规划清单[15]的首要事项的一个主要原因是，美国商务部根据《联邦公共任务与经济发展法案》(*The Federal Public Works and Economic Development Act*)承诺给予拨款。国会议员哈兰·哈根对寻求拨款的想法表示赞赏，2月中旬，迪士尼就此事联系了加利福尼亚州州长帕特·布朗。[16] 布朗立即采取了行动，联系他在华盛顿颇有影响力的联络人欧夫·斯普拉格(Irv Sprague)，斯普拉格几乎可以确保约翰逊政府采取有利于迪士尼的行动。这笔拨款将用来支持这条高速公路的部分规划费用。

然而，在此期间，国家公园管理局对这段将穿过红杉国家公园的公路感到担忧。

加利福尼亚州公路委员会将矿王谷公路纳入会议议程的行为，不可避免地引起了州公园管理局及其华盛顿监督员、国家公园管理局局长和内政部部长的注意。国家公园管理局本能地质疑，是否有必要为了公园之外的项目而修建一条穿过国家公园的公路。

国家公园管理局还有另一个担忧。现有的通往矿王谷的道路影响了红杉国家公园内的两处红杉林，阿特韦尔树林(Atwell Grove)和东福克树林(East Fork Grove)。一张广为流传的照片显示，一棵巨大的红杉树横亘在道路之间。红杉国家公园建立的目的是保护红杉树，因此，公园管理局必须仔细审查任何拟议道路对这两片树林可能造成的影响。

公园管理局和位于华盛顿的内政部在早期并不支持修建这条公路，尤其是负责鱼类、野生动物和公园事务的内政部部长助理斯坦利·该隐(Stanley Cain)。该隐在写给内政部部长斯图尔特·尤德尔的信中说："到目前为止，我对美国林业局－迪士尼开发项目所知不多，因此我不会批准这条公路。"该隐解释道："我不想批准一条并不属于公园发展计划的道路。"[17] 该隐的来信反映出他确实对此事不太了解。事实上，已经存在穿过公园通往矿王谷的路了。[18]

公园管理局在当地的联络员是弗兰克·科夫斯基(Frank Kowski)，

他是红杉国家公园的负责人，在公园管理局工作了 30 年，备受尊敬。科夫斯基认为，最好的做法是与州政府合作，尽可能减少新路对公园的影响。[19] 几次会议之后，他认为自己已经解决了道路路线问题。

但是华盛顿方面要求国家公园管理局局长乔治·哈佐格（George Hartzog）介入此事。哈佐格与科夫斯基就这条公路进行了电话交流。科夫斯基对通话内容感到不安，并迅速向他的直属上司、地区主管埃德·胡梅尔（Ed Hummel）汇报。科夫斯基将哈佐格的立场解读为"坚决反对修建新路"，并认为哈佐格完全不了解当时的政治形势。[20]

然而，科夫斯基并没有为公园管理局制定政策。在华盛顿，部长助理斯坦利·该隐认为，内政部不应该因为修路而允许砍伐任何一棵红杉树。他的理由是，之所以需要这样强硬的立场，是因为该部门"正在付出艰苦的努力来保护红杉树"，这里指的是正在进行的扩建红杉国家公园的努力。他强调："建立红杉国家公园的目的不包括为去往其他地方旅游提供行车道路。"[21]

1966 年 9 月，州高速公路规划人员向公园管理局提出了一整套改善道路标准的提议。[22] 然而这一提议没有通过。经过一番辩论后，埃德·胡梅尔回信说，在批准这条道路之前，公园管理局必须"知道这样一条道路会对公园的生态价值产生什么影响，并确保已经试过了所有可替代的解决方案"。[23]

在这一点上，公园管理局显然不会轻易批准穿过红杉国家公园的公路部分。

1966 年年中，迪士尼很少关注国家公园管理局，认为相关问题会得到解决。迪士尼的工作重心全都放在了公路融资上。

首先，迪士尼广泛宣传其开发矿王谷的计划，为解决道路建设问题制造舆论。[24]6 月，媒体应邀参加了加利福尼亚州伯班克迪士尼工作室举行的为期两天的简会。与会者在摄影棚观看了拍摄过程，并参观了迪士尼乐园的最新景点——"小小世界"游乐项目，一位到访的记者称其为"迷人的13分钟游船之旅"。最重要的是，他们亲眼见到了华特·迪士尼。[25]

迪士尼还制作了一本得到广泛传播的小册子，名为《华特·迪士尼的矿王谷计划》（*Walt Disney's Plans for Mineral King*），被塞拉俱乐部和其他组织仔细阅读。宣传册封面上有一张华特·迪士尼展示矿王谷滑雪场模型的照片，该宣传册承诺，迪士尼将"与热爱自然或想要学会热爱自然的人一起体验户外活动"。[26] 根据计划，矿王谷滑雪场可以轻松容纳多达2万名滑雪者。

与此同时，宣传册强调了华特·迪士尼将会保护矿王谷的美景。由华特·迪士尼署名的一段话总结道：

> 我们对该地区的规划基于一个非常重要的考虑：必须不惜一切代价保护矿王谷的自然美景。
>
> 当我第一次看到矿王谷时，我就惊叹它是世界上最美丽的地方之一，我们将全力以赴保持山谷的美丽。随着矿王谷项目的发展，我们将再次证明，人与自然可以携手共进，共同繁荣。[27]

宣传册中还包括《迪士尼的承诺》，这部分对矿王谷的未来发展作了说明，也是矿王谷开发项目反对者经常提起的一部分。其中写道："迪士尼承诺，我们现在和未来的努力都是为了矿王谷的发展，为了满足日益增长的公众需求。我想你可能会说，这永无止境。"[28]

华特·迪士尼自信地作出了很多保证。他相信可以在不损害矿王谷环境的情况下，将自然与大型娱乐设施融合在一起，这一大型开发项目未来会不断扩展。

迪士尼同时也在继续为这条公路增强政治层面上的支持。在与政坛新秀罗纳德·里根势均力敌的连任竞选中，州长帕特·布朗同意在矿王谷中与华特·迪士尼会面，并宣布公路融资计划。1966 年 9 月，矿王谷里的气温在 20℃左右，迪士尼驾驶喷气式飞机而来，然后开车进入山谷。之后，他与一大群人汇合，其中包括地区林业局主管查尔斯·康诺顿、州高速公路工程师沃马克（J. C. Womack），以及许多迪士尼高管和顾问。[29] 一名公园管理局的与会者称，迪士尼很投入而且很活跃，但当天晚些时候，他躲到山谷的一间小房子里取暖，脸色苍白，好像不太舒服。[30]

在 11 点 30 分的新闻发布会上，[31] 州长布朗宣布，加利福尼亚州和联邦政府将修建一条耗资 2500 万美元的高速公路，"每年将 250 万名游客送到矿王谷"。其中，前期的 300 万美元是来自联邦经济发展局的拨款，布朗还希望加利福尼亚州议会可以从该机构再申请 900 万美元贷款。虽然州长没有解释剩余的修路资金将从何而来，但他赞扬了迪士尼开发项目可能创造的经济效益。"我希望"，州长在新闻发布会上总结道，"10 年后，我能再次与华特·迪士尼站在这里，环顾四周，看看这个未来被创造出来的仙境"。[32]

媒体对这次会面进行了广泛报道。许多读者在报纸上看到了一张醒目但有些不协调的照片。华特·迪士尼和帕特·布朗站在一块指示牌前，指示牌上是一条从矿王谷通向鹰湖的小路，背景是岩石和树木。这两种元素都体现出该地区具有的自然特征。迪士尼穿着宽松的裤子和夹克，戴着户外帽；布朗穿了一件深蓝色的运动夹克，灰色裤子，还打着领带。

不过，有一点还是得到了证实：公路项目已经确定，这条道路即将被修建。[33]

在迪士尼推进矿王谷项目的同时，塞拉俱乐部在 1966 年的大部分时间里都忙于进行其他环保斗争，尤其是扩大红杉国家公园以拯救被木材公司砍伐的老红杉树。现在，俱乐部开始把精力集中在通往矿王谷的道路上。

1967 年 1 月，迈克·麦克洛斯基承诺："我们将发起一场保卫战，反对在道路建设中使用公共资金。"[34] 但俱乐部在获取与联邦拨款和加利福尼亚州公路委员会行动相关的信息方面总是落后于快速变化的事件。该俱乐部试图与公路委员会当面对峙，反对为矿王谷公路提供资金，但他们显然不知道公路委员会何时会批准这一项目。同样，当麦克洛斯基致信联邦经济发展局（Economic Development Administration），寻求联邦拨款有关信息时，该局回复道，尚未收到"华特·迪士尼先生提交的申请"。[35] 当然，提出拨款申请的是加利福尼亚州州政府，而不是迪士尼。当麦克洛斯基一年后再来询问时，该机构给他发了一份新闻稿，告知其这笔资金已经被授予了。[36]

林业局也不再配合了。当麦克洛斯基询问林业局预计何时能收到迪士尼开发项目的详细计划时，林业局含糊其词。在解释了林业局并没有对许可的开发规模设置最大限制（这让麦克洛斯基"感到意外"）之后，它又对塞拉俱乐部是否"能够查看迪士尼的开发方案"提出了质疑。[37] 该俱乐部确实成立了一个 24 人的矿王谷特别工作组，[38] 但它的运作不成系统。此外，俱乐部内部的不同意见时有出现，对滑雪感兴趣的成员对俱乐部反对修建滑雪设施表示抗议。[39]

塞拉俱乐部在对迪士尼项目形成有效反对的过程中，还面临一个更重大的问题：现在，俱乐部到底为什么反对开发矿王谷？要想说服别人，尤其是考虑到华特·迪士尼曾承诺会保护矿王谷，就需要一份基于环保原则的清晰明了的反对声明。

在接下来的 2 年里，俱乐部将逐渐形成全面的反对意见。现在，最初在塞拉俱乐部内部提出矿王谷问题的约翰·哈珀再次介入，开始梳理反对意见。

在哈珀以个人身份签署的一封名为"致亲爱的矿王谷的朋友们"

的信中，他抨击了这条公路融资的不合理性。哈珀宣称公共道路应该由公共资金资助，"但是由此带来的好处应当由纳税人享有"。哈珀认为，矿王谷公路带来的"收益几乎完全是迪士尼先生的"，迪士尼"不应该用公民缴纳的 2500 万美元启动该项目"。他总结道："你愿意为迪士尼的矿王谷项目买单吗？"[40]虽然这不是塞拉俱乐部发布的正式文件，但哈珀的这封信第一次直接对迪士尼发起攻击，这场"战争"逐渐使迪士尼的公众形象处于危险中。

第二个反对意见是，矿王谷被排除在红杉国家公园之外源于一个历史错误。该区域本应属于红杉国家公园，从地图上也能看出这一点。山谷位于公园的两大区域之间，这在视觉上支持了这个事实。它不属于公园的唯一原因，是其从未实现的矿产开发的潜力。

1967 年下半年，第三个反对意见逐渐形成：迪士尼的开发规模对于山谷来说实在是太大了。乔·方丹是塞拉俱乐部的成员，来自贝克斯菲尔德，他后来成为这场争议的核心人物。12 月初，他给一家报社写了一封信，说到 1976 年，迪士尼矿王谷项目可能会有 400万游客，这个数字超过了目前约塞米蒂国家公园的游客人数。迪士尼的方案确实包括在矿王谷外停车，用某种交通工具将游客带进度假区。尽管如此，方丹解释说，这数百万人已经超过了"一个不到 1 英里宽、只有 2 英里长的山谷"的承载能力，将会使那里"留不下任何值得一看的东西"。[41]

塞拉俱乐部还需长期继续努力，以确保举行公开听证会来表达其反对意见。最后，它找到了一个可以公开反对开发矿王谷的机会。

经过多年的考虑，1964 年国会通过了《荒野法案》(the Wilderness Act)。该法案指出，某些公共土地具有不受开发的独特性质，应作为荒野予以永久保护。该法案改变了传统的以使用公共土地为导向的联邦土地政策，还建立了一套将国家公园边界内的土地指定为荒野区的流程。在公开听证会举行后，国家公园管理局将向国会建议，哪些公园应该获得永久性荒野的法律地位。红杉国家公园被安排在 1966 年年底进行审查。

国家公园管理局发布公告征求建议，询问公众是否应将 85% 以上的红杉国家公园和国王峡谷国家公园（Kings Canyon National Park）指定为荒野。[42] 因为法律将"荒野"定义为"没有道路的区域"，所以红杉国家公园内现有的矿王谷公路经过的地方不能被列为荒野。公园管理局建议在现有道路两侧 1 英里处的地方建立荒野区。

塞拉俱乐部将即将举行的红杉国家公园荒野建设提案听证会视为其长期寻求的公开反对矿王谷开发的机会。该俱乐部可以通过在道路周围设置荒野边界来实现自己的主张。正如对其他国家公园所做的那样，该俱乐部会争辩说，边界应该设置在现有道路的两边，这将使拓宽矿王谷现有道路或添加新路段的努力失败。

从某种意义上说，这一策略颇为成功。它的主题是荒野区的设立，而不是反对迪士尼开发矿王谷；举行听证会的是公园管理局，而不是林业局。[43] 由于林业局拒绝召开任何关于矿王谷的听证会，所以俱乐部对抓住这个机会丝毫不觉得内疚。它精心安排了各种演示文稿，以便有关听证会的新闻报道聚焦在矿王谷度假村。

荒野协会是《荒野法案》的主要支持者，他们在听证会前 10 天开始了对矿王谷项目的攻击。该协会反对在矿王谷进行商业开发，声称这会"降低邻近荒野地区的价值"。荒野协会反对将荒野边界设置在远离道路边缘的地方。它还反对将位于红杉国家公园内的土地作为滑雪缆车的配重场地。[44] 这些重物将被放置在靠近矿王谷滑雪缆车顶部的位置，以防止缆车线下垂。

在当天发布的一份声明中，塞拉俱乐部也在攻击者行列。它支持荒野协会关于荒野边界的立场：荒野边界应该从现有道路和开发项目的边缘延伸，"这样已开发地区和荒野中心地带之间的缓冲区就能受到保护，免受侵占性开发"。该协会将这一原则应用于红杉国家公园，认为荒野地区应该从现有的矿王谷公路的边缘延伸。[45]

1966 年 11 月 21 日，公园管理局就红杉国家公园的荒野建设举行了听证会，加利福尼亚州弗雷斯诺市的商会大楼里 125 个座位座无虚席。第一个发言的是位于华盛顿的国家公园协会。该协会认为，矿王谷的选址存在"特殊情况"，因此"必须格外谨慎，以防止建立一个华而不实的山地游乐场，因为这将对拟议的荒野地区产生重大影响"。该协会的结论是，荒野地区必须从公路边缘划起，否则，"新的入侵将导致荒野的缩减"。国家公园协会直言不讳地谈到了矿王谷开发项目：公园管理局应该"大力抵制将矿王谷公路改造为客流量更大、全天候可通行的道路"。[46]

迈克·麦克洛斯基代表塞拉俱乐部出席，重申了塞拉俱乐部关于荒野边界和道路位置的立场。麦克洛斯基承认，对矿王谷进行一些适度的娱乐开发"可能是合理的"。但紧接着，他直接抨击了迪士尼的开发项目："公园管理局不应该为一座可能破坏山谷环境的山地迪士尼乐园提供便利。"[47]这一形象——山地迪士尼乐园——将会使迪士尼公司感到非常不悦。

最后，荒野协会在乔治·马歇尔（George Marshall）的声明中出现了，他也是塞拉俱乐部的董事会成员。在重申了关于道路边界的观点后，马歇尔转向了一个新的方向。他提出，为了让非国家公园开发项目能顺利实施而允许在国家公园内修建高标准的道路，这将违反《国家公园管理局法案》（the National Park Service Act）。[48]

在弗雷斯诺举行的荒野听证会绝对不是单方面的。迪士尼的工作人员知道，塞拉俱乐部会利用这次听证会来攻击迪士尼的滑雪场建设方案，他们也很努力地准备了一个反驳方案。罗伯特·希克斯花了 3 周时间研究荒野问题，[49]他在与爱德华·克利夫、斯利姆·戴维斯和其他林业局官员一同参加的会议上制定了策略。[50]当后来成为华特·迪士尼制作公司总裁的唐·塔图姆上台发言时，他向塞拉俱乐部发起了一轮准备充分、有战略针对性的进攻。[51]

塔图姆攻击了塞拉俱乐部最薄弱的地方，即反对该开发项目的时间过晚。塔图姆说，在迪士尼筹备矿王谷项目的大部分时间里，没有任何团体"向华特·迪士尼制作公司提出反对"。[52] 随后，他扩充了论点，称俱乐部的反对"没有回应公众的需求"，从而试图给塞拉俱乐部的反对意见贴上既不公平又自私的标签。他强调，"山地迪士尼乐园"是不可能存在的。他认为，有关迪士尼乐园的争论，要么表明人们不熟悉迪士尼拟议的开发方案，要么是贬低林业局"在保护和管理公共土地方面的杰出成就"。[53]

最后，塔图姆打出了一张关键牌：华特·迪士尼。塔图姆说："迪士尼可能比其他任何美国人都更致力于向公众宣传大自然的美丽和魅力，以及保护自然资源的必要性。"他最后引用了华特·迪士尼的承诺，即迪士尼将维护矿王谷的自然之美。[54]

其他一些人表示支持或反对矿王谷的提议。两年后，一场无关荒野问题的公开听证会让关于矿王谷的辩论进入公众视野之内。

在弗雷斯诺听证会之后，评估矿王谷之争的整体情况成为可能。支持开发项目的势力势不可挡。

迪士尼在听证会上提交材料给众多支持开发的政界人士。[55] 除了州长帕特·布朗，还有候选州长罗纳德·里根和候选副州长罗伯特·芬奇（Robert Finch），以及洛杉矶市市长山姆·约蒂（Sam Yorty），他们都支持该项目。该州的两位共和党参议员汤姆·库切尔（Tom Kuchel）和乔治·墨菲也持支持态度。矿王谷地区的民主党国会议员哈兰·哈根被共和党人鲍勃·马赛厄斯（Bob Mathias）击败，而马赛厄斯——在圣华金河谷出生和长大，22 岁之前就以两次获得奥运会十项全能冠军而闻名——已经宣布支持这个项目。没有一个位高权重的政治家反对这项开发。

听证会后，重要报纸上出现了支持迪士尼项目的文章。在《洛杉矶时报》发表的一篇名为《阻挠矿王谷》（Obstruction at Mineral King）的尖锐社论，直截了当地否决了塞拉俱乐部的立场。《洛杉矶时报》称矿王谷"代表着一种被浪费的自然资源"，"开明的美国林业局……去年决定，这个偏僻的山谷不应该只对少数徒步者开放"。虽然塞拉俱乐部"因其许多有价值的保护工作而值得被赞扬"，但不应该允许它"仅仅为了满足几千名荒野纯粹主义者而阻挠满足数百万人娱乐需求的开发机会"。[56]

就连《体育画报》（Sports Illustrated）也加入进来，给塞拉俱乐部上了一课，告诉他们直接攻击华特·迪士尼会带来怎样的后果。"尽管迪士尼的一些作品并不符合我们的喜好，但将他描述为肆意亵渎自然的人是不合理的。"虽然"我们是塞拉俱乐部最狂热的支持者"，但在这件事上，它的"言辞完全不能被事实证明是正确的"。[57]

俱乐部的舆论反应似乎不容乐观。约翰·哈珀几近恐慌失措。他向迈克·麦克洛斯基报告说，因为矿王谷公路的问题，"我们正受到激烈而沉重的打击"。哈珀担心，"公众压倒性的舆论"可能导致对这条道路"前所未有的全民性支持，而在此之前，这条道路被认为是对内华达山脉的严峻威胁"。[58] 然而，麦克洛斯基在这类公开斗争中的经验比哈珀丰富得多，他的眼光也更长远。从他的角度来看，这次听证会反而带来了几个好处。

首先，塞拉俱乐部不再是唯一反对迪士尼开发项目的组织。在一个国家环保组织寥寥无几的时代，两个著名的组织——国家公园协会和荒野协会——也开始反对在矿王谷进行大规模开发。有了他们的加入，反对的声音会越来越大。[59]

其次，媒体将此次听证会报道为迪士尼与塞拉俱乐部及其盟友之间的纠纷。双方都是报道的主角，这种对等的待遇使得塞拉俱乐部的立场合法化。[60]

再次，这种宣传也拓宽了公众对矿王谷的认识。塞拉俱乐部面临的一个主要困难是，公众对山谷及其美景不熟悉。现在，矿王谷的知名度越来越高。讽刺的是，因为华特·迪士尼强调他会保护山谷的壮丽景观，所以美丽山谷的事实不会在这场争论中受到质疑。

最后，这次听证会给塞拉俱乐部带来的第四个好处是，它拓展了这个问题的范围。自1953年以来，当地官员和矿王谷附近的商业利益集团纷纷表示支持建造滑雪场。现在，媒体对荒野听证会的报道暗示，加利福尼亚州的所有人都与矿王谷的未来有利害关系。[61] 当然，"所有人"中也有很多滑雪爱好者，他们支持开发矿王谷，但扩大与争端相关的利益群体对塞拉俱乐部有利。此外，如果该俱乐部能够将利益群体扩展到全国，其他地区的人也可能会认同俱乐部的立场。

除此之外，这次听证会间接支持了塞拉俱乐部的立场，即矿王谷应该属于红杉国家公园。荒野听证会的主题是关于红杉国家公园的，所以俱乐部的主张将矿王谷与该公园紧密联系起来。

然而，客观地说，听证会上几乎没有什么能让塞拉俱乐部感到宽慰，他们的提议没有被采纳。该俱乐部要求国家公园管理局在路边设置荒野边界，这样一来，通往矿王谷的新公路修建计划就实施无望，林业局的滑雪项目将付之东流。国家公园管理局与林业局就全国性问题进行了沟通，他们知道，在荒野边界问题上采纳塞拉俱乐部的建议将严重损害两家机构的关系。

因此，虽然听证会在多个方面有助于塞拉俱乐部，但它并没有立即使该项目停下来。1966年年底，听证会结束后，迪士尼的势头依然强劲。

1966年12月15日，弗雷斯诺荒野听证会结束后仅仅3个多星期，华特·迪士尼去世了，享年65岁。[62]

因为华特·迪士尼参与了迪士尼重大活动的方方面面，所以他的意外死亡使迪士尼的核心组织受到打击。值得一提的是，公司对矿王谷滑雪场的热情源于华特·迪士尼的滑雪经历。可以说，矿王谷是华特·迪士尼个人的项目。

他的弟弟罗伊·迪士尼成了公司的负责人，上任后就立即宣布公司的工作将继续进行。他认识到自己"没有办法取代华特·迪士尼"，但承诺"所有华特已经实行的计划将继续向前推进"。[63]1967年1月11日，一名公司代表向参加当地商会晚宴的人保证，矿王谷项目将继续推进。华特·迪士尼"向全世界作出了他的承诺"，"我们会将其付诸实施"。[64]

尽管如此，迪士尼去世还是对矿王谷项目产生了重大影响。虽然他的形象将继续与矿王谷紧密联系在一起，但他已不能再在关键时刻出现，比如在华盛顿参加由农业部部长弗里曼召集的听证会，或与州长布朗在山谷相见。同样重要的是，迪士尼觉得有必要继续推进矿王谷项目，因为这是华特·迪士尼的想法。即使开发项目的客观条件已经发生了巨大的变化，他们也将继续下去。

就像农业部部长奥维尔·弗里曼最终批准矿王谷的滑雪开发项目一样，约翰逊政府的另一名成员，内政部部长斯图尔特·尤德尔拥有通过红杉国家公园路段的最终决定权。尤德尔是亚利桑那州人，出身于公务员世家。[65]他的父亲是亚利桑那州最高法院的首席大法官，祖父是亚利桑那州地区立法机构的成员。在1938年至1940年就读于亚利桑那大学后，尤德尔在宾夕法尼亚和纽约从事了2年的摩门教传教工作，之后加入空军。他曾在一架B24轰炸机上担任炮手，在西欧上空执行了50次飞行任务。

战争结束后，尤德尔回到亚利桑那大学，成为第一支被邀请参加全国邀请赛的亚利桑那篮球队的队员。本科毕业后，拿到法学学位的尤德尔开始从事法律工作，直到 1954 年当选为国会议员。6 年后，他说服亚利桑那州民主党支持约翰·肯尼迪参加 1960 年的民主党总统候选人提名，选举结束后，肯尼迪任命他为内政部部长。尤德尔有着广泛的兴趣爱好，让诗人罗伯特·弗罗斯特（Robert Frost）在肯尼迪的就职典礼上朗诵就是尤德尔的主意；尤德尔还邀请了普利策奖得主、作家华莱士·斯泰格纳（Wallace Stegner）担任该部门的常驻撰稿人。担任内政部部长期间，他曾前往非洲攀登乞力马扎罗山。

在担任内政部部长的头几年里，尤德尔积极参与各种有关自然资源的全国性论战，例如 1964 年通过的《荒野法案》，以及在美国西部修建水坝的提议。[66] 尤德尔十分关心环境问题。1963 年，他出版了一本名为《安静的危机》（the Quiet Crisis）的书。这本书在当时具有里程碑意义，尤其是它出自一位政府官员之手。这本书强调了对风景优美的景观的保护，后来被视为美国环保运动迈出的第一步。拟议的穿越红杉国家公园的道路，直接牵涉尤德尔所关心的一个具体问题：汽车对自然环境的影响。

1967 年 1 月 6 日，尤德尔回复了《洛杉矶时报》记者、迪士尼项目的坚定支持者欧提斯·钱德勒（Otis Chandler）的一封私人信件。尤德尔将开发矿王谷的计划形容为“一个好计划”。然后，他接着写道，“哈佐格局长和公园管理局强烈认为，建造一条通过红杉国家公园的道路是欠考虑的”，而且“坦率地说，目前我同意公园管理局观点”。他的意见集中在汽车对国家公园造成的影响上：“战后岁月的经验告诉我们，内燃机汽车的尾气、噪声以及随之而来的杂乱是破坏国家公园的主要因素。”[67]

因此，他告诉钱德勒，把矿王谷打造成“西部最舒适的户外休闲区”的最好办法就是禁止汽车通行，提供现代化的电力铁路系统。尤德尔认为：“华特·迪士尼本人就很喜欢铁路，我们认为铁路方案不会让这个项目前功尽弃。"[68]

尤德尔对寻求替代交通方式的态度是很严肃的。1967 年 1 月，他从国家公园管理局局长乔治·哈佐格那里收到了一份建造矿王谷单轨铁路的可行性研究报告。哈佐格得出的结论是："单轨铁路是一种可行的交通方式……这样一来，不仅对红杉树的破坏会小得多，对山坡的破坏也会小得多。"虽然单轨铁路预计耗资 7370 万美元，但哈佐格估计，拟议的矿王谷公路改造计划耗资也将高达 5000 万美元。哈佐格总结道，如果把修建公路对该地区的破坏考虑在内，修建公路的成本将超过修建单轨铁路的成本。[69]

尤德尔随后联系了联邦经济发展局，后者批准了加利福尼亚州规划矿王谷高速公路的拨款。他说服该机构，如果修路计划包括除公路以外的其他途径，该机构也可以考虑为其提供融资。[70]

1967 年 3 月 12 日，《洛杉矶时报》发表的一篇文章题为《尤德尔竞标通往矿王谷的单轨铁路线路》(Udall Bids for Monorail Route to Mineral King)。这位"热爱自然的内政部部长"担心，即使新道路避开了红杉树，也"会留下无法弥补的、长期存在的伤痕"。尤德尔主张："25 年后……公园开发商没有修建这条路会比他们修建其他道路更值得让人尊敬。"[71]

迪士尼公司拒绝了这一提议。1966 年 11 月，红杉国家公园负责人弗兰克·科夫斯基要求迪士尼对交通替代方式进行研究，包括铁路和单轨铁路。该公司不情愿地这样做了，并于 1967 年 3 月 16 日将研究报告交给了公园管理局。它考察了 3 种类型的铁路，单轨铁路甚至没有被考虑在内，因为迪士尼的"早期研究"得出的结论是，单轨铁路比其他类型的铁路成本更高。[72]

这份研究报告还附上了唐·塔图姆写给内政部部长斯图尔特·尤德尔的信，试图一劳永逸地证明尤德尔的想法是错的。信中列举了 6 个原因，说明为什么单轨铁路或铁路运输系统无法进入矿王谷。塔图姆还强调，林业局的招标公告要求的是修建公路。[73] 他传达的信息很明确：国家公园管理局在寻找不相关的问题，并拖延了项目进度。

林业局局长爱德华·克利夫认为是时候让尤德尔停止反对修路了。他说服了奥维尔·弗里曼，让他直接给尤德尔写信，[74] 而弗里曼也以个人名义这么做了。弗里曼说，他参与了与开发有关的所有关键决策，并以个人的身份投入了很多精力，以助推其成功。弗里曼说，林业局是在"我们就此事达成共识"后才发布了矿王谷的招标公告。最后，他向尤德尔请求："那么，你愿意和我一起通知加利福尼亚州当局，他们可以规划一条通过红杉国家公园的道路吗？"[75] 唐·塔图姆也给尤德尔写了信，就像加利福尼亚州公路委员会主席戈登·卢斯（Gordon Luce）做的那样。

尤德尔不肯让步。在尤德尔缺席的情况下，他的助手直截了当地告诉卢斯："我们认为，双车道高速公路不足以应对矿王谷的预计交通量。"一旦矿王谷项目稍有扩展，"很难再拓宽进入渠道"。他的结论是："在我们收到一份囊括各种替代方案的全面而出色的报告之前，尤德尔不会就你的请求作出决定。"[76]

尤德尔对塔图姆的回答更圆滑，但同样很强势。首先他试图安抚塔图姆："如你所知，我们觉得开发矿王谷是一个很好的计划。"但内政部认为，"激励大家探索和开发同样精心设计的、非高速公路的解决方案"，也很重要。迪士尼的铁路研究不够充分，尤德尔还想看到对单轨铁路进行评估。尤德尔总结道，当他收到一份完整的研究报告后，"我会和奥维尔·弗里曼部长讨论备选方案"。[77] 对于弗里曼的信，尤德尔则未给予任何回复。

向尤德尔施压，要求他对通过红杉国家公园的道路妥协，这一策略失败了。

与此同时，迪士尼仍要提醒加利福尼亚州公路委员会，它应该优先为矿王谷公路提供资金。政治上的算计变得更加复杂。新上任的州长罗纳德·里根曾公开承诺要收紧预算，但他在选举期间支持了矿王谷项目。1967 年 3 月，《纽约时报》的一篇文章揭示了这种对立的政治紧张局势。这篇文章分析了塞拉俱乐部是如何成功地将关于矿王谷的讨论提升到国家层面的。文章还指出，虽然里根在竞选期间支持过这个项目，但从那以后他就对这个话题保持沉默。这篇文章引用了一位"州高层政府官员"的话，他"私下"表示，"我不明白为什么联邦政府和州政府应该补贴这条公路"。[78]

加利福尼亚州公路委员会在 1967 年 4 月召开的会议将此事推向了高潮。事实再次证明，迪士尼寻求的政治力量具有决定性。奥维尔·弗里曼、两位加利福尼亚州参议员、洛杉矶市长、国会议员鲍勃·马赛厄斯，以及当地的其他政府官员纷纷表示支持。一场充满争议的会议过后，该委员会以 5∶2 的投票结果，决定在 5 年内为这条公路拨款 2000 万美元。虽然最初要求在 1971 年之前完成矿王谷公路的建设，但延迟 2 年完成对迪士尼来说是可以接受的。[79]

之后，在 2 年多的时间内，迪士尼说服了加利福尼亚州政府同意修建矿王谷公路，并为其提供大量资金。剩下的最主要的障碍是获得斯图尔特·尤德尔对红杉国家公园路段的批准。这条新公路的设计——尤其是双行线公路是否能够满足客运量——与迪士尼开发矿王谷项目的能力有关。林业局在矿王谷项目的招标公告中只对开发规模设定了最低限度，迪士尼规划的项目会大得多——但具体有多大呢？其最终规模的所有不确定性都牵涉一个根本问题：林业局是否知道它批准的是什么？

1967 年 2 月，开发规模的问题开始受到重视。被指派负责这个项目的林业局员工皮特·威科夫在伯班克的迪士尼总部会见了罗勃特·希克斯，以及规划矿王谷开发项目的迪士尼关键人员。迪士尼的工程师们绘制了一幅地形图，描绘了山谷的可用基底区域，其中对山体斜坡的利用率高达20%。在一份备忘录中，威科夫注意到迪士尼"现在正在考虑建造高层建筑，在不需要任何多余的土地的情况下，可以为其提供巨大的余量"。让威科夫"担心"的是"他们打算建造10层高建筑的想法"。正如威科夫所说："这样高的建筑在山腰的映衬下会显得十分突兀。"迪士尼的规划人员还谈到了将建筑延伸到山谷之上，而威科夫认为这里应该相对不受干扰，或许可以建一个高尔夫球场。[80]

威科夫还对矿王谷度假区的建造规划有所担忧，该规划预计，度假村夏季的游客人数每天将高达2.4万人。威科夫"不确定该地区是否能承载这么多人"。他希望"迪士尼的计划足够灵活，能够根据实际情况削减一些不必要的设计"。[81]

最后，威科夫提高了游客游览的定价，并表示林业局希望"牢牢控制矿王谷向公众开放设定的娱乐价格"，"如果不这样做，矿王谷可能成为富人的度假胜地，这肯定不是我们所想的，也不是迪士尼所宣扬的家庭娱乐"。[82]威科夫把他的备忘录抄送给罗勃特·希克斯，也许是为了传达这个信息。

备忘录表明，林业局对迪士尼的规划几乎没有控制权。塞拉俱乐部把开发规模作为一个主要问题，创造了"大众娱乐"（mass recreation）一词。如果10层楼的建筑成为这个项目的一部分，就会增强俱乐部的反对力量。同样重要的是，在这个阶段，林业局还没有制定出限制矿王谷开发规模的策略，而这似乎是保护山谷自然环境的先决条件。讽刺的是，当迪士尼考虑在相对较小的山谷修建10层楼建筑的时候，还以公司名义发布了《矿王谷通讯》（*Mineral King Newsletter*）的创刊号，这是一份旨在推广该项目的刊物。创刊号宣布，在未来的迪士尼度假村以北仅2英里的地方，发现了世界上已知最大的3棵狐尾松。[83]

威科夫的备忘录扰乱了迪士尼和林业局之间平稳的互动。迪士尼工作人员尤其对"高价富人度假区而非家庭度假区"[84]的提法和潜在的开发规模限制感到不安。在希克斯把迪士尼的意见告诉威科夫之后,威科夫退缩了。他"对备忘录……引起了一定程度的关注感到抱歉",并强调备忘录只是他的"个人想法"。[85]

然而,威科夫仍然对矿王谷的容量极值感到不安。如果矿王谷在夏季的一个周末吸引了26900名游客,其中四分之一的人徒步旅行,那么就会有6700人在小径上、溪流旁、湖泊周围或海拔较高的地方露营。"我们不知道",威科夫告诉希克斯,"土地和植被是否能承载如此大的潜在使用量"。[86]最后,威科夫向希克斯总结了他的担忧:

> 罗勃特,我的推断是,在某种程度上,矿王谷是有容量限制的。正如你所指出的,项目规模可根据审美需求或物理限制而定,还需要和入口的基础设施相匹配。但我们应该在规划的早期阶段考虑其规模范围。[87]

威科夫担心迪士尼的开发规模可能太大了。

在加利福尼亚州公路委员会投票决定为这条公路提供资金后,塞拉俱乐部着手整合其反对矿王谷项目的理由,并以俱乐部的名义正式发布其反对意见。1967年5月,该俱乐部发布了一份由迈克·麦克洛斯基撰写的文章,题为《塞拉俱乐部为什么反对开发矿王谷》(Why the Sierra Club Opposes Development of Mineral King)。[88]这份反对意见提出了5个主要理由(部分内容有所夸大)。

第一,俱乐部认为这个项目实在太大了。如果按每年250万游客来计算,山谷每年接待的游客将比约塞米蒂国家公园多80万。[89]

该意见甚至声称，使用高峰的矿王谷人口密度将超过纽约市。

第二，汽车的过度使用与斯图尔特·尤德尔提出的保护主题一致。这种发展规划"会给矿王谷带来太多的汽车"。[90]该俱乐部声称，要停放这么多汽车，可能需要150英亩的停车场，"或者整个山谷的一半"。然而，这一理由是非常值得怀疑的，因为迪士尼的规划要求将汽车停在山谷之外，再将游客送入山谷。

第三，25英里长的矿王谷公路"会发生严重的交通堵塞"。俱乐部声称，开车进出山谷需要15个小时。在这一点上，俱乐部的立场与加利福尼亚州交通运输部门的结论发生了冲突，后者认为，除了几个车流量非常大的日子，这条路是足够通行的。但这一点引发了人们的担忧，即这条双车道的道路最终是否将被扩大为四车道——这种可能性引起了公园管理局的注意。[91]

第四，俱乐部指出，该项目"在规划时没有考虑到保护红杉国家公园"。俱乐部称，建造滑雪缆车需要在邻近的红杉国家公园内锚定支撑点。[92]这一点比其他反对意见更可靠，对迪士尼来说也更麻烦。

第五，塞拉俱乐部抨击了修建这条公路的巨额费用，声称"有资深专家警告"，其真实成本可能是现在估计的2300万美元的两倍。俱乐部补充道，拨给这一项目的资金将以牺牲其他高速公路项目为代价。[93]

在此期间，由安东尼·韦恩·史密斯（Anthony Wayne Smith）领导的国家公园协会也加强了反对的力度。《国家公园》（National Parks）杂志于1967年7月发布的一篇社论和史密斯写给斯图尔特·尤德尔的一封信都强烈反对这个项目。该社论称，矿王谷项目"与国家利益相冲突，应该将这片土地纳入红杉国家公园，彻底改变项目计划"。[94]但其中有一些批评是不准确的。贝斯特·罗宾逊（Bestor Robinson）是塞拉俱乐部的前主席，现在是矿王谷项目的支持者，他给该杂志写了一封信，纠正了文章中关于矿王谷是美洲狮和灰熊的"重要栖息地"的说法，以及其他一些不准确的事项。[95]

斯图尔特·尤德尔仍然是迪士尼需要"解决"的最后一个主要障碍。林业局开始频繁地游说尤德尔的直系下属。林业局局长爱德华·克利夫给内政部户外娱乐局局长爱德华·克拉夫特（Edward Crafts）写了一封充满激情的长信。[96]克利夫很了解克拉夫特，克拉夫特曾在林业局工作了几十年，1962年转到内政部，担任新成立的娱乐局局长。[97]据克利夫称，林业局"研究了20多年该地区及其潜力"，并在"反复检查每一个可以想到的考虑因素后"才批准了该项目。克利夫强调，奥维尔·弗里曼"已经同意了开发矿王谷的可取性，也认同该项目与矿王谷独特的环境能保持和谐"。[98]

克拉夫特被说服了，他把克利夫的信转给了尤德尔。克拉夫特表示，他"对此进行了非常仔细的研究"，并建议批准。[99]随后，克拉夫特又去了加利福尼亚州，在矿王谷上空飞行。他报告说，当地公园负责人弗兰克·科夫斯基认为，即使提供单轨铁路或其他交通替代工具，也需要这条道路作为应急通道。[100]

斯图尔特·尤德尔越来越孤立无援。尽管公园管理局犹豫不决，但在内政部内部，只有斯坦利·该隐仍然坚决反对修建这条道路，他再次向尤德尔表示，"有了双车道公路就会有更多车道的公路，一旦获批，道路就会越拓越宽"。[101]但尤德尔并没有表现出让步的迹象。他的沉默损害了他和奥维尔·弗里曼的关系，奥维尔·弗里曼曾以个人名义认可了这个项目，他仍在等待尤德尔对他最近那封信的回复。[102]

尤德尔如此固执的原因是什么？此时，他正在与里根州长就红杉国家公园的扩建进行复杂而艰难的谈判。有人认为，尤德尔可能以批准矿王谷项目为要挟，从而在谈判中获得筹码。[103]实际上，尤德尔的反对很可能源于一种根深蒂固的信念，即拟建道路代表着以汽车为中心的失败实践的延续。

1967 年 6 月，尤德尔在《洛杉矶时报》上发表了一篇题为《明天的面孔》(*The Face of Tomorrow*) 的文章，详细阐述了他的观点。他的核心论点是，自然资源问题的处理经常"因分裂而失败"。尤德尔认为，"我们看不到全局，也没能找到保持人与自然和谐相处的方式和智慧"。[104] 他希望用技术来避免环境破坏，并认为矿王谷很适合作为一个"标志性案例"。

尤德尔是这样阐述这个问题的：

> 是让私营企业（华特·迪士尼制作公司）修建一条约 100 英尺宽的双车道，穿过通向矿王谷的美丽山坡，还是提供某种形式的电力驱动铁路，作为前往规划中的冬夏度假胜地的通道？[105]

随后，尤德尔描绘了他眼中的矿王谷：

> 受到威胁的不仅是古老的红杉林和将会遭受不可逆的长期伤害的顶级山景，还有矿王谷的大气环境。15500 英亩的矿王谷，开发之后让人神往，迪士尼显然有能力做到这一点。想象一下游客们将会看到的景象，那时的空气就像今天山谷里的空气一样清新……离这里最近的汽车停在 25 英里外，在一条干净的电动运输线的另一端。没有任何地方会因为内燃机释放的废气而变得污浊。[106]

尤德尔误解了一些重要事实，这激怒了林业局。斯利姆·戴维斯立即向林业局局长爱德华·克利夫发送了一份备忘录，指出文章中的"两个主要错误"：道路不会有近 100 英尺宽，红杉林也不会被摧毁。[107] 此外，迪士尼的提案承诺，他们正在设计一种载客装置，可以保证车辆停在矿王谷之外。

1967 年 8 月 4 日，尤德尔终于回复了奥维尔·弗里曼的来信。尤德尔在信中说："我们对迪士尼开发方案的负面影响，以及通往这个美丽但脆弱的山谷的新高速公路规划感到不安。"尤德尔还表示，"我已经深入参与矿王谷开发政策规划近一年了"，这是对弗里曼强调自己以私人身份参与此事的回应。尤德尔还认为，与弗里曼的说法相反，公园管理局和内政部都没有坚定地承诺要修建穿越红杉国家公园的公路。[108]

尤德尔乐观地总结道，"有充分的理由相信，令人兴奋的新交通替代方案即将出现"，加利福尼亚州"不应对其他选择置若罔闻"。尤德尔认为，如果铁路或单轨铁路可行，他"甚至会要求加利福尼亚州立法机构进行授权，进而开辟新天地"。最后，尤德尔在文末建议，成立一个特别研究委员会或许有用。[109]

迪士尼获悉后，迅速向弗里曼发送了详细的"评论意见"来反驳尤德尔的回信，[110] 但尤德尔占据了上风。他想要一个替代方案，并以矿王谷项目为要挟来实现这一目的。然而，尤德尔的策略有一个重大缺陷，那就是他没有在内政部内部发起任何寻找替代方案的程序。他认为，应该由林业局和迪士尼负责寻找新的替代方案。因此，僵局仍在继续。

然而，奥维尔·弗里曼却变得非常不安。

弗里曼和迪士尼的工作人员担心，如果内政部不尽快批准修建这条公路，加利福尼亚州的交通拨款就会被取消。于是他们就如何迫使尤德尔作出决定苦思冥想。迪士尼提出，由弗里曼召开会议，并要求尤德尔也参加。迪士尼考虑利用纽约州参议员罗伯特·肯尼迪对尤德尔"施加影响"。[111] 迪士尼还通过媒体施压。9 月 29 日，一篇文章宣称"迪士尼被迫叫停矿王谷开发项目"，罗伯特·希克斯将项目延迟归咎于尤德尔所在的部门。[112]

与此同时，弗里曼在 1967 年 8 月 4 日回复了尤德尔的来信，措辞强硬。他在信中说，自己"非常失望"，并警告道，如果他们不能就"改善几英里现有道路的问题"达成一致，一定会让联邦政府越来越尴尬。他称自己对尤德尔认为"公园管理局没有坚定地致力于修建这条公路"感到惊讶，并拒绝成立一个特别研究委员会。弗里曼强调，尤德尔和他的部门"显然试图以不正当的方式限制我们的活动，阻碍国家森林公园的发展"。直到总结时，他的语气才稍微缓和下来，敦促尤德尔尽快批准这条公路，称这一行为"将受到我，以及现在和未来数年无数美国人的真诚赞赏"。[113]

9 月下旬，罗伊·迪士尼尝试了一种更直接的方式，他给尤德尔写了一封 5 页长的信，在信的结尾请求约见他——"在您方便的时候尽早讨论这些问题"。[114] 当尤德尔还没有回复时，罗伊·迪士尼在 10 月 11 日又发了一封电报，说自己"非常感谢您的回信"。[115] 事实上，他只收到了斯坦利·该隐的一封简短回信，信中提到"这个项目仍存在一些尚未解决的重大问题"。加利福尼亚州参议员托马斯·库切尔（Thomas Kuchel）于 1967 年 10 月在《西部滑雪时代》（Western Ski Time）杂志上发表了一篇文章，对尤德尔施加了另一重压力，文章的题目很尖锐，名为《矿王谷：不应失去的机会》（Mineral King: The Opportunity Should Not Be Lost）。[116] 库切尔亲自会见了尤德尔并对他进行游说。

来自各方的压力终于让尤德尔的"反对堡垒"出现了裂缝。就像弗里曼的助理秘书约翰·贝克第二天回忆的那样，尤德尔"只是站在原地"，表示"自己不介意被预算局或总统否决"。尤德尔似乎在以一种挽回颜面的方式放弃他的反对意见。[117]

林登·约翰逊政府的预算局副局长菲利普·萨姆·休斯（Philip Sam Hughes）在这一事件中扮演了"调解员"的角色。作为一名以处理官僚机构内部纷争著称的职业公务员，休斯很了解与矿王谷公路相关的种种争端。愤怒的奥维尔·弗里曼给休斯寄了一封正式信件的草拟稿，要求由总统的休闲和自然美景委员会来解决这一争端。休斯拒绝了这个想法，但向弗里曼建议，他可以安排尤德尔和弗里曼见面。[118]

塞拉俱乐部认识到，关于公路的争论正处在一个转折点。迈克·麦克洛斯基给俱乐部的矿王谷特别工作组写信，称尤德尔"承受着来自发起人、林业局和滑雪者的巨大压力，要求他让步"。他敦促工作组成员"尽一切努力鼓励大家给尤德尔写信"。[119]

随后，尤德尔和弗里曼之间的争执突然出现在了媒体上。

1967 年 12 月 3 日，《纽约时报》发表了一篇题为《两名内阁官员因公园发生冲突》的文章，副标题为《弗里曼开发计划遭到尤德尔的攻击》。这篇文章详细地概述了这场争端，并引用了弗里曼和尤德尔私下来往的"刻薄信件"中的内容。[120] 文章总结道，双方"分歧太大了"，以至于一些国会议员认为约翰逊总统"可能不得不仲裁这场争端"。3 天后，《洛杉矶时报》也发表了一篇类似的文章。[121]

这些文章把问题推到了风口浪尖。12 月 7 日，预算局的萨姆·休斯约见了弗里曼和尤德尔来处理此事。[122]

尤德尔很可能已经决定，在这个时候，他必须停止直接反对。除了有一系列民选官员向他施压，萨姆·休斯在这个问题上也不是中立的。他此前曾给国会议员韦恩·阿斯皮纳尔（Wayne Aspinall）写信，向他保证矿王谷项目会继续推进。阿斯皮纳尔是有很大权力的内政与岛屿事务委员会的主席。[123] 最后，尤德尔不再坚持向约翰逊总统直接提出请求，因为尤德尔并不确定他们之间的关系。[124]

在会议上，尤德尔妥协了。他同意修建一条穿过公园的道路。

弗里曼欣喜若狂。他在日记中写道，他"赢了尤德尔"。弗里曼曾经对尤德尔"大动肝火……因为他只是像少数塞拉俱乐部成员一样，喜欢哗众取宠"，而且"傲慢专横"。弗里曼在报告中说，在与萨姆·休斯的会面中，尤德尔"立即投降，但条件是要我宣称他打了一场硬仗，并坚持到对抗的最后才失败"。尤德尔"完全不感到羞耻，我不认为他有任何可取之处"。[125]弗里曼总结道：

> 我将宣布，矿王谷项目将在圣诞节之后、新年之前继续推进。我们已经采取了有力措施来保护道路经过的地区，以及处理山谷中因开发造成的任何污染。我和那个人（尤德尔）合作得越多，我就越难尊重他……这些年来，我们相处得很好，我想这是很了不起的。也许我不应该太苛刻地评价他，但我真的对他没有太多尊重。[126]

尤德尔就他的"投降"条件进行了精心协商。他修改了弗里曼提供的新闻稿，表明这是一项联合批准。尤德尔的一大担忧得到了安抚。[127]他告诉弗里曼："从我的角度来看，重写新闻稿至关重要。它本质上应该是一个农业部公告。"尤德尔还提出了其他要求。事实上，"公园管理局和联邦水污染控制管理局对此已没有争议"，弗里曼本可以"碾压"尤德尔。[128]

圣诞节两天后，弗里曼发布了一份题为《通往矿王谷地区的道路已获批准》的新闻稿。稿件一开头就有些尴尬，它写道，矿王谷计划"已经准备推进了"。[129]《华盛顿邮报》（*Washington Post*）报道称，"约翰逊总统希望这个问题得到解决"；[130]《纽约时报》的一篇文章在结尾指出，塞拉俱乐部正在"探索是否还有其他抗议途径"。[131]罗伊·迪士尼发表了一份公开声明，表达了对获得批准的兴奋。[132]奥维尔·弗里曼写信给他，"我希望你能让你哥哥的梦想尽快获得成功"。[133]

当塞拉俱乐部的马丁·里顿给斯图尔特·尤德尔写信，表达对项目批准的不满时［同时他也赞扬尤德尔否决了一条穿越大雾山国家公园（Great Smoky Mountains National Park）的跨山公路］，[134] 尤德尔表现得很冷静。他给里顿回信说："我也希望自己能赢得所有人的支持，但这不太可能。你们这些人怎么不跟弗里曼和林业局再吵一架呢？"[135]

迪士尼仍需完善其开发计划，但林业局肯定会批准的。开发矿王谷似乎已是十拿九稳。

第五章　娱乐保护计划

当斯图尔特·尤德尔对修建一条穿过红杉国家公园的公路做出让步时，奥维尔·弗里曼认为这场斗争已经结束了，其他人也是如此。然而，尤德尔对该道路的位置和修建标准保留了控制权。令林业局和迪士尼高管失望的是，要想解决这些问题还需要一年的时间。

内政部部长助理斯坦利·该隐仍然公开反对修建这条公路，他抓住了主动权。1968年1月4日，该隐向公园管理局局长乔治·哈佐格发送了一份备忘录，指出公园管理局虽然必须为这条道路颁发许可证，但它仍然"在部长深切关注的几件事情上拥有重要的控制权"。[1]公园管理局对道路的位置、标准、施工方式，以及是否存在拥堵的风险有决定权。该隐还强调了尤德尔对"迪士尼在滑雪场区域内施工"的担忧，但这是一个内政部管辖范围之外的问题。一周后，他又与哈佐格进行了会谈，强调"部长预计"这条公路会对红杉国家公园有"一定的损害"。[2]

该隐对哈佐格的指示表明，尽管尤德尔强烈反对修建这条公路，但他总体上也不喜欢矿王谷中的迪士尼滑雪场。尤德尔和弗里曼之间的互动证实了这一结论。在尤德尔半路"投降"后，两人于1968年3月1日共进午餐。弗里曼在日记中记录到，午餐时尤德尔为矿王谷感到不幸。[3]大约2年后，尤德尔卸任，他随即明确表示反对开发矿王谷。[4]

事实证明，制定矿王谷公路的标准是一个漫长的过程。国家公园管理局聘请了顾问约翰·克拉克森（John Clarkeson）协助制定标准。[5]后来，有人建议进行进一步的研究，以确定迪士尼项目对水资源的影响。[6] 有几次,公园管理局的官员错过了提交道路许可证条款草案的最后期限。[7]

涉及公园管理局的另一个重要问题藏在暗处:电力传输线路的问题。迪士尼正在研究,是否可以实现在山谷中自主发电,这是一种避免使用长架空输电线的替代方案。但这种替代方案存在一些问题,例如如何将发电厂的燃料运输到矿王谷?[8] 所以,电力很可能会通过三河镇附近的电线传输,而这些输电线路也需要公园管理局批准。

7月底,克拉克森向内政部提交了关于这条路的报告。事实证明,这正是林业局所担心的。[9] 他为道路改善提出了另一种方案,这种方案更紧密地依附于现有道路。在接下来的几个月里,围绕克拉克森的报告展开了进退有度的讨论。克拉克森对他的报告进行了补充,[10] 加利福尼亚州高速公路的工程师们则为他们心仪的道路选址据理力争。[11]

与此同时,反对迪士尼项目的呼声日益增多,并遍及全国。

《纽约时报》对斯图尔特·尤德尔同意批准这条道路大发雷霆。它谴责奥维尔·弗里曼"用自己的固执为一个商业项目扫清了障碍,而这个商业项目将毁掉美国宏伟的荒野地区之一"。《纽约时报》指责尤德尔"屈服于来自弗里曼部长和预算局的压力","不情愿且遗憾地"同意了修建这条道路。《纽约时报》还敦促约翰逊总统干预此事,"防止国家宝贵的荒野遗产遭到破坏"。[12]

其他人也给总统写过信。例如,曾出版过一些塞拉俱乐部书籍的诺普夫出版公司的负责人阿尔弗雷德·诺普夫(Alfred Knopf),他在信中说,如果矿王谷度假村项目继续推进,"华特·迪士尼的好名声将会在后世荡然无存"。[13] 一名在东海岸的塞拉俱乐部工作人员给麦克洛斯基发电报说,"东部地区的人对矿王谷的兴趣比我预期的要高得多"。[14]

　　面对大量反对开发矿王谷的邮件，奥维尔·弗里曼向他的助理秘书约翰·贝克抱怨道，"迪士尼的人不愿意解释他们的情况，也可能是解释得不恰当，这让人有点失望"。[15] 作为回应，贝克和爱德华·克利夫联系了罗伊·迪士尼，并"非常直接"地谈到了如何应对公众日益增长的对矿王谷项目的反对浪潮。然而，迪士尼用充分的理由说服贝克"放松"，并且"不要惊动《纽约时报》"。[16]

　　对于华特·迪士尼制作公司来说，与贝克和克利夫的讨论内容将演变为一个重大的战略选择。随着舆论的加剧，它将不得不决定是否在公共领域大力捍卫矿王谷开发项目，但这一选择有可能损害迪士尼的形象。迪士尼也可以采取一种回避对抗的方式保持低调。对于一家既重视自身形象又致力于推进该项目的公司来说，这个选择很困难。

　　塞拉俱乐部则受到了加州大学洛杉矶分校两名研究生的启发。约翰·雷滕梅尔（John Rettenmayer）当时是商学博士候选人，后来在大学任教；艾伯特·希（Albert Hill）则在攻读植物学硕士学位。1968 年 7 月，他们在矿王谷组织了一次"徒步旅行"和"露营"。正如《弗雷斯诺蜜蜂报》报道的那样，雷滕梅尔"抱怨林业局缺乏该项目的详细信息"，并指责林业局"被迪士尼提案中的规模迷惑了"。[17] 然而，这次徒步旅行的参与人员是多元的，林业局的工作人员也应邀出席，并阐述了他们开发矿王谷的立场。[18]

　　雷滕梅尔、希尔和他们的同人进行的抗议活动具有鲜明的 60 年代末的风格。1969 年 3 月，由 30 名环保人士组成的小团体在伯班克的迪士尼工作室举行了抗议活动。[19] 据说，学生们拆除了标有矿王谷公路拟建位置的标桩。[20] 如果道路开始施工，他们还计划在推土机前面"躺下"。[21]

　　在希尔的帮助下，雷滕梅尔还写了一篇"矿王谷开发总结"，他们将其描述为在"矿王谷可能发生的事情"的目录。这篇文章是反对意见的进一步演变。除了之前提出的观点，雷滕梅尔和希尔还强调了一个触及林业局项目管理核心的问题。他们认为，林业局不但从未对开发规模设置上限，而且"现在才开始研究开发矿王谷对该地区可能产生的影响"。这两名反对人士指责说，这些研究"本应该在作出与矿王谷开发项目有关的决定之前进行，而且应该为项目的开发规模提供指导"。[22] 这一指责直接挑战了林业局长期以来的说法，即他们在发布招标公告之前就进行了详尽的研究。

克拉克森报告中关于对通往矿王谷的道路规划进行重大修改的建议，引发了国家公园管理局和林业局数月来的反复讨论。沮丧之余，奥维尔·弗里曼又给斯图尔特·尤德尔写了一封开头为"亲爱的斯图尔特"的信，希望他能就道路许可问题作出最终决定。[23] 尤德尔回复弗里曼说，除非林业局和公园管理局就选址和设计标准达成一致，否则他不会颁发许可证。他还表示，"迪士尼开发计划的规模"可能导致之后需要修建更宽的道路。最后，尤德尔附上了一张手写的纸条："奥维尔，我正在督促我的人办这件事。如果我们想让这事儿办成，我们肯定能做到。"[24]

尤德尔的承诺令加利福尼亚州公路委员会感到满意。该委员会通过了 1969—1970 年的预算，其中包括用于改善矿王谷公路的 180 万美元。[25] 加利福尼亚州准备好开工了。委员会的一名成员建议将这条路命名为"华特·迪士尼高速公路"。[26]

1968 年 12 月 16 日，在旧金山举行了一次会议后——也就是尤德尔在道路问题上妥协将近一年后——公园管理局和林业局就道路标准达成了初步协议。[27] 林业局终于赢得了道路之战的胜利。迪士尼将在几周内向林业局提交滑雪场开发的最终计划。

与此同时，关于矿王谷的争议变得更加激烈。

杰克·霍普（Jack Hope）是美国自然历史博物馆（American Museum of Natural History）的出版物《自然历史》（*Natural History*）杂志的撰稿人，他一直在撰写一篇关于矿王谷的文章。霍普是第一个对矿王谷争议进行深入研究的全国性记者。

1968 年 11 月，该杂志发表了霍普的长篇文章，并配以展示山谷壮丽景象的图片。[28] 这篇文章的标题《矿王谷之困》揭示了霍普的结论，即他不赞成发展滑雪项目。的确，霍普后来成为反对开发的积极力量，甚至向迈克·麦克洛斯基暗示，他很乐意在华盛顿特区的农业部组织抗议活动。[29]《自然历史》发布的正式稿件标题更加尖锐，《矿王谷长存！》。[30] 林业局和迪士尼对文章中的部分内容提出了异议，称文章中讨论的设施概念"存在重大错误"。[31]

霍普的文章一开始就讨论了林业局和迪士尼经常提起的一个设想，即开发矿王谷可以让公众直接开车进入内华达山脉，体验荒野风情。但是霍普认为，这个想法"非常天真"。尽管具有民主色彩，但修建道路让数百万人更容易地进入荒野，就像"切下米开朗琪罗的'大卫'雕像，这样每个人都可以拥有雕像的一块碎片"。[32]

霍普还研究了林业局和塞拉俱乐部之间对立立场的哲学差异。霍普说，双方"都认为自己是'保护'事业的捍卫者"，他试图揭示"看似统一的'保护'概念之中的张力"。林业局一直秉持吉福特·平肖关于"保护"的观点，即"为最多的人提供长期的最大利益"。林业局引用了加利福尼亚州日益增长的休闲需求的统计数据，从该机构的角度来看，这些数据从根本上决定了矿王谷未来的发展规划是变成一个度假胜地。霍普却说，事情没有那么简单，"比方说，谁能确保一个滑雪场、一个半开发的露营地，或者一个原始的景观，哪种能给尚未出生的人带来最大的好处呢？"[33]

因此，霍普指出了定义"保护"这一概念的核心难点。这一极具可塑性的概念并没有提供任何可以作出决策的精准评估标准。[34]

到 1968 年年末，迪士尼团队正在敲定矿王谷项目的总体规划，与林业局的工作人员进行了几次会面。迪士尼在 1965 年的投标中承诺，车辆将停在山谷外，之后，游客可以乘坐滑雪缆车前往滑雪场，或使用某种交通工具前往山谷内的酒店和乡间小屋办理住宿。在研究了各种可能性后，迪士尼决定采用齿轮铁路来运输。[35]除了常见的两条轨道，这种类型的铁路在中间还有第三条轨道，其齿轮与火车头上的齿轮啮合，从而使火车能够爬上陡峭的斜坡。

这时，迪士尼团队开始担心林业局颁发的许可证的许可内容。林业局可以发放长达 30 年的"定期许可证"，但法律规定，该许可证的许可面积不得超过 80 英亩。它还可以发放年度许可证，这种许可证没有土地面积限制，但需要每年更新。其他大型滑雪开发项目一般是这样进行许可的：大多数配套设施——旅馆、酒店等颁发的是 30 年期限的定期许可证；滑雪缆车、滑道、吊船和辅助道路等颁发的是年度许可证。以迪士尼为例，它将获得 60.7 英亩的 30 年期限许可，以及 256.1 英亩的年度许可证。[36]

一直以来，尽管他们将在整个矿王谷滑雪区投资 3500 万美元，迪士尼团队并没有表现出对这些许可限制的担忧，尤其是需要每年更新的年度许可证。然而，在迪士尼提交最终规划的前夕，该公司的首席律师迪克·莫罗（Dick Morrow）希望得到"某种保证"，即该公司在 30 年期满后将拥有拒绝新许可证的权利。他还希望年度许可证能自动续期。[37]林业局并没有解决莫罗所担心的事情，然而这是矿王谷开发项目的基础法律问题之一。

1968 年 12 月底，矿王谷的规划即将完成。林业局满怀期待地盼望着迪士尼的最终方案。正如林业局娱乐处处长查德·科斯特利所解释的那样，"迪士尼公司在这个项目上付出了那么多，我相信，无论最终方案呈现为什么样貌，以及矿王谷项目将如何运作，林业局都会感到高兴，并为能与迪士尼公司合作而感到自豪"。[38]

1969 年 1 月 8 日，华特·迪士尼制作公司向林业局提交了《华特·迪士尼制作公司矿王谷项目总体规划简报》。[39] 该文件列出了两个主要目标：①为所有年龄段、所有收入水平、所有身体状况和所有有业余爱好的人提供全年的娱乐设施；②保护矿王谷地区的风景价值和高山环境。[40] 它描述了一个宏大的发展目标。

该计划最具创意的部分是将停车场设在山谷之外，从而让汽车远离山谷。矿王谷村将坐落在山谷中，距离停车场大约 2.5 英里。这一设计是对矿王谷项目最大的挑战之一——如何安置游客的汽车——给出的应对方案。这一安排将使所有车辆远离山谷，远离人们的视线，"从而实现保护该地区风景价值的目标"。[41] "在美学上与周围的山脉环境相适应的"电动齿轮铁路将成为山谷内唯一的交通工具。

希克斯把取消从停车场到度假村的 2.5 英里范围内的自驾通行称为"我们总体规划中最重要、影响最深远的方面"。希克斯说，这一停车点的选择"成就了一个独一无二的度假村规划……最重要的是，休闲设施的建设将与矿王谷的自然美景相匹配"。迪士尼将建造"美式阿尔卑斯"风格的建筑，"结合传统样式和美国山脉的自然特征"。[42] 第一年住宿可容纳 1505 名客人，之后这个数字还会上升，而且 90% 的住宿价格都是中低档的。

矿王谷将有大量的滑雪设施。第一年将投入使用 10 部缆车，到了第五年，这一数字将上升为 22 部，包括缆车和吊舱的结合。到那时，这些设施将为 4000 名需要住宿的滑雪者以及额外 4500 名在周末和节假日来访的不需要住宿的滑雪者提供服务。第一阶段的滑雪场将横穿 5 个相邻的雪碗状地形，供中级滑雪者使用的滑雪道将从 11100 英尺垂直下降到 7400 英尺，长达近 3 英里。[43]

多个非滑雪项目也包括在内。游客可以坐雪橇、滑雪犁、玩滑雪圈和雪盘，以及做雪雕。另外还提供室外温水游泳池、室内和室外溜冰场、滑雪跳台，以及越野滑雪道。[44]

迪士尼还设计了"丰富的夏季娱乐项目"，包括钓鱼、野餐、徒步旅行、露营和骑马，[45]预计有 60% 参观矿王谷的游客将在夏季和淡季访问。不过有趣的是，第五年的预期参观人数从最初的 170 万下调到了 98.6 万。[46]

迪士尼对该规划的总结强调了其环境保护方面。矿王谷项目的目标是"满足公众的娱乐需要，同时保持和维护该地区的自然美景"。华特·迪士尼制作公司"致力于在矿王谷建立以环境保护为导向的娱乐发展的新标准"。该公司将自发成立一个保护委员会来制定这些标准。该委员会由环保领域的多位杰出人士组成，包括国家公园管理局前局长霍勒斯·奥尔布赖特（Horace Albright）、塞拉俱乐部前主席贝斯特·罗宾逊（Bestor Robinson），以及美国国家野生动物基金会执行董事托马斯·金博尔（Thomas Kimball）。

最后，根据迪士尼经济顾问巴兹·普莱斯的判断，在运营的前 10 年，加利福尼亚州将获得总计 5 亿美元的经济收益。[47]

简而言之，该规划概述了一个以迪士尼的效率和风格进行运营的大型综合滑雪开发项目，同时也承诺保护矿王谷的自然环境，以确保高水平的开发与山谷及周边地区的环境保护要求相适应。事实上，林业局在一份讨论总体规划的文件中作出了更多承诺，称该规划"将切实提升该地区的美感"。[48]

林业局的斯利姆·戴维斯记得 1965 年发生的延迟事件，当时奥维尔·弗里曼控制了华特·迪士尼和罗伯特·勃兰特之争的最终决定。为避免在这个关键时刻出现类似的延误，他迅速采取了行动。1969 年 1 月 9 日，也就是林业局收到迪士尼最终规划的第二天，戴维斯给华盛顿特区的娱乐处处长查德·科斯特利发了一份备忘录，强调加利福尼亚州林业局将批准该规划。他在备忘录中写道："我们承诺在 1 月 27 日与华特·迪士尼制作公司举行两次联合新闻发布会，但是在此之前，有关我们接受该规划的任何消息都不能发布，我们批准该规划的权力也不能被抢占。"[49]虽然戴维斯也在征求一些林业局专家对该规划的意见，但在他看来，结果已经确定了。

尽管如此，该机构内部还是出现了一些轻微的不安。一篇文章评论道，林业局必须避免因为"我们和米老鼠一起长大"就信任迪士尼；"明确表示迪士尼开发规划必须通过审慎的检验，以及重申我们的控制权将是有帮助的"，[50]但这个建议被忽略了。

令人惊讶的是，科斯利也在一份备忘录中记录了一些担忧。他指出林业局局长在审查该规划时"时间很紧张"，也提到了"对规划中缺乏细节感到失望"。但他承认，由于该规划"几乎包括了林业局建议迪士尼写入其中的所有内容"，因此他们不能再提出任何问题。他向斯利姆·戴维斯建议，既然有了新情况，就应该允许该规划有所改变，因此"就选址和设施规划而言，所有细节仍须得到林业局的批准"。科斯利说，这一声明是必要的，"一些反对者可能提出，该规划基本上是一张'空白支票'"。[51]

其他意见也随之而来。然而，在规划方案提交后的第 13 天，红杉国家森林的主管吉姆·詹姆斯（Jim James）给迪士尼制作公司的执行副总裁卡德·沃克写信，詹姆斯批准了迪士尼的总体规划。[52]

1969 年 1 月 27 日，林业局和华特·迪士尼制作公司在洛杉矶和旧金山举行的新闻发布会上宣布了这一批准结果。[53]迪士尼以一贯的高效率精心策划了发布会，随着一系列新闻稿的发布，该规划得到了赞扬。[54]

毫无疑问，迪士尼的成就令人印象深刻：在一个全新的娱乐领域设计了一个复杂的大型项目，世界一流的设施让滑雪爱好者兴奋不已。与此同时，该公司还说服了加利福尼亚州政府修建矿王谷公路，从而解决了长期以来阻碍山谷开发的交通问题。它还让斯图尔特·尤德尔妥协，允许这条路穿过红杉国家公园。解决道路问题本身就是一项了不起的政治成就。

最后，迪士尼公司再次提到了华特·迪士尼。正如罗伊·迪士尼在一份公开声明中所说，批准该项目"意味着华特·迪士尼最后也是最伟大的梦想之一——开发世界上最杰出的全年娱乐设施，正在实现"。[55]据一家澳大利亚的杂志报道，罗伊·迪士尼宣称，开始在山谷中的工作"将是我一生中最快乐的时刻"。该杂志还告诉读者，在1973年该度假村开业时，"迪士尼制作公司计划以迪士尼的名义重新命名山谷"。[56]

然而，林业局的批准并没有结束公众对矿王谷项目的争议。相反，全国范围内关于这个问题的讨论进一步激化。公民纷纷给他们在华盛顿特区的代表写信，或赞成或反对，媒体的反应也各不相同。《纽约时报》仍然坚决反对这项开发，指责说，"如果用一个词来形容这个丑恶的项目，那就是'可耻'"。[57]加利福尼亚州的报纸几乎无一例外地支持矿王谷项目。[58]

《时代》杂志的态度稍显模棱两可。它注意到矿王谷不是荒野，并引用了迪士尼的官方声明，称目前山谷中的租马特许权正在污染卡威河。随后，这篇文章话锋一转，"毫无疑问，开发商打算用类似于迪士尼乐园的高效且富有想象力的销售技巧来开发矿王谷"，并提到了一些批评者的说法，矿王谷可能成为一个"人造的白雪公主童话世界或塑料的阿尔卑斯村庄"。然而，文章的结尾又回到了对该项目更有利的观点，称其为"精心规划的娱乐开发项目"。[59]

关于这个项目的争论历经3年多，这场战斗中的主角们——林业局和塞拉俱乐部之间的对立观点已经明确。项目通过后不久，两家都发布了小册子，全面阐述了各自的立场。

1969年2月，林业局发布了《矿王谷娱乐发展规划》。该文件涵盖了各种各样的主题，但重复提起其中的一些问题。第一是该项目的必要性。滑雪项目"能够满足公众对这类娱乐活动快速增长的需求"。林业局夸张地强调，公众"几乎是狂热地渴望开发矿王谷"。[60]

第二个主题是该项目如何与自然保持和谐。矿王谷项目将"巧妙地融入高山环境"。它的主要规划方针是"在开发的同时保护资源，并与周围环境完全适配"。这个"开发项目不会变成另一个迪士尼乐园"，华特·迪士尼公司向林业局承诺道。迪士尼乐园主要提供游乐项目，而矿王谷的重点在于户外休闲。[61]

第三，宣传册强调了该项目所涉及的专业知识。迪士尼对此进行了"积极的研究和规划"，研究资金总额超过 50 万美元。此外，林业局补充说，迪士尼值得信任的原因很简单：作为电影制作商，"它的成功取决于公众形象"。因此迪士尼"不太可能因为在矿王谷失误而让其公众形象受到威胁"。[62]

第四，林业局将继续保留对该项目的控制权，这一权力以前很少受到重视。"每一次规划，甚至是规划中的每一个细节——每个区域、站点、设施和结构——都需要得到林业局的批准"。[63]该机构并没有把自己的权力转移给迪士尼。

第五，宣传册重申了林业局一贯的观点：矿王谷不是一片荒野。许多反对开发的人"草率地得出结论，声称开发矿王谷肯定会破坏其荒野价值"。但林业局表示，这是不可能的，因为这个山谷"并没有达到国会制定的荒野标准"。[64]

第六，该项目具有经济意义。宣传册用大写字母强调了这一点：15 年内，"投资、工资、零售等方面的总收益将达到 10 亿美元"。[65]

最后，该宣传册还抨击了反对开发的人。那些质疑林业局开发计划的人大多数已经饱览了山谷美景，尤其是有避暑别墅的人。他们得到了其他势力的支持——指塞拉俱乐部，"固执地反对在西部山区进行任何开发"。[66]

塞拉俱乐部在一本名为《十字路口的矿王谷》的小册子中反驳了这些论点。它首先重申了塞拉俱乐部通过比较得出的结论：矿王谷可能成为"另一个过度开发的约塞米蒂国家公园"。此外，迪士尼开发项目计划每年吸引近 100 万游客，这个数量是约塞米蒂的一半，但是约塞米蒂的面积大约是矿王谷的 8 倍。[67]

宣传册强调了矿王谷的独特性和特色。这个 2 英里长的山谷不仅基本上没有受到破坏，还提供了通往高山湖泊的路径，这些路径"通向四面八方"。虽然现在山谷里有一些开发项目，"但在其余的荒野地区，骡鹿和其他野生动物比比皆是"。[68] 此外，为了抨击迪士尼度假区的赢利性，该俱乐部还表示，到目前为止，矿王谷一直是免费的。

塞拉俱乐部指责道，游客人数过多会造成损害。这个小山谷每天要接待 5000 到 10000 人，游客将被安排在一个五层的"酒店大楼"里。矿王谷的酒店有 1030 个房间，迪士尼乐园酒店只有 608 个房间，而洛杉矶最大的酒店比尔特摩尔（Biltmore）酒店也只有 1500 个房间。这个度假村"将从各个方向破坏矿王谷的景观"。[69]

此外，开发的破坏性影响还没有得到充分研究，而且"被严重低估了"。事实上，据俱乐部所知，没有任何研究评估过修建建筑对矿王谷野生动物栖息地的影响，以及对水质可能造成的影响"已经成为一个严重的问题"。而且未来的破坏可能会更严重，毕竟，华特·迪士尼本人曾宣称，"我想你可能会说，它永无止境"。[70]

塞拉俱乐部的宣传册还攻击了矿王谷高速公路的红杉国家公园路段。俱乐部获得了一份克拉克森关于这条高速公路路线的报告，并公开了克拉克森对这条公路的批评。这条公路需要清除 800 万立方码①的土壤，"这将在陡峭的山坡上留下疤痕，带来山体侵蚀问题"。[71]

---

①　1 立方码 ≈ 0.765 立方米。——编者注

塞拉俱乐部最终得出的结论是，矿王谷的大规模商业化是一个巨大的错误，俱乐部认为，矿王谷属于红杉国家公园。[72]

就在公众辩论还在继续的时候，政府已经就矿王谷的未来作出了决定。塞拉俱乐部输了。然而，当俱乐部考虑是否还有进一步的行动空间时，矿王谷发出了一个致命的信号来提醒人们尊重它的威严。

华特·迪士尼制作公司聘请了专家来记录矿王谷中的积雪深度，并评估雪崩的危险性。1968—1969年的冬天，也就是迪士尼进行调查的第3年，迪士尼的两位顾问在矿王谷中记录了整个冬天的数据。一个是戴夫·贝奇（Dave Beck），他的妻子苏珊陪着他；另一个叫沃尔特·巴林杰（Walter Ballenger），住在离贝克夫妇住过的小屋约200码①远的地方。住在贝奇家旁边的还有兰迪·克雷特卡（Randy Kletka）和加里·柯克（Gary Kirk），他们都是20岁出头的年轻人，也都是戴夫·贝奇的朋友。[73]

那年冬天，雪无情地飘落。包括圣诞节在内的56个小时内，积雪深度达到了23英寸。在随后的几天里，贝奇和巴林杰发现11次大雪崩发生的证据。1月又有6场风暴到来，带来了更多的雪崩。到2月15日，矿王谷地面上的雪桩读数为128.5英寸。[74]积雪使任何调查都变得不可能。

接下来的一周里，迪士尼项目经理罗伯特·希克斯咨询了公司的滑雪专家威利·舍弗勒，然后告诉测量员暂时离开山谷。[75]除了雪崩的危险，来自纽约的CBS电视台工作人员计划在即将到来的周六在矿王谷拍摄一个关于塞拉俱乐部的节目，希克斯绝对不想让贝奇和巴林杰跟电视台工作人员谈话。2月21日，贝奇夫妇和加里·柯克一起离开了，但巴林杰和兰迪·克雷特卡决定留下。早在1月，

---

① 1码≈0.914米。——编者注

克雷特卡就把车开到了离矿王谷大道尽可能远的地方，现在那里已经被雪覆盖了。[76]

整个周末都在下雪，星期天至少下了25英寸深的雪。沃尔特·巴林杰告诉兰迪·克雷特卡搬到贝奇家的小木屋里。当时的条件非常恶劣，他们商量着准备撤离。

周一晚上，一场巨大的雪崩从山上轰鸣而下，掩埋了巴林杰和贝奇的小木屋。巴林杰试图给克雷特卡打电话，但没有打通。经过数小时的挖掘，巴林杰在雪地上挖出了一个通气孔。洞口在离小屋屋顶上方12英尺的地方。当巴林杰环顾四周时，他没有看到熟悉的地标，也找不到克雷特卡住的贝奇小屋的位置。[77]

2月26日，星期三，戴夫·贝奇和林业局的皮特·威科夫乘直升机抵达。贝奇最终找到了他的小屋，在其他林业局人员到达后，他们挖了一个23英尺深的通道。随后，他们找到了克雷特卡的尸体。他曾试图挖洞逃生，但最终却窒息而死。[78]

失去这样一个年轻的生命，既是悲剧，也是意外。雪崩专家贝奇从未想过在那个地方会发生如此大规模的雪崩。[79]这场雪崩造成了巨大的破坏。正如林业局一名官员描述的那样，"这里看起来就像炮弹横飞之后的战场一样"。[80]

迪士尼和林业局的开发计划需要保证大量人员能安全进入矿王谷，如果山谷被认为是不安全的，这种情况可能会引发公关灾难。红杉国家森林的负责人吉姆·詹姆斯迅速向公众保证，迪士尼规划的矿王谷度假村不会受到影响，只不过运输游客的轮齿铁路需要更多保护。他还表示，雪崩控制人员会避免像这样的积雪堆积。[81]当一篇关于雪崩的最新新闻报道称，克雷特卡是迪士尼员工时，迪士尼的形象遭遇了危机，[82]但罗伯特·希克斯否认了这一说法。

然而，报纸对矿王谷雪崩的报道很快就消失了，故事朝着一个截然不同的方向发展。1969 年 6 月 5 日，塞拉俱乐部向联邦法院提起诉讼，挑战林业局对矿王谷开发项目的批准以及公园管理局对道路的批准。

第二部分

法院的新世界

第六章　提起诉讼

1969 年 1 月，美国林业局决定批准迪士尼的规划。当时，公众对环境恶化的担忧显著增加，反对越南战争的呼声也日益高涨，所谓的"反主流文化"在 20 世纪 70 年代的后半段开始兴起。1968 年是动荡的一年，媒体被民主党大会上反对越南战争的抗议所震惊，那是"一场空前激烈的政治和社会大旋涡"。[1]

第二年，也就是 1969 年，发生了圣巴巴拉漏油事件和克利夫兰凯霍加河大火等事件。工业发展正在破坏国家环境的想法深深扎根在美国人的意识中。[2] 到了 20 世纪 70 年代初，一些民意调查发现，相比其他国内问题，美国人更关心环境问题。[3]

这种不断发展的环保意识以及塞拉俱乐部结构的演变，极大地影响了该俱乐部的内部意愿，并促使其提出新的诉讼策略。

塞拉俱乐部是一个致力于户外活动的组织，比如徒步、登山、背包旅行以及滑雪。然而近年来，这个俱乐部发生了变化，首先是会员人数持续飙升。1969 年 2 月，它有 7.9 万名会员，[4] 一年后，会员人数激增至 11.3 万人。[5]

塞拉俱乐部一直以加利福尼亚州为中心。到 20 世纪 60 年代末，它发展成一个全国性组织。现在，它在东海岸拥有强大的影响力，在国际舞台上也初露锋芒。[6]

俱乐部保护工作的重点正在发生变化。20 世纪五六十年代的大部分时间里，它的活动重点都集中于公园保护和影响公共土地的决策上。1969 年，环境保护组织越来越多地关注环境质量问题，塞拉俱乐部也开始关注空气污染和水污染的问题。与早期相比，现在的塞拉俱乐部是一个具有强大政治背景的社会组织，它对工业和政府的态度也变得"强硬得多"。[7] 此外，它正在逐步扩大其专业人员队伍，来为自己的主张提供支持。[8]

塞拉俱乐部新成员的选择反映了这种态度的根本转变。在 20 世纪 60 年代中期，四分之三的成员加入了远足计划，只有四分之一的成员加入包括反对矿王谷滑雪场建设的"保护计划"。到了 20 世纪 70 年代初，这一比例发生了翻转，新成员对"保护计划"更感兴趣，也就是对环境保护更感兴趣。[9]

为了应对这些变化，塞拉俱乐部的董事会变得更加积极。认同激进环保主义的新成员正在取代年长的、更温和的董事会成员。新成员中最为著名的是来自东海岸、短期内将任职最高法院大法官的威廉·道格拉斯（William O. Douglas）。这些变化意味着一向对公众开放的董事会变得难以控制，"新派"与"保守派"发生冲突，迈克·麦克洛斯基不得不在被他称为"公开战争"的环境下工作。[10]

1969 年，随着林业局着手批准迪士尼的矿王谷规划，塞拉俱乐部开始考虑下一步的行动。大卫·布劳尔与塞拉俱乐部董事会之间的冲突也影响了俱乐部的决定。1969 年年初，事情到了紧要关头，布劳尔单方面在《纽约时报》上刊登了一页半的广告，标题是"地球国家公园"，试图扩大塞拉俱乐部在国际环境问题上的影响力。身为医生和董事会主席的埃德·韦伯恩（Ed Wayburn）对此非常不满。1 月 28 日，韦伯恩暂停了布劳尔使用塞拉俱乐部资金的权力。[11] 在 2 月 8 日的董事会上，韦伯恩以 7∶6 的投票结果胜出。

争议随之扩大。两位候选人公开了各自的立场，一位支持布劳尔，另一位反对他。4 月 16 日，选举结果揭晓：支持布劳尔的候选人输掉了竞选。5 月 3 日，布劳尔离开塞拉俱乐部，成立了一个新的环保组织——地球之友（Friends of the Earth），[12] 塞拉俱乐部中支持布劳尔的大量工作人员也跟着他离开了。

在布劳尔辞职后，董事会任命迈克·麦克洛斯基为俱乐部的临时执行董事。但他的位置岌岌可危，因为一些董事会成员想聘请一个全新的领导团队。有传言说斯图尔特·尤德尔对这个职位很感兴趣。[13]

麦克洛斯基面临的首要问题之一是，俱乐部需要对林业局批准迪士尼矿王谷规划作出回应。

迈克·麦克洛斯基与大卫·布劳尔在很多方面都不一样。其中最重要的一点是他的双重背景：他曾接受过律师培训，也曾竞选过政治职位。这一背景让他认识到诉讼和政治目标之间存在潜在的协同作用，可以通过诉讼来保护矿王谷。[14]麦克洛斯基年轻英俊，举止文雅，非常适合权衡矿王谷诉讼中的有利和不利因素。在当时，类似的诉讼很少见。

一开始，塞拉俱乐部处于一个尴尬的位置。它对矿王谷的立场一直很强硬，甚至把它提升为国家问题。现在，如果俱乐部推翻了此前的立场，同意在矿王谷中开发滑雪项目，这是在拿自己的名声冒险，林业局和迪士尼都会借此制造舆论。滑雪爱好者指责俱乐部"欺骗"了他们，[15]在他们看来，该俱乐部曾建议将矿王谷作为南加州圣戈尔戈尼奥滑雪场的替代方案。[16]然而，在圣戈尔戈尼奥滑雪场即将被放弃的时候，塞拉俱乐部违背了滑雪爱好者所相信的承诺。这一指控刺痛了他们。正如塞拉俱乐部主席韦伯恩后来所承认的，"在某种程度上，我认为这是一个（经过深思熟虑的）有效指控"，是俱乐部发展的代价。[17]

在过去的几年里，俱乐部的注意力主要集中在已经取得成功的大型项目上，比如扩建红杉国家公园。麦克洛斯基意识到，俱乐部并没有像在其他纠纷中那样"在矿王谷之战中投入大量资源"。[18]因此现在的问题是，俱乐部是否应该为剩下的唯一选择——提起诉讼——投入资源。

但是，诉讼会带来什么？从俱乐部的角度来看，诉讼只有成为拯救矿王谷的更大型的协作运动的一部分才有意义。要想成功，这场运动需要很长时间。1969 年 1 月，理查德·尼克松（Richard Nixon）就任总统，并带来了 2 个新的政治任命：沃尔特·希克尔（Walter Hickel）取代斯图尔特·尤德尔担任内政部部长，克利福德·哈丁（Clifford Hardin）取代奥维尔·弗里曼担任农业部部长。十有八九，希克尔和哈丁都将强烈支持开发矿王谷。希克尔是一个富有传奇色彩的人物，他曾揣着 37 美分前往阿拉斯加闯荡，随后成了身价百万的房地产开发商。在经历了一场充满争议的听证会后，他才获得了参议院的批准。他在新闻发布会上表示，不支持"为保护而保护"，这一声明激起了很多反对意见。[19]

简而言之，虽然媒体释放的信号在俱乐部看来充满了希望，但当时保护矿王谷所需的政治支持仍然缺失。尽管如此，当开发项目所需的最后一张许可证（包括建设穿越红杉国家公园的道路）似乎即将获得批准时，提起诉讼可以为塞拉俱乐部赢得时间——诉讼可以拖延项目进度，而且是以一种"充满戏剧性的、持续施加压力的方式"。[20] 这也有助于在瞬息万变的环境组织界里提升塞拉俱乐部的信誉。它将表明，即使没有大卫·布劳尔，这个俱乐部也是充满活力且强大的。

然而，诉讼将会极大地影响目前俱乐部与林业局之间的紧张关系，甚至可能影响俱乐部与公园管理局的关系。在当时，这类诉讼并不多见，被告很容易对他们进行人身攻击。那几年，俱乐部与林业局的关系严重恶化，林业局甚至拒绝就矿王谷问题举行听证会，这让塞拉俱乐部大为恼火。

此外，林业局乐于让华特·迪士尼制作公司成为许可证持有人，并在矿王谷开发方面全力支持该公司。如果林业局能够在滑雪场的规模问题上表现出一些妥协的意向，塞拉俱乐部都有可能与其协商。

毕竟，该俱乐部对滑雪的兴趣由来已久，它在关于矿王谷的声明中有时也表示，并不反对那里的所有开发项目。

由于沟通不畅，二者并没有表现出任何协商的意向。正如麦克洛斯基所言，此时的林业局"不知道如何与我们沟通"。[21] 林业局的管理者对塞拉俱乐部无疑也有同样的感受，他们抱怨说，塞拉俱乐部对开发项目的某些事实陈述有误，[22] 其中只有一部分是准确的。

一起质疑批准修建通过红杉国家公园的道路的诉讼把国家公园管理局送上了被告席。不过在这件事上，俱乐部有不同的考量。国家公园管理局从来没有对这条路表现出兴趣，因此在塞拉俱乐部的此类诉讼中，虽然公园管理局会成为被告，但它不太可能因为这起诉讼而感到不满。

还有一个因素让塞拉俱乐部决定是否提起诉讼的考量变得更加复杂，那就是费用。迈克·麦克洛斯基知道，俱乐部的志愿律师无法承担这样的诉讼。如果俱乐部聘请外部律师，并进一步提起上诉（这是很有可能的），这将榨干这个已经陷入财政危机的组织。1966年，美国国税局（Internal Revenue Service）以塞拉俱乐部从事游说活动为由，撤销了该俱乐部的免税资格，这让情况变得更加糟糕。[23]

在权衡了这些因素之后，麦克洛斯基还是决定提起诉讼。如果俱乐部下定决心要拯救矿王谷，就要通过法律诉讼来显示自己的决心。此外，该俱乐部已经习惯了斗争，比如反对在科罗拉多河上修建大坝，这有很大可能获得成功。最终，塞拉俱乐部的领导层或许想要反驳大卫·布劳尔的指控，即该俱乐部现在将"回到它作为一个同行者组织的时代"。[24] 塞拉俱乐部已经准备好进入环境诉讼的新阶段。

然而，两个问题仍然存在：麦克洛斯基需要找律师，而律师必须确认该诉讼具有法律意义。

在 1969 年，尽管环境诉讼很少见，但也不是没有先例。科罗拉多河上修建起格伦峡谷大坝（Glen Canyon Dam）后，塞拉俱乐部曾在 1962 年提起诉讼，试图阻止人为填满大坝后面的鲍威尔湖（Lake Powell），最终无功而返。该俱乐部担心不断上涨的水位会破坏美丽的虹桥（Rainbow Bridge）的天然拱顶，[25] 但是联邦法院驳回了此案。[26]

3 年后，东海岸的一个案件戏剧性地说明了诉讼在环境保护方面的潜在价值。爱迪生联合公司（Consolidated Edison Company）曾提议在纽约哈德逊河（Hudson River）的风暴之王山脉（Storm King Mountain）上建造一个"泵蓄式"水力发电设施，这一提议引发了河流使用者和山脉保护者的强烈抗议。[27] 反对者召集了一群律师，反对联邦动力委员会（Federal Power Commission）批准该设施。其中一位是纽约市的戴维·西弗（David Sive），他也是塞拉俱乐部大西洋分会的主席。1968 年，西弗成为塞拉俱乐部的董事会成员。

1965 年年底，纽约市的美国上诉法院判决风暴之王设施的反对者胜出。该法院首先认为反对者有起诉"资格"。根据法律规定，要提起诉讼，原告必须以法庭认可的方式证明自己受到了伤害。法院随后发现，联邦动力委员会的决策在很多方面存在缺陷，该委员会"忽视了某些相关因素，未能对风暴之王项目的替代方案进行彻底研究"。[28]

在旧金山，对通过法律手段保护环境的推崇促成了保护法律协会（Conservation Law Society）的成立，该协会是美国第一个专门就环境问题提供法律服务的非营利组织。保护法律协会与塞拉俱乐部关系密切，律师兼俱乐部董事会成员的迪克·伦纳德（Dick Leonard）曾是成立该协会的领导人之一，并且他们与俱乐部在同一栋大楼内。[29] 保护法律协会通过其法律总顾问和唯一的全职员工罗伯特·贾斯珀森（Robert Jasperson）为塞拉俱乐部和其他非营利组织提供法律咨询。

麦克洛斯基已经意识到，为矿王谷开发项目颁发许可引发了潜在的法律问题，尽管这些问题在当时还有待商榷。塞拉俱乐部成立了一个由菲尔·贝里（Phil Berry）领导的法律委员会，贝里于1969年下半年成为俱乐部主席。该委员会的一小部分工作与矿王谷有关。[30]

麦克洛斯基还向保护法律协会寻求帮助。他请求该协会研究相关的"诉讼理由"（寻求法律救济的正式术语），以便在反对联邦政府批准矿王谷开发项目的诉讼中使用。麦克洛斯基对此并不抱有太大期望。1968年1月，他给约翰·哈珀写信说："我们正在研究采取法律行动的可行性，但目前看来希望不大。"[31]罗伯特·贾斯珀森则更为积极。他亲自参观了矿王谷，[32]然后在1968年4月给麦克洛斯基写了一封7页长的信，讨论潜在的法律问题。[33]

1969年，随着矿王谷项目即将获得最终批准，贾斯珀森又制作了一份关于这场还未发起的诉讼的备忘录，他称之为"塞拉俱乐部诉华特·迪士尼矿王谷案"，[34]保护法律协会的兼职律师格雷格·阿奇博尔德（Greg Archibald）撰写了起诉状的初稿。

然而，贾斯珀森的小律师事务所并不具备发起集中诉讼所需的资源，[35]于是塞拉俱乐部的法律委员会开始寻找专业律师。他们寻找律师的过程比较随意，委员会成员联系了他们认识的人，看是否有人对此感兴趣。唐·哈里斯（Don Harris）是法律委员会的3名成员之一，他与一位名叫李·塞尔纳（Lee Selna）的年轻律师有些关系，于是哈里斯主动联系了他。

到了2月底，合适的人选出现了。塞拉俱乐部聘请了旧金山一家律所的合伙人塞尔纳，这家律所的办公室就在塞拉俱乐部对面，专门从事商业诉讼。就像塞尔纳很久以后笑着说的那样："如果是一个组织有序的选拔，我或许永远不会被选中。"[36]

塞尔纳来自加利福尼亚州奥克兰（Oakland），从小在内华达山脉长大，经常去露营。他是家里第一个上大学的人，靠海军奖学金在加州大学伯克利分校读书。塞尔纳曾在一艘攻击作战运输舰上当了3年的海军射击军官，在那里听力受损，之后，他就读于法学院。[37]

讽刺的是，塞尔纳成为律师后的第一个客户是北加州的太平洋燃气电力公司（Pacific Gas and Electric Company）。他参与了该公司在旧金山以北50英里处投标建立核电站的工作，而塞拉俱乐部的董事会反对建核电站，主要领导人之一便是菲尔·贝里。[38]该公司在1963年放弃了建核电站的计划。[39]

1969年年初，当了8年律师的塞尔纳已经35岁了，他从未在联邦法院处理过任何案件，但他对矿王谷的案子很感兴趣，也不畏惧挑战。他冷静细心，条理清晰，展现出一种超越年龄的成熟。事实证明，他的法律工作非常出色。

一经聘用，塞尔纳便转向了一个基本问题：塞拉俱乐部以前有过相关案例吗？

到目前为止，塞拉俱乐部对矿王谷开发的反对意见都集中在舆论焦点上：项目太大、规划不够、会破坏山谷的美景等。相比之下，法律上的问题则集中在林业局是否有权批准开发矿王谷，以及公园管理局是否有权批准修建一条穿过红杉国家公园的道路。换句话说，问题在于国会是否授权这两个部门做出这样的行政行为。因此，法律问题和反对该项目的政治争论之间很少有重叠的部分。迈克·麦克洛斯基也意识到了这一点，他在接受一家杂志采访时表示："并不是所有的法律问题都能体现环保主义者最关心的政策问题。"[40]

授权林业局和公园管理局的联邦法规具有几个明显的特点。首先，它们既过时又零散。对这两个机构的职能作出规定的法律基本上是在19世纪和20世纪初制定的，它们很难适应现代的土地使用纠纷。国会在1964年通过了《多用途可持续生产法》（Multiple Use and Sustained Yield Act），略微修正了林业局的职能。该法案将"多用途"原则编入了林业局的行政管理结构中，这一原则之后成为该机构的基本原则之一。当然，规制林业局职能的其他法律仍然有效。

其次，这些法律多为特别法。在建立国家公园的过程中，国会经常通过只适用于特定领域的特别法，由国家公园管理局管理某个公园，或将特定的土地置于林业局的管理之下。因此从某种意义上说，律师在矿王谷案中寻找法律线索，就像在寻找被埋藏的宝藏。一项只适用于红杉国家森林或红杉国家公园的特定法律，也许长期被忽视，但可能与该开发项目具有高度相关性。

不过，总的来说，塞拉俱乐部的法律分析面临着一个巨大的障碍：在公共机构（尤其是林业局）作出有关公共土地使用的决定时，联邦法律通常赋予他们很大的自由裁量权。该机构为国家森林制定的著名口号"多用途使用土地"反映了其自由裁量权之广。[41] 在个别情况下，当个人（通常是商业利益集团）对行政机关涉及公共土地的决定有所质疑并提起诉讼时，法院基本上会采纳行政机关在这些方面的专业解读。例如，在 1915 年的一个重要案件中，威廉·霍华德·塔夫脱（William Howard Taft）总统尽管没有明确的法定权力，但还是从石油和天然气开发项目中撤回了土地使用权，最高法院也支持了总统的决定。[42]

简而言之，塞拉俱乐部需要同时挑战林业局和公园管理局的自由裁量权，这是一场艰难的战斗。在矿王谷中设置滑雪场，而不是将其用于山谷露营或其他低强度活动，这似乎是行政机关行使自由裁量权的典型例子，法院一般会予以支持。

当然也存在能与之抗衡的因素。林业局对自己在决定土地使用方面的自由裁量权充满信心，却很少注意规制其决定的具体法律。该机构认为，无论作出何种选择，都在广泛的自由裁量范畴内。以矿王谷为例，即使该项目引起了激烈的争议，林业局仍然不以为意，在审批过程中很少咨询法律部门的工作人员。直到 1969 年塞拉俱乐部宣布将提起诉讼之后，斯利姆·戴维斯才就可能出现的问题寻求法律援助。[43]

塞拉俱乐部想要在矿王谷一案中审查的几个法律问题，或许可以成功挑战该机构的自由裁量权。第一个问题围绕进入矿王谷的公路展开。这条公路将穿越红杉国家公园，但它的主要目的，或许也是唯一的目的，是为了位于公园外的林业局土地开发项目。国家公园管理局是否有权为此目的批准一条穿过国家公园的道路？

1916 年，国会通过了建立国家公园管理局的法律，授权该局"规范使用"（regulate the use）国家公园。在行使该权力的过程中，国家公园管理局要使用"符合公园基本目的"的"手段和措施"。国会随后将这一目的定义为"保护风景、自然和历史，以及其中的野生动物"，并采取"使它们不受损害，供子孙后代享用"的方式。[44] 更早的时候，1890 年，国会通过的一部法律包含了类似的条款，授权创建了红杉国家公园。内政部部长有权批准法案，以"保护公园内所有的木材、矿藏、自然珍品和奇观不受伤害，并保持其自然状态"。[45]

正在等待批准的穿越红杉国家公园的公路是否与这些目的相冲突？塞拉俱乐部可能会争辩说，虽然国家公园管理局可以授权一条进入公园的路，也就是说，可以修建一条有助于享受公园"自然奇迹或奇观"的路[46]，但通往矿王谷的路并不能为这个目的服务。不过，只有在新公路没有给红杉国家公园带来任何好处，或者只有微不足道的好处的情况下，这种论点才会占上风。

人们可以设想一种反对观点，即这条公路至少存在一些好处。例如，公园管理局的一名员工在早些时候主张，新道路可能会增加公园的人流量。另一名员工则持相反意见，认为这会减少公园的游客数量，因为游客大概率会选择参观矿王谷，而不是走进公园。无论哪种情况，这条道路都没有用于与公园相关的目的。

通过红杉国家公园的输电线路也将服务于矿王谷开发项目。公园管理局是否有权批准穿越公园的输电线路，来为公园外的项目输送电力？除此之外，这条线路会非常显眼。在一套管理红杉国家公园的陈旧法规中，塞拉俱乐部的律师发现了一条令人惊讶的条款：国会专门针对通过红杉国家公园的输电线路制定了一条法令。该法令规定，公园管理局和内政部在没有国会特别授权的情况下，不得批准在红杉国家公园内建设"输电线路"。[47]

在这一层面上，这项法令给林业局的项目带来了麻烦，它提出了政府部门此前没有认真考虑过的法律问题。其法律顾问发表了一份令人困惑的简短意见，内容只有一页纸，并建议询问内政部如何解释该法令。[48] 最终，国家公园管理局决定授权修建一条输电线路，但给出的理由很模糊。[49] 因此，这个问题是真实存在的。

开发滑雪场对矿王谷禁猎区的影响也是一个值得探究的问题。当国会批准创建将矿王谷排除在外的红杉国家公园时，国会已经在山谷中建立了一个禁猎区。人们从直觉上可能会认为，建设一个大型滑雪场，每年有成群的游客来访，政府部门不可能将相同的区域设为"禁猎区"。然而，林业局从来没有认真分析过这个问题。在一份备忘录中，红杉国家森林主管吉米·詹姆斯以完全不能令人信服的理由驳回了这一说法，他声称该地区的 60 个小木屋"已经让当地动物习惯了与人类近距离地生活"。[50]

但是，贾斯珀森和塞尔纳不得不考虑到，在指定该地区为禁猎区时，国会已经拒绝将矿王谷划归在红杉国家公园内。这样做必然意味着矿王谷至少有一些非公园的用途，比如说这片区域以前既被用作露营地，也被用作建设小木屋的场地。因此法律问题将变成，在什么情况下，山谷的其他用途会变得"过多"，以至于其与禁猎区的名称不符？法官可能会发现这条事实界限很难划清。提起诉讼将需要大量的"专家证言"，即具有专业资格和专业知识的个人证言，说明开发项目将如何影响山谷的野生动物。

在挖掘规制红杉国家森林的法律时，贾斯珀森和他的同伴发现了另一项可能影响矿王谷未来的条款。一项名为《1939 年政府改组法》（*Reorganization Act of 1939*）的法律规定，红杉国家禁猎区的管理权已经从农业部转移到内政部。[51] 如果是这样的话，内政部部长将不得不批准迪士尼的开发项目。不过，在这个问题上法官可能会持怀疑态度。因为内政部从来没有宣称拥有对禁猎区的管辖权，林业局当然也不认为自己的管辖权已经有所改变。[52]

迪士尼获得许可还有一个更核心的问题。林业局有权为其管理的土地，如矿王谷，发放许可证。它可以授予"定期"许可证，允许建造"酒店、度假村和其他任何用于娱乐、公共便利或安全目的的建筑或设施"。然而，法律同样也对这一权力进行了限制。林业局只能授权"不超过 80 英亩且期限不超过 30 年"的土地使用权和占用权。[53] 在迪士尼规划获得批准前，正是这一条款引起了迪士尼律师的关注。

林业局很清楚这些"定期"许可的面积限制，因为一个大型滑雪场要占用的土地远远超过 80 英亩。在过去，林业局会通过同时发放定期许可证和年度许可证以绕过这一限制。后一种许可证的有效期是一年，但每年可续签。因此，根据林业局对迪士尼矿王谷项目的"双重许可证"配置，作为主体建筑的度假村综合体将获得期限为 30 年的许可，而从谷底开始修建的滑雪缆车和其他设施将获得年度许可。

虽然这种许可证协议应该会使迪士尼感到满意，但它的合法性在塞拉俱乐部看来却并不合理。迪士尼将在矿王谷建立一个大型的、统一的开发项目。如果滑雪设施的许可证没有做到每年都续期，那么这个度假村——30 年定期许可的主体——就没有意义。考虑到这种共生关系，塞拉俱乐部可以指控，年度许可证是一种诡计，目的是避开国会对定期许可证 80 英亩土地的限制，林业局实际上违反了国会在定期许可证中明确规定的面积限制。该俱乐部可以将这一主张与另一个相关的论点结合起来：鉴于迪士尼在滑雪项目上的大量投资，年度许可证实际上是不会不批准的。

作为回应，林业局会辩称，只要面积超过 80 英亩的开发土地使用的是年度许可证，它就符合法律条文。法律没有对年度许可证与30 年定期许可证的使用方法施加限制，如何协调使用两种许可证属于林业局管理公共土地的自由裁量范围。此外，法院不能假定林业局总是会批准年度许可证，而这是塞拉俱乐部论辩的前提。

该机构强烈反对这一主张，还因为它曾使用相同的双重许可证机制来批准位于林业局管理土地上的许多其他滑雪场。也许塞拉俱乐部会争辩说，根据这一安排发放的所有许可证，包括科罗拉多州的韦尔滑雪场在内，都违反了联邦法律。林业局会提醒法院注意这一指控将引发的后果。

最后还有一个问题，联邦法律是否要求林业局或公园管理局在作出批准之前举行公开听证会？塞拉俱乐部很重视这一问题。一般情况下，法院不会对林业局或公园管理局的土地使用决定进行事后猜测，从而避免干涉这些机构行使自由裁量权。法官只会简单地审查这些行政机构是否遵循了法律规定的特定程序。

然而，塞拉俱乐部的律师没有找到支持这一论点的证据。斯图尔特·尤德尔本来打算就国家公园的道路配置举行听证会，[54] 但沃尔特·希克尔部长撤销了这一程序。[55] 俱乐部需要证明，希克尔的撤销是无效的，这很艰难。

这一尚未发起的诉讼还有另一个极其重要的问题，可能导致法院拒绝考虑塞拉俱乐部的主张。这个问题就是塞拉俱乐部是否有资格提起诉讼。

虽然美国的联邦法院是为了裁决案件而成立的，但它们逐渐认识到，作为一个非民选的政府部门，有必要对提交给它们进行裁决的纠纷设定一些限制。法院决定，它们不会仅仅因为原告希望法律问题得到解决，就对案件进行裁决。相反，要提起诉讼，原告必须证明其在纠纷中有充分的合法权益，也就是说，原告有"资格"起诉。当时的法律对于"原告资格"是源于宪法还是由法院决定含糊其词，但这并不妨碍对一些原告造成真正的障碍。

传统上，被告有争议的行为造成的经济损失使得原告有资格起诉，并需要由法院裁决纠纷。所以，当原告以非经济理由对公共机构作出的行为提出质疑时，就会出现原告诉讼资格的问题。这在新兴的环境法领域经常出现。

法院强调，正如最高法院在 20 世纪早期的一个案件中所指出的那样，原告必须证明他或她"已经遭受或马上将遭受某种直接伤害"。所受的伤害必须是个人的、具体的。法院指出，如果原告主张自己"和一般人一样，将以某种不确定的方式遭受损害"，这种起诉是不会被受理的。[56] 这一限制让律师怀疑，塞拉俱乐部是否有资格就矿王谷项目提起诉讼。俱乐部"受到的伤害"是环境方面的，而不是经济方面的，而且这种伤害可能"与一般人受到的一样"。

然而，随着环境问题在 20 世纪 60 年代末成为焦点，律师开始探索现行法律，以避免这些限制。否则，在环境案件中，政府机构就可以违反法律而不受惩罚，因为没有原告可以质疑它们。在风暴之王诉讼案中，环保组织质疑联邦动力委员会批准了一个可以提供电力的存储设施。在那次诉讼中，在委员会在为该工厂颁发许可证之前，已经在行政法官面前举行了长时间的听证会。《联邦电力法案》（*The Federal Power Act*）确立了这些程序，作为原告的环保组织也参与了听证会。因此当原告提起诉讼时，联邦动力委员会就他们的主体资格提出了质疑。

在哈德逊风景区保护协会诉联邦动力委员会一案中，上诉法院驳回了这一论点。法院裁定,《联邦电力法案》这样的法律"可能创造新的利益或权利,从而赋予原本不具有合法权益的人主体资格"。它还强调,原告不需要证明"个人经济利益"受损才能提起诉讼。[57]在哈德逊风景区案之后,其他法院开始承认原告提起类似的行政诉讼时的起诉资格。

然而,这种新兴的观点可能对塞拉俱乐部和矿王谷没有帮助。与哈德逊风景区案不同的是,法律没有规定抗议方在林业局作出决定之前参与行政程序。事实上,甚至没有法律要求林业局在批准矿王谷项目提案之前举行公开听证会。因此,塞拉俱乐部需要另一种抗辩理由。

一种可能的法律论证路径是,主张法院应拓宽其对"伤害"这一概念的理解,损害个人使用和享受矿王谷的权利也是一种"伤害"。塞拉俱乐部的成员可以很容易地证明这种伤害,因为他们会在矿王谷远足和进行背包旅行。更宽泛的理由是,强调塞拉俱乐部长期以来一直对政府管理的矿王谷地区感兴趣,这种兴趣本身就为俱乐部提供了足够的利害关系,来支持其起诉的主体资格。这一说法发挥了俱乐部的优势,因为它对红杉国家公园一直保持着关注。这一理由也无须俱乐部证明自己因为矿王谷开发而受到了特殊伤害。李·塞尔纳担心,如果俱乐部被要求证明过去使用矿王谷的情况,法院可能会认为他们是出于私心而提起诉讼,因此不太愿意承认该俱乐部的主体资格。[58]

同样的担忧导致李·塞尔纳拒绝了贾斯珀森提出的另一个更容易的方案,即由在矿王谷拥有小屋的人作为原告提起诉讼。[59]他们可以主张,迪士尼的开发会损害他们的经济利益,因为矿王谷项目会影响他们使用土地的权利。

无论塞拉俱乐部选择何种法律理由,联邦政府都能就其法律资格提出质疑。林业局很清楚,如果像塞拉俱乐部这样的组织有资格质疑林业局的决策，那么后果将是什么。鉴于人们对环境问题的关注度迅速提高，林业局会发现自己将要在法官面前为许多决定辩护。对于一个确信自己是专业机构的决策者来说，这是不可接受的。

李·塞尔纳将选择用什么法律理由来捍卫塞拉俱乐部的诉讼资格尚未可知。[60] 迈克·麦克洛斯基没有法律背景，在很大程度上，他会听从塞尔纳的建议。[61] 然而，这只是众多决定中的一个。虽然有些人后来称，塞拉俱乐部提起矿王谷之诉是为了"测试"其是否具有诉讼资格，但这种说法是不准确的。[62] 俱乐部的真正目的是阻止矿王谷的开发，确立诉讼主体资格只是它面临的障碍之一。

塞尔纳还必须决定将谁列为被告，以及在哪里提起诉讼。事实上，这些抉择并不困难。他会起诉正式批准迪士尼开发规划的农业部部长以及林业局和红杉国家森林的负责人，其他被告还包括内政部、国家公园管理局，以及很快就会批准修建通过红杉国家公园的公路的地区主管。这样就只剩下最后一个重要问题：塞拉俱乐部是否应该起诉华特·迪士尼制作公司？

迪士尼似乎也应是被告之一，因为该公司的开发会对环境造成很多损害。塞拉俱乐部的"诉状"初稿，也就是提起诉讼的法律文件，由格雷格·阿奇博尔德在贾斯珀森的办公室手写而成，将华特·迪士尼公司列为主要被告。[63] 但是，将迪士尼列为被告有两大不利之处。

首先，很多公众都很崇敬华特·迪士尼这个名字。在这样的案件中，让迪士尼成为被告似乎是一种近乎亵渎的行为。正如塞拉俱乐部的一名成员所言："起诉迪士尼……就像同时起诉母亲、美国国旗和童子军一样。"[64] 此外，与塞尔纳一起工作的一位助理律师后来回忆说，迪士尼"没有做错任何事"，[65] 它"只是对林业局的招标公告作出了回应"。[66]

其次，华特·迪士尼制作公司是一家拥有强大资源的大公司。

该公司将聘请熟练的法律人士与代理被告机构的政府律师一起为此案辩护。起诉迪士尼很可能会让这个案子更难胜诉，成本也会高得多。事实上，塞尔纳的律所已经意识到了这起诉讼的潜在成本，同意大幅降低塞拉俱乐部的费用，[67] 塞拉俱乐部也呼吁公众捐款，以支持这次诉讼。[68] 然而，没人能预估案件的全部费用，因为该案件将进入未知的法律领域。

于是，塞尔纳决定不起诉迪士尼。他的理由是，这个案件的核心是公共土地的使用问题，因此管理这块土地的公共机构才是合适的被告，应该被追究法律责任。同时，塞尔纳也忌惮迪士尼掌握的资源，就像他说的那样："我很高兴不用与之斗争。"[69] 迈克·麦克罗斯基向《华尔街日报》(*Wall Street Journal*) 解释了为什么迪士尼被排除在外："我们的确认为迪士尼的某些规划不太合理，但是是政府部门赋予了其合法性，因此政府需要为此负责。"[70] 当然，即使没有被点名，迪士尼也可以选择介入此案。但这将是迪士尼的选择，而不是塞拉俱乐部的。

另一个问题是在哪里提起诉讼。可选择的地点包括弗雷斯诺、旧金山和华盛顿特区的联邦法院。由于塞尔纳的律所和俱乐部的总部都在旧金山，在华盛顿提起诉讼会有很大的通勤压力。弗雷斯诺离矿王谷和波特维尔都很近，很多相关文件都存放在波特维尔的林业局办公室里。但弗雷斯诺的法官比旧金山的法官更保守，俱乐部担心他们可能被迪士尼开发项目给圣华金河谷带来的经济利益左右。因此，选择旧金山作为诉讼地点是比较合适的。

在塞拉俱乐部制定诉讼方案的同时，公众对迪士尼开发计划的争议仍在发酵。1969 年 4 月，哥伦比亚广播公司晚间新闻的一篇报道就围绕这一争议展开。记者注意到了山谷的美丽风景，在报道开头指出"没有多少野生王国能像这个山谷一样壮观"。在报道中，迈克·麦克洛斯基指责迪士尼在开发过程中添加了太多的娱乐设施，"游泳池、剧院、保龄球场……这些设施只是为了满足娱乐需求。它们可以设置在洛杉矶或其他远离山脉的地方"。对此，林业局发言人强调说："我们承诺，不会做任何与迪士尼乐园相似的设计。不会有绚丽的设施，也不会有花哨的标志。这里的活动和你在其他山区能体验的一样，只有骑马、游泳，也许还有方块舞……但不会有迪斯科式的狂欢。"[71]

林业局局长爱德华·克利夫认为，有必要向新上任的农业部部长克利福德·哈丁证明，林业局关于矿王谷的决策是正确的，因为这项开发"吸引了国际关注"。克利夫向哈丁保证，他坚信"我们将有机会推动户外娱乐项目的极大发展"。[72]

愈演愈烈的争议令迪士尼感到震惊，它不明白为什么会有如此激烈的反对。在加州大学洛杉矶分校的一个论坛上，学生把米老鼠描绘成砍倒红杉树的形象。5月，罗伯特·希克斯称公司对此事引发的轩然大波感到"困惑"，并表示"正试图通过向公众提供真实的信息来回应这种不准确的宣传内容"。[73]

唐·塔图姆现在是华特·迪士尼制作公司的总裁，他出现在洛杉矶当地的电视里，驳斥了一篇反对将州高速公路资金用于矿王谷公路的社论。[74]该公司还发表了一份公开声明。"鉴于最近公众对这个项目的讨论"，迪士尼公司为自己的开发项目进行了辩护，并将这份声明发给了所有员工。[75]迪士尼发现自己处于不利地位，罗伯特·希克斯不满地抱怨道："我觉得我们没有必要道歉。"[76]圣华金河谷的一家报纸报道了希克斯对该事件的态度，称"他的公司形象正因矿王谷项目的反对意见而受到损害"。[77]

该公司还担心即将到来的诉讼。在塞拉俱乐部宣布准备提起诉讼的新闻发布会上，迈克·麦克洛斯基透露，罗伊·迪士尼在几周前就已经联系过塞拉俱乐部，罗伯特·希克斯也来过塞拉俱乐部的办公室。当被问及迪士尼来访的目的时，麦克洛斯基笑着说："他们想知道我们会不会起诉他们。"[78]

林业局感受到了压力，皮特·威科夫给迪士尼的罗伯特·希克斯写信，建议对升降装置和规划中的其他设计进行改动，并对滑雪设施的位置表示担忧。威科夫告诉希克斯："我们不能砍伐太多树木，也不能让大面积的填挖道路破坏景观。"滑雪设施紧邻接待中心，"在那里，所有游客将获得对矿王谷的第一印象"。[79]

即使是斯利姆·戴维斯也对林业局的决策有一些后悔。他向红杉国家森林主管承认："从技术角度看，我们现在为矿王谷做影响调查有点晚了，影响调查应该在发布招标公告之前完成。我们本应该在完成调查之后再决定是否发布招标公告。"[80]

但审慎的考虑已不再重要。随着公园管理局准备向加利福尼亚州发放道路许可证，塞拉俱乐部于1969年6月5日提起了诉讼。[81]这起诉讼引发了全国媒体的关注。[82]

第七章　令人震惊的禁令

提起诉讼后，李·塞尔纳等待着一个重要问题的答案：哪个法官会审理这个案件？最初，该案件被分配给了对争议并不陌生的阿方索·泽波利（Alfonso Zirpoli）法官。但在一年后，泽波利法官作出判决，扩大了拒绝参加越南战争的士兵的权利，被尼克松总统痛骂为"联邦最糟糕的法官"。[1] 泽波利没有给出任何解释就拒绝审理矿王谷一案，于是该案件被移交给了威廉·斯威格特（William Sweigert）法官。

斯威格特虽然是民主党人，但他年轻时是共和党人厄尔·沃伦（Earl Warren）的门徒，沃伦现在是美国最高法院的首席大法官。沃伦成为加利福尼亚州首席检察长后，他任命斯威格特作为自己的助理，当选州长后，斯威格特又跟随沃伦来到萨克拉门托（Sacramento）。沃伦后来在州审判法院任命斯威格特担任过两个职位，并说服艾森豪威尔总统任命他为美国地区法官。

1959 年，斯威格特在旧金山担任联邦法院的法官，该法院审理的基本都是广为人知的案件。[2] 例如，在矿王谷案提起诉讼时，斯威格特正在处理政府对奥斯特·奥斯利·斯坦利三世（August Owsley Stanley III）提起的刑事诉讼。奥斯利被称为"熊"，他因向感恩而死乐队（the Grateful Dead）提供迷幻药而名声大噪。[3]

在开明的家庭中长大的斯威格特也是如此，他曾为新政辩护并写过一份备忘录，给当时的州长沃伦留下了印象。他认为，"当开发项目在发展规模或目的上过于强调私人利益，以至于会威胁整个社区的福利时"，政府必须采取行动。[4] 作为一名法官，他是一位独立的思考者。斯威格特法官判决，原告可以以国会没有宣战为理由，质疑柬埔寨作战行动的合法性。这一判决轰动全国，并于 1972 年被上诉法院推翻。[5] 两年后，他又废除了美国国家橄榄球联盟（National Football League）严格限制球员自由选择队伍的规定。[6]

从塞拉俱乐部的角度来看，由斯威格特法官审理矿王谷案似乎是有利的。斯威格特不会本能地站在政府那边。

在提起诉讼的同时，塞尔纳还提交了一份临时禁令（preliminary injunction）申请，请求禁止林业局和国家公园管理局向迪士尼发放任何许可证，并且禁止他们批准通过红杉国家公园的道路。该申请将于 3 周后 6 月 30 日的听证会上受理，作为被告的政府部门不得不迅速采取行动来反对这一禁令。

联邦检察官旧金山办公室的保罗·洛克（Paul Locke）被指派为该案的辩护律师，他负责处理土地和自然资源事务。但就在塞拉俱乐部宣布提起诉讼前，一些前期工作已经完成。当年 2 月，斯利姆·戴维斯向林业局发送了一份备忘录，指出"塞拉俱乐部似乎希望就 3 个主要问题进行辩论"，即国家公园管理局是否有权批准建设通过红杉国家公园，但为迪士尼开发项目服务的输电线；林业局是否有权向该开发项目发放定期许可证和年度许可证；以及在红杉国家禁猎区实施开发项目的合法性。[7]

针对禁猎区问题作出的回应相对简单。俱乐部的主张必须符合实情，即大型开发项目会压垮这个地区，以至于禁猎区实际上不复存在。林业局的回应基于两个条款。首先，法律规定，建立禁猎区的目的是"防止非法侵入公共土地……以及危害该地的野生动物"。[8] 林业局会争辩说，迪士尼的开发项目不会违反法律，因为迪士尼不是非法侵入者。

另一项规定似乎对林业局更有帮助。它指出，禁猎区的土地"仍是红杉国家森林的一部分"，只要与建立禁猎区的目的一致，就

"不应该阻止农业部部长允许该土地用于其他用途"。[9]林业局可以辩称，在建立禁猎区时，国会已经预见到了与其目的一致的"其他"用途，如大型滑雪场。林业局会要求法院找到一个与禁猎区目的一致的滑雪场。

林业局在回应双重许可证问题时也会采用同样的策略。矿王谷开发项目将大大超过30年定期许可证中80英亩的法定限制。戴维斯估计，定期许可证可覆盖61英亩的土地，包括度假村和电梯设备，而年度许可证将用于额外的256英亩土地，包括滑雪道、停车场和辅路。

"如果同时向一名许可证持有人签发定期许可证和年度许可证，以包含同一项目的所有设施"，林业局就是在"越权"。[10]林业局会回应说，自己毫无疑问拥有颁发年度许可证的权力，并辩称法院没有法律依据来判定该局一定会准许更新这些年度许可证，同时基于这一理由认为年度许可证实际上是超过80英亩最大值的定期许可证。

此外，正如林业局的内部律师强调的那样，颁发年度许可证的权力规定得很宽泛。在过去，美国国防部（Secretary of war）曾为铁路轨道建设发放年度许可证，这与滑雪场的长期投资属于同一类型，而且这些许可证还会定期更新。国会了解这种年度许可证的使用方式，而且已经有先例表明，国会默许了这种使用方式且从不干涉。[11]

最后，美国司法部部长在1928年发表了一份意见，指出用于"实质性改进"的年度许可证不太可能被撤销。该意见的结论是，是否颁发这种许可证只是"部门政策问题"。[12]司法部部长的意见不会左右法院的决定，但长期实践造成的影响可能导致法院搁置双重许可证制度的有效性问题。

至于穿过红杉国家公园的这条路，要看它是否服务于公园的"用途"。公园管理局通知其律师，拟议的许可证（实际上还没有颁发）有两个依据。该许可证要求在公园内修建观景台，并与公园内

125

现有道路有适当的接口和通道。事实上，这条路甚至可以"帮助游客进入公园以前无法进入的部分"。[13]

这些理由为批准修建通过红杉国家公园的道路论证了所需的"公园用途"。此外，公园管理局已经批准了其他通过国家公园的道路，因此，与双重许可证制度相同，"公园用途"的问题也有先例。[14]不过，由此带给红杉国家公园的这两个好处显然与这条公路的主要用途无关。

塞拉俱乐部最强烈的主张是，联邦法律明确禁止批准通过红杉国家公园的输电线路。在这一点上，被告将不得不辩称，法院对法律的解释必须比法律条文规定中的用词更精准。他们会争辩说，该法条只是针对水电设施中的输电线路，而不是所有的输电线路。[15]

塞拉俱乐部提出的其他问题似乎不那么重要。虽然该俱乐部声称有必要就矿王谷项目和公路问题举行听证会，但没有任何法规或机构规定需要这样做。并且政府认为，对禁猎区拥有管辖权的是内政部，而不是农业部，因此这种说法没有任何说服力。一份较早的政府内部备忘录解释道，移交给内政部的职能只是一些次要职能，与禁猎区的管理无关。[16]

塞拉俱乐部的诉讼是自 1965 年风暴之王诉讼案以来最广为人知的环境类案件，但并不是此类的唯一案件。相关质疑逐渐在全国范围内涌现。联邦官员担心，司法裁决会限制他们在决定土地用途方面的自由裁量权，从最小的影响来看，诉讼至少会让项目陷入长期的停滞。

因此，塞拉俱乐部是否有资格提起诉讼，对被告有很大影响。他们会极力主张，像塞拉俱乐部这样的组织没有遭受法律规定的必要损害，因而无权提起此类诉讼。设立一个狭隘的上诉资格规定将有助于联邦管理人员解除妨碍自己行使公共土地管理权的威胁。

　　至于迪士尼，它必须决定是否对该诉讼作出回应。这一决定需要考虑两个层面的问题。在法律层面，公司是否想要介入此案以保护自身利益？更笼统地说，对于塞拉俱乐部攻击迪士尼开发项目的行为，它会如何公开回应？迪士尼是一家娱乐公司，现在却出现在媒体上，成为一场激烈争论的中心。它从未卷入这种性质的公众争议中，更不用说它的行为被指控为破坏环境了。

　　在诉讼提起后，迪士尼让律师研究了该诉讼可能引发的法律问题。[17]迪士尼不怕打官司，但是他们需要考虑得更多。

　　一方面，罗伊·迪士尼从未对矿王谷项目完全满意。迪士尼内部商议时，他经常质疑这个项目。罗伊有一句话让罗伯特·希克斯印象深刻，"我们属于电影行业和游乐园行业，我们不是做滑雪生意的"。在希克斯看来，罗伊·迪士尼并不喜欢这个项目。[18]他的兄弟华特去世后，罗伊"对这个项目非常担忧，因为他不断收到批评迪士尼矿王谷项目的邮件和评论，他不喜欢这样"。[19]

　　另一个影响迪士尼作出决定的因素是，诉讼的另一方是塞拉俱乐部。不管是否认同，在大众看来，塞拉俱乐部是一个受人尊敬的环保组织，它的历史可以追溯到约翰·缪尔。如果说迪士尼的形象是正面的，那么塞拉俱乐部也是如此。《新闻周刊》（*Newsweek*）的一篇文章将这场纠纷定性为"妈妈诉苹果派"。[20]如果迪士尼介入此案，它和塞拉俱乐部将会直接对对方提出法律指控，这种相互伤害的做法对该公司有百害而无一利。

　　联邦政府也没有要求迪士尼参与诉讼。华盛顿特区司法部的律师讨论了这个问题，一位律师在一份草案文件中建议，"最好让华特·迪士尼制作公司成为被告"。这份草案甚至讨论了政府要求法院强制迪士尼公司介入此案的可能性。但这个想法很快被否决了。[21]

　　最终，迪士尼选择不介入此案。迪士尼管理层总结道，即使这意味着放弃对此案的直接控制，也最好不要参与其中。他们希望与这场官司保持距离。

然而，即使作出了这样的选择，迪士尼仍然需要就这起诉讼向公众作出回应。它被越来越多的人指控在山区规划"迪士尼乐园"，虽然这一指控并不完全准确，但鉴于开发项目的规模和迪士尼娱乐公司的性质，这一指控听起来似乎合情合理。

反对者还利用迪士尼的卡通人物发起了攻击。塞拉俱乐部的矿王谷特别小组在其第二年度的远足活动中，将一幅米老鼠拿着斧头在矿王谷上方若隐若现的图画作为宣传图。[22]一位评论员评论道："山谷里的米老鼠对我而言没有任何吸引力。"[23]《洛杉矶时报》的一篇文章称："在股东大会期间，迪士尼伯班克工作室外出现了恶毒的辱骂声，有人甚至威胁要在矿王谷的推土机前躺下。"[24]加利福尼亚州贝克斯菲尔德的一家报纸——该项目的热心支持者——站出来为迪士尼辩护："我们不会接受强加在迪士尼身上的'剥削者'的名头，迪士尼只是试图开发加利福尼亚州宝贵的自然资源。"[25]另一份报纸谴责了将该公司称为"恶棍"的说法。[26]

对于一家注意公众形象，并为华特·迪士尼在他的13部"真实生活历险记"中记录自然而感到自豪的公司来说，这种攻击既令人费解又令人反感。8月下旬，安塞尔·亚当斯给塞拉俱乐部的主席菲尔·贝里写信，讲述了自己和一位"与迪士尼家族及其团队关系密切"的朋友的对话。这位朋友告诉亚当斯，"迪士尼的人对矿王谷项目受到攻击感到非常困惑，他们认为自己是十足的环保主义者"。[27]

此时，如果迪士尼放弃该项目，那么争议也就结束了。但迪士尼在考虑一些有利于拯救其形象的做法。在一份冗长的内部备忘录中，罗伯特·希克斯提出公司应该把停车场搬到离矿王谷更远的地方，希望这样"可以安抚一些批评者"。[28]然而，这个想法在公司内部遭到了反对。[29]虽然希克斯坚持不懈地向州公路工程师和林业局提起这个建议[30]，但他最终还是放弃了这个想法。

1969 年 6 月 30 日，斯威格特法官就塞拉俱乐部提出的禁令申请展开了口头辩论。该申请请求法院禁止林业局和公园管理局为矿王谷开发项目和道路修建发放许可证，直到该案审判结束。法官让双方律师陈述了各自的辩论意见。

李·塞尔纳首先陈述了 2 个小时，并应斯威格特的要求，给出了"俱乐部指控的详细解释"。法官表示，相关的联邦机构正在"处理这些事情"，这一回应似乎表明他可能会听取他们的意见。[31] 当天结束时，斯威格特申请延期再审，将案件推迟到第二天下午 2 点，因为他需要听取被告代表保罗·洛克的陈述。

双方的争论集中在临时禁令的法律要求上。塞拉俱乐部必须论证"胜诉的可能性"，换句话说，俱乐部需要证明自己胜诉的可能性更大。该俱乐部还必须证明，在案件开庭审理之前的一段时间内，会发生"不可挽回的损害"，即被告的行为会造成以后无法弥补的损害。

在"可能性"的问题上，李·塞尔纳试图加强他对双重许可证制度的质疑。他强调迪士尼和州政府在道路和滑雪开发项目上合计投资 6000 万美元，[32] 鉴于这笔巨额投资，每年的许可证将"自动更新"。[33] 他向法院强调，如此大规模的投资意味着，林业局拒绝更新许可证的可能性极小。

保罗·洛克在论述政府的反对论点时作出了重要的战术选择。他强调，在不久的将来不会发生不可挽回的损害，因此，法院没有理由通过禁令进行干预。他指出，在 1970 年 7 月 1 日之前，也就是 1 年后，他们并没有修建这条公路的计划。所以在政府看来，禁令只会推迟规划并增加建设成本。[34] 洛克还反驳道，项目开发区与禁猎区并不重合，强调"不能想当然地认为"前来度假的人会对禁猎区造成损害。[35] 总而言之，他认为塞拉俱乐部没有证据证明"迫在眉睫的强烈威胁客观存在，并且会对森林或公园造成不可挽回的损害"。[36]

塞尔纳反驳道："根据我们掌握的信息，道路许可证将随时发放。"[37]一旦国家公园管理局批准了这条道路，迪士尼就会"自动"获得许可证，[38]因为根据1965年授予迪士尼开发权的条件，颁发滑雪开发项目的许可证所需的最后一步就是道路批准。正如他所说，在道路许可证获得批准后，"其他一切流程都将自动通过"[39]，因此，不可挽回的损害迫在眉睫。

第二天快结束时，斯威格特法官"搁置"了这个案子，宣布几周后他才会作出裁决。他允许塞拉俱乐部提交一份辩论意见，说明自己为什么有资格起诉。[40]

保罗·洛克主张"没有不可弥补的损害"的观点发挥了作用。由于担心在法官裁决前，给予任何许可证都有可能削弱洛克所辩称的"缺乏不可弥补的损害"，华盛顿特区的司法部律师托马斯·麦克凯维特（Thomas McKevitt）请求内政部在法官裁决前不要签发道路许可证。[41]至少在这一过渡时期，塞拉俱乐部提起的诉讼有效地阻止了道路许可证的发放。不过，因为这件事并没有公开宣布，俱乐部对这个结果一无所知。

1969年7月24日，斯威格特法官发布了他的判决备忘录。他在没有法律助理帮助的情况下写下了这份备忘录，这表明他认为这个案子很重要。[42]他批准了塞拉俱乐部申请的临时禁令，要求在审判结束之前停止开发矿王谷。

斯威格特首先简要地总结了矿王谷开发项目，将其定性为"私人酒店和度假胜地，冬夏娱乐综合体"。[43]然后，他开始讨论塞拉俱乐部提出的法律问题。首先是林业局使用的双重许可证制度，斯威格特将其称为使用两种许可证的"诡计"（device），这一措辞暗示了他的想法。

他发现，授权许可证的法律条文明显倾向于支持塞拉俱乐部的立场。该法条不仅规定了 30 年期限的许可证"不能超过 80 英亩"的要求，[44] 也规定了土地的具体用途，包括酒店和度假村。他认为，该法条的立法历史表明，立法者在提出 80 英亩面积限制的同时，还规定了建筑和设施的用途，例如，这一土地是为了提供滑雪缆车和其他相关服务设施的"运营空间"。有鉴于此，"这种双重许可证的诡计旨在规避 80 英亩土地的限制……实际上违反了该条款的规定"。[45]

斯威格特认为，"年度许可证是可以随意撤销的"这一观点值得商榷。[46] 随后，他转向了该问题的核心，并在很大程度上接受了李·塞尔纳的观点，即双重许可证制度规避了 80 英亩的限制。两种许可证授予的土地"显然属于一个统一的项目，而且明显是相互关联的"。他继续说：

> 难以想象，农业部将会或可能会根据许可证"可撤销"的条款及其签发情况，突然要求开发商拆除该许可证所覆盖的滑雪缆车、塔楼、垃圾和污水处理场、停车场和道路等设施，从而使开发商在获得 30 年 80 英亩定期许可证后，投入的 3500 万美元付诸东流。[47]

因此，他总结道，双重许可证"可能涉及"违法行为。与之相反的主张将不得不假设，在规定面积限制时，国会"接受将两种不同类型的许可证结合起来，用于同一处私人酒店度假村的开发"。斯威格特进一步解释道，国会"不可能如此天真地认为，在这种情况下颁发的'可撤销'许可证真的会被撤销"。[48]

接下来是通过红杉国家公园的道路许可的合法性问题。斯威格特承认，国家公园管理局拥有在国家公园内部修建道路的法定权力，"内政部在这方面的自由裁量权通常不应受到干扰"。然而，他发现这条高速公路的设计目的并不是作为公园的附属设施，相反，它是一个将游客送到矿王谷的"纽带"。在这个问题上，斯威格特的结论更具试探性：建设这样一条高速公路是否在内政部的权力范围内？[49]

之后是穿过公园的输电线路问题。[50]相关的法规很具体，且只适用于红杉国家公园，"没有国会的具体授权，不得授予建造输电线路的许可证"。[51]内政部部长解释道，这条法规仅适用于水力发电大坝的开发，但从条文上看，这条法规并没有作出如此限制。因此，斯威格特总结道，这就"产生了进一步的问题"，即部长是否有权允许修建输电线路。[52]

最后，意见书提到了没有召开公开听证会的问题。斯威格特法官驳回了"1953年曾由商会组织过听证会"这一辩护意见，他的理由简明扼要：不存在任何林业局或内政部召开听证会的记录。斯威格特还发现了一个"更深层次的问题"——关于内政部撤销斯图尔特·尤德尔相关决定的有效性，该决定要求就穿过公园的道路问题举行听证会。[53]

总而言之，对于塞拉俱乐部的法律请求，斯威格特并没有给出明确的结论。但他认为这些法律问题是严肃的，并且认定双重许可证的"诡计"是非法的。

被告对塞拉俱乐部诉讼主体资格的反对意见很快被驳回。[54]起诉状第三段称，该俱乐部"通过其活动和行为表现出对国家公园、野生动物保护区和森林保护的特别兴趣，经常作为同类群体的代表"。该段继续写道，俱乐部的利益"将受到下文描述的行为的严重影响，并受到这些行为的损害"。[55]斯威格特认为，这些指控足以支持塞拉俱乐部提起诉讼。

最后，意见转向了造成的损害是否足够证明禁令的合理性。关于这个问题，斯威格特关注的是内政部颁发的道路许可证的影响。被告强调，即使公园管理局批准了许可证，加利福尼亚州直到1970年5月才会接受投标，第二年的7月才会开始施工。与其他意见相比，斯威格特的推理不那么有说服力。他认为加利福尼亚州"有能力将高速公路建设合同的时间落在许可证范围内"，不应该让塞拉俱乐部"等待政府的进一步行动"。[56] 因此，他认为存在"不可挽回的损害"。

该裁决的其他方面也值得注意。首先，斯威格特法官谈到了法官会在多大程度上尊重政府的自由裁量权。他明确表示，对联邦机构在公共土地相关事宜上的决定进行司法审查的范围"特别窄"。[57] 强调这一点很容易导致法院宽泛地理解国会授予农业部和内政部的自由裁量权，从而支持它们的行为。然而，法院的意见集中在法规的措辞，以及这些法规背后的国会意图上。

其次，他驳斥了林业局的说法，即采纳塞拉俱乐部对双重许可证制度的指控意见会影响其他滑雪场。威格特法官认为这一点"无关紧要"。[58] 不过，他没有对为什么这一问题不是重点作出解释。再次，该裁决没有提及开发大型度假村可能会破坏作为禁猎区的山谷的环境，这可能是因为塞拉俱乐部在其论点中淡化了这个问题。

最后，斯威格特法官注意到了全国范围内关于环境保护必要性的讨论。他强调，法院"不关心所谓的激进主义者和环保主义者之间的争论"，而是关心行政机构的行动"是否符合立法机关制定的法律条文及其原意，即使行政机构是以发展为名采取的行动"。[59]

虽然塞尔纳在禁令问题上取得了胜利，但这场战斗还没有结束。临时禁令只会在审判前提供缓冲作用。如果被告在随后的审判中最终获胜，那么在审判前颁布的禁令可能会对被告造成经济上的损失。因此，初审法院可以要求原告提交一份保证金，用于弥补临时禁令生效期间被告可能遭受的潜在损失。在科罗拉多州的一个案件中，塞拉俱乐部被要求提交 7500 美元的保证金。

塞拉俱乐部希望可以免交保证金，原因有二。首先，该俱乐部难以支付相关费用。诉讼的律师费已经远远高于预期，考虑到公路和迪士尼开发项目的预计成本，政府可以要求一大笔保证金。

其次，在环境诉讼中提交保证金是一个新的法律问题。提起诉讼的环保组织可能会辩称，如果原告指控公共机构违反了环境法，那么就不应该按照商业诉讼中的保证金标准来设定缴纳数额。在这些案件中，临时禁令可以防止不可挽回的环境损害。这种观点认为，不应该因为试图防止这种损害发生的环保组织无力承担保证金，就允许这种损害发生。

7月31日，斯威格特法官在他的办公室接待了当事人，他在处理不那么正式的事务时经常这样做。[60] 此次会面的目的是敲定法院将批准的禁令内容，在此期间，政府要求法院向塞拉俱乐部强制收缴7.5万美元的保证金。[61]

法院驳回了政府关于保证金的请求。斯威格特法官解释说，此时的禁令不太可能给被告造成损害。只要地形符合条件，就不会妨碍其开发矿王谷，以及调查、规划、测量和设计道路。[62] 他还表示，他可能会在之后重新考虑关于保证金的决定。正如李·塞尔纳告诉迈克·麦克洛斯基的那样，斯威格特希望"在案件中提出的问题尽快解决"。[63]

法官随后签署了临时禁令，禁止林业局人员"授予与华特·迪士尼制作公司开发矿王谷有关的任何许可证或批准令"。同样，内政部部长沃尔特·希克尔和农业部部长克利福德·哈丁也被禁止授予修建公路的任何许可。该禁令称，"塞拉俱乐部目前不需要提供保证金"，但法院将"特别保留"要求提供保证金的权力。[64]

斯威格特结束了诉讼的第一阶段，塞拉俱乐部大获全胜。

第八章　逆转

法院的禁令重塑了关于矿王谷的舆论。在此之前，林业局和华特·迪士尼制作公司都没有认真考虑过败诉的可能性。现在，林业局震惊地发现自己的权威受到了质疑，尤其令他们感到痛心的是，这一禁令可能会影响其他国家森林的滑雪场许可。

迪士尼担心的问题较少，但败诉对该公司来说同样麻烦。矿王谷已经成为一个全国性的问题，有人会引用斯威格特法官的裁定，将迪士尼描述为"环境破坏者"。虽然迪士尼选择不参与诉讼，使公司与该案保持了一定的距离，但它的名字仍然与矿王谷紧密联系在一起。该禁令将使迪士尼的公众形象面临风险，这种情况与迪士尼在 1965 年向林业局提交投标书时的预期相距甚远。

在针对这一禁令作出的首次公开声明中，华特·迪士尼制作公司哀怨地表示："如果联邦机构作出的由私营企业开发矿王谷的决定真的存在法律问题，我们认为应该尽快解决这些问题。"公司仍然对该项目的潜力"保持积极的态度"。[1]然而，迪士尼很快激怒了公众。

7 月 30 日，迪士尼发布了执行副总裁卡德·沃克的声明。[2]该声明首先对禁令进行了概述，并强调迪士尼"不属于塞拉俱乐部与联邦机构之间纠纷的任何一方"。就像该公司不想通过干预此案来对抗塞拉俱乐部一样，它希望自己能与诉讼继续保持距离。

随后，沃克谈到了重点。他坚称，"无论如何"，该项目的反对者提出的法律问题"与华特·迪士尼制作公司作为娱乐领域的世界领导者，以及作为环保领域公认的领导者的声誉无关"，"这些反对者也不是在质疑该公司创建和运营娱乐设施的能力，矿王谷项目将为加利福尼亚州增光添彩"。最后，迪士尼表示，在开展该项目的准

135

备工作时，自己"抱有最大的诚意"。迪士尼的总体规划"是在林业局完全知情并批准的情况下制订的"。[3]

言下之意很明白：如果说存在法律问题，那么应该由林业局负责。迪士尼是一个局外人，不是违法行为的煽动者。

简而言之，迪士尼发现自己尴尬地处于一场环境争议的中心，但是它不想与之有任何关系。该声明以斯威格特法官在裁决中表达的期望结尾："我们认为这件事应该尽快解决。"[4]

迪士尼的回应策略很快开始改变。7月26日，罗伯特·希克斯在加利福尼亚州城市联盟（California League of Cities）的一次会议上表示，塞拉俱乐部打算"让迪士尼出局"，让项目脱轨。他接着说，迪士尼不想放弃。他敦促开展一场底层运动，以争取国会立法，通过授权来影响诉讼结果。[5]5天后，他重申"这是一个政治问题，最终的解决方案必须由政治家提出。"[6]

讽刺的是，迪士尼在矿王谷的未来应由谁决定这一问题上与塞拉俱乐部达成了一致。迈克·麦克洛斯基早就想把矿王谷问题转变成一个政治问题。该俱乐部同样认为，国会应该通过立法，但与迪士尼敦促的立法类型不同，塞拉俱乐部认为，国会应该将矿王谷纳入红杉国家公园，从而阻止该项目。[7]

沃克的公开声明准确地描述了迪士尼在矿王谷项目中做了什么。该公司对林业局的招标公告作出了回应，在设计项目时也遵守了相关规定。然而，矿王谷项目直接归咎于迪士尼的部分是其庞大的规模。迪士尼的开发规模已经大大超过了林业局招标公告规定的最小值，并且从未认真考虑过缩小规模。1967年，罗伯特·希克斯在加利福尼亚州商会的一次会议上说，矿王谷开发项目"有望建成这个国家最复杂的滑雪设施，因为它有巨大的规模和数量众多的多样化滑雪区"。[8]

然而时代变了。1965年，矿王谷对迪士尼来说似乎是一个黄金机遇，但现在却变成了一个令人不安的挑战。该公司和林业局一起踏上了这段艰难之旅。尽管迪士尼试图公开与林业局划清界限，但矿王谷项目却把他们锁在了一起。

到了深秋，迪士尼从临时禁令带来的冲击中重新振作起来，并对那些怀疑迪士尼在开发一个破坏环境的项目的群体发起了反击。迪士尼宣布，他们会成立一个由环保人士组成的独立委员会，该委员会将在项目开发过程中为公司提供建议，并协助公司将矿王谷打造成一个"范例"。该委员会还将为一系列环保主题的电影提供咨询，前两部的咨询主题是"正在消失的物种"和"对环境的理解及管理"。[9]

同意成为迪士尼顾问的委员会成员的身份令人瞩目，其中包括国家公园管理局前局长霍勒斯·奥尔布赖特，美国国家野生动物基金会执行董事托马斯·金博尔（Thomas Kimball），以及红杉国家公园和国王峡谷国家公园前负责人艾温德·斯科延（Eivind Scoyen），但最令人吃惊的是，塞拉俱乐部前主席贝斯特·罗宾逊（Bestor Robbinson）也在其中。[10]

此外，新成立的迪士尼委员会对该项目非常支持。比如，霍勒斯·奥尔布赖特此前曾在《纽约时报》上发表过一封长信，回应了该报一篇反对矿王谷项目的社论。现在，迪士尼趁机重新发布了奥尔布赖特写给媒体的信。新闻稿指出，奥尔布赖特"对矿王谷地区非常熟悉……他已经关注这里54年了"。[11]

这个新委员会与迪士尼在去年1月提交矿王谷总体规划时成立的保护咨询委员会有很大的重叠，[12] 但早前那个委员会发出的声明几乎没有引起注意。在塞拉俱乐部获胜后，迪士尼的战略家们决定重启这个咨询小组。

该委员会的成立是迪士尼的一个公关妙招。塞拉俱乐部前主席贝斯特·罗宾逊加入委员会，强烈暗示环保界并不完全支持塞拉俱乐部的立场。正如一位塞拉俱乐部成员在写给迈克·麦克洛斯基的信中所言："你不得不佩服他们，这是一个相当成功的策略……也表明迪士尼似乎并不打算放弃该项目。"该成员认为，因为这个委员会，"许多人会积极地支持迪士尼"。[13]

迪士尼不会轻易放弃矿王谷项目。

随着斯威格特法官的意见传开，另一个受影响的利益群体迅速引起了公众的关注：滑雪爱好者。就在矿王谷项目似乎准备就绪的时候，建立矿王谷滑雪场的梦想破灭了，这对滑雪爱好者来说是一个沉重的打击。然而，更大的问题是，林业局可能违反了联邦法律——使用双重许可证来规避定期许可证 80 英亩土地的限制。该机构已在许多滑雪场采取这一方式，而现在滑雪者意识到，这些滑雪场的许可证可能是有问题的。

与滑雪相关的出版物开始发声。1969 年 9 月，《滑雪》(Skiing) 杂志刊登了一篇编辑专栏，其中写道，"斯威格特法官的判决真的符合逻辑吗？我们要为矿王谷而战"。它指出，这项裁决"对联邦土地上现有的 84 个滑雪场的法律效力提出了质疑"，滑雪者可能会突然发现自己没有可以滑雪的场地。专栏最后借用了法国大革命时期的一句话来结尾："各位滑雪爱好者，帮助我们吧！趁还来得及，赶紧行动吧！"[14] 另一本杂志《西部滑雪时代》(Western Ski Time) 的一篇文章担心，如果塞拉俱乐部在双重许可证的问题上判断正确，那么"会有很多滑雪场关闭"。最糟糕的情况是"所有的现行许可证都可能自动作废"。[15]

《滑雪》杂志发表了一篇关于许可证问题可能会导致何种情况的文章，这或许是一篇最有见地的文章。文章题为《捍卫你的滑雪权利》，并在开头用大写字母呼吁人们采取行动："滑雪爱好者们，不要惊慌！但要准备好冲破障碍！"随后，它将双重许可问题认定为

"塞拉俱乐部针对矿王谷项目展开的殊死斗争中意外且极端危险的产物"。这种看法是正确的。塞拉俱乐部的目的不是叫停所有的滑雪场，它只是抓住了一个对自己有利的法律论据，而这个论据可能产生附带后果。这篇文章引用了林业局局长爱德华·克利夫的话："如果临时禁令不断出现，地区发展的许多方面……都可能会受到很大的影响。"[16]

文章接着写道，虽然塞拉俱乐部声称自己"无意与滑雪运动、滑雪者和滑雪场结怨"，但塞拉俱乐部的盟友会反对新的滑雪开发项目。文章还援引了塞拉俱乐部冬季运动委员会的一名代表在一次滑雪协会会议上的声明，称该委员会"对迪士尼开发项目很感兴趣"。令迈克·麦克洛斯基失望的是，尽管塞拉俱乐部反对矿王谷开发项目，但该俱乐部的一名成员确实发表了这一声明。这份声明为塞拉俱乐部"两面三刀""不值得信任"的说法提供了有力的证据。

不过，文章最后还是指出，至少在某种程度上，滑雪爱好者和塞拉俱乐部成员有着共同的利益。"滑雪爱好者也是自然资源保护主义者"，文章指出，"他们最不愿意做的事情就是与其他自然资源保护主义者争个你死我活"。但如果有必要，他们也会这么做。[17]

在滑雪界蔓延开来的不满情绪是有道理的。虽然塞拉俱乐部没有兴趣质疑现有的其他滑雪场许可证，但矿王谷诉讼中由双重许可证引发的法律问题，也适用于其他每年更新许可证的滑雪开发项目。此外，即使塞拉俱乐部最终输掉了这场官司，同样的问题也可能出现在质疑其他滑雪开发项目的诉讼中。

曾经在政治层面大力支持矿王谷项目的图莱里县，现在也开始介入此案。在迪士尼工作人员的推荐下，该县聘请了旧金山律师刘易斯·里德（E. Lewis Reid）。里德此前曾在华盛顿担任参议院内政与岛屿事务委员会少数派的法律顾问，通过阅读迪士尼的简报，他对矿王谷项目非常熟悉。里德搬到旧金山后，迪士尼曾聘请他担任矿王谷项目的法律顾问，因此他作为该县的律师代表是顺理成章的。[18]

简而言之，塞拉俱乐部在诉讼第一阶段的胜利捅了反对者的马蜂窝。

斯威格特法官的裁决结果让塞拉俱乐部欢欣鼓舞。在他们看来，这一裁决证实了塞拉俱乐部反对矿王谷项目的立场是正确的，但也增加了政治上的风险。最好的情况是，如果上级法院支持这一裁决，该项目将在相当长的一段时间内被叫停，甚至可能一直到国会通过新的立法之后才会继续。正如《美国森林》（American Forests）杂志上的一篇文章所指出的，在该俱乐部看来，这一禁令似乎是"公共机构和自然资源保护主义者之间的斗争即将发生的预兆"。[19] 这个案例表明，环保主义者可以把法庭作为一个平台，对行政机关的行为提出质疑，比如林业局拒绝举行公开听证会。

该俱乐部还相信，它可以处理好环境诉讼中关于诉讼资格的争议。在矿王谷案作出裁决的 12 天前，纽约联邦法院确认，该俱乐部对一条拟议中的高速公路具有诉讼资格。[20]1969 年 8 月版的《塞拉俱乐部公报》（Sierra Club Bulletin）宣称，"任何需要联邦批准或资助、在法律上存在问题的运输项目，现在都可以由法院审查了"。[21]

塞拉俱乐部仍然面临着法律费用过高的棘手问题。这场官司的花费远远超出了迈克·麦克洛斯基的最初预期，这一问题反映出塞拉俱乐部在环境诉讼方面缺乏经验。俱乐部欠了李·塞尔纳律所相当大一笔钱。《塞拉俱乐部公报》于 9 月刊登了一份向会员寻求经济援助的请求。[22]

在大卫·布劳尔离开俱乐部后，李·塞尔纳很清楚俱乐部内资金短缺，需要尽快改善其财务状况。除此之外，他还有一桩官司需要起诉。所以在给麦克洛斯基的一封信中，他概述了诉讼的下一步方案以及案件进入审判阶段所需的相关费用。[23] 然而，俱乐部法律委员会主席弗雷德·费舍尔（Fred Fisher）对塞尔纳的提议表示反对。他认为俱乐部的财政问题"不仅严重，而且十分危急"，因此按照塞尔纳的建议，俱乐部根本负担不起案件调查的高昂费用。[24]

到了 11 月，塞拉俱乐部的财务情况略有好转。一位在早些时候捐赠了大量资金的匿名律师又捐赠了新的款项，将俱乐部的债务降到了 6000 美元。俱乐部会员数量的迅速增加以及随之而来的大量会费也减轻了俱乐部的财政困难。但之后的诉讼资金仍是个问题。矿王谷禁令的消息传开后，该俱乐部不得不开始努力处理其他案件的诉讼请求。[25]

与此同时，政府和迪士尼之间就如何回应斯威格特的裁决展开了激烈的争论。

法院批准了临时禁令后，政府机构作为被告不得不选择一种应对方案。在讨论这一选择的过程中，诉讼资格问题显得尤为关键。1969 年，随着环保运动在全国范围内展开，将政府作为被告的诉讼开始出现，有关联邦土地使用的决定经常被质疑，比如矿王谷项目。这些诉讼动摇了林业局长久以来的权威，并带来了司法裁决的阴霾，这些裁决将以前所未有的方式影响林业局的自由裁量权。这种担忧促使政府认真思考下一步应该采取什么措施。

负责处理此案的旧金山政府律师保罗·洛克与华盛顿特区的司法部律师讨论了可能的选择。[26]一种方案是要求斯威格特法官重新考虑他的裁决，但他们知道，这种请求的成功率非常低。更务实的做法是，政府就禁令向美国上诉法院提起上诉，质疑像塞拉俱乐部这样的环保组织是否有提起诉讼的资格。如果政府采取这一做法，那么问题就在于政府是否应该在提起上诉的同时，一并提出林业局和国家公园管理局所作决定的实体法律问题。

另一种方案是放弃上诉，这是洛克提出的建议。斯威格特法官曾向当事人表示，可能会加快审判的速度，但何时进行审判还不确定。塞拉俱乐部可能会强烈要求进行庭前证据交换（discovery），这一过程将涉及证人证词和被称为"质询"的环节，可能会推迟审判。

司法部和总检察长办公室都会按照完整的流程，来决定是否对地区法院作出的不利裁决提出上诉。司法部部长由总统任命，负责审查最高法院审理的所有政府案件，当时的司法部副检察长欧文·格里斯沃尔德（Erwin Griswold）还必须核准从地区法院到上诉法院的所有上诉案件。这一要求旨在确保美国各地所采取的上诉标准的一致性。在这种情况下，位于旧金山的美国第九巡回法院将作为该案的上诉法院。

律师征求了林业局和内政部的意见，他们的法律部门也提出了建议。[27] 双方都担心，矿王谷这样的案件会对政府机构的自由裁量权造成威胁。

内政部同意只就主体资格问题提起上诉，而不提及实体法律问题。它认为，任何审判都应该在对诉讼资格问题判决作出后进行。内政部认为地区法院的判决扩大了诉讼主体资格，"远远超出"了司法先例所确定的范围。它警告道，这种广泛的诉讼主体资格"可能使司法部门面临比目前多得多的诉讼，并可能推迟许多项目"。[28]

农业部法律顾问提交了一份 20 页的备忘录，认为斯威格特法官对禁令的裁决是错误的。备忘录的结论是，"无论有关矿王谷的行政决定是否合法或适当"，都应该就塞拉俱乐部是否具有诉讼主体资格的问题提出上诉。备忘录对潜在的灾难性行政后果提出了警告，"本案的先例影响……可能会严重破坏国家森林的有序管理……以及所有公共土地的管理"。[29]

1969 年 9 月 11 日，在该案中代表被告的司法部环境与自然资源局局长希罗·可士和（Shiro Kashiwa）向格里斯沃尔德发送了一份备忘录，其中附上了各部门讨论后的意见。可士和用清晰的语言描述了这个悬而未决的问题，他写道："是否允许塞拉俱乐部或类似的组织阻碍或拖延与联邦当局有关的公共项目……以及联邦活动是否应由法院进行详细的监督。"他指出，有 4 个类似的案件正在联邦上诉法院等待审理。最终，讨论意见建议对整个临时禁令裁决提起上诉，包括矿王谷的实体法问题。这份备忘录强调："时间非常重要。如果时间过长，迪士尼可能会放弃该项目。"[30]

向总检察长提交最终意见的工作落在了年轻律师彼得·施特劳斯（Peter Strauss）的肩上。施特劳斯提交的 5 页备忘录在语气上比内政部和农业部的建议更为中立。施特劳斯建议只就资格问题提起上诉，放弃塞拉俱乐部提出的其他实体法律问题。

他撰写的备忘录切中了塞拉俱乐部在诉讼资格方面存在的核心问题，即该俱乐部在质疑矿王谷项目时要求保护的利益，并不是"少数人或特定人的利益，而是关乎整个公众的利益"。问题是，塞拉俱乐部是否可以以此为由提起诉讼？施特劳斯得出的结论是，最高法院尚未确立如此宽泛的诉讼主体资格。[31]

出于一些考量，施特劳斯将上诉请求仅限于诉讼资格问题。值得注意的是，至少在批准穿越红杉国家公园的输电线路问题上，他认为"内政部确实是错了"。[32] 他还预计，如果政府能够展示过去使用双重许可证制度的记录，那么在实体法问题上胜诉的概率就会增加。

5 天后，即 9 月 24 日当天，欧文·格里斯沃尔德同意了施特劳斯的观点。他亲笔写道，上诉请求仅限于"诉讼资格"问题。[33]

华特·迪士尼制作公司强烈反对这一决定。该公司认为，只就诉讼资格问题提起上诉，而不涉及塞拉俱乐部提出的实体性问题，违背了迪士尼希望该案件尽快得到解决的目的。

迪士尼公司的现任总裁唐·塔图姆给农业部部长克利福德·哈丁写了一封信，表达了公司的愤怒。塔图姆在信中开门见山地写道：

"除非联邦政府各部门完全改变其目前的态度和行动，否则矿王谷项目将被无限期地拖延，甚至可能永久停滞。"[34] 塔图姆抱怨道，迪士尼之所以接受政府的投标邀约，是基于林业局明确表示它拥有批准该项目的合法权力。因此，当务之急是尽快解决所有的法律问题。如果无法解决，公司不会再为此花一分钱。

塔图姆随后抨击了政府部门提出的建议，即将上诉限制在主体资格问题上：

> 当我们得知司法部在农业部部长的同意下决定不尽快解决这些法律问题时，我们的惊愕和沮丧是无法用语言描述的。他们试图通过提起上诉来试探塞拉俱乐部拥有的权利（也就是它的诉讼资格），这样做将使这个项目完全停滞。[35]

塔图姆指出，司法局的建议很可能是出于更为隐秘的动机：

> 这显然与矿王谷项目的最佳利益相违背，以至于许多了解事实的人只能认为，林业局已经放弃开发矿王谷，诉讼只不过是为实现这一目标打幌子。[36]

塔图姆随后转向了一个奇怪的方向。他写道，塞拉俱乐部是一个有着悠久历史的杰出环保组织，政府没有理由不解决影响公共土地管理的严重问题。就矿王谷案而言，诉讼主体资格只是一个次要的、无关紧要的问题。如果政府认为必须提出这个问题，也应该和主要问题一起提起上诉，并集中精力解决尚未处理的关键问题。[37]

塔图姆以威胁的口吻结束了他的信。如果政府开发矿王谷的决策得到支持，迪士尼就为完成这个项目做准备。如果得不到支持，华特·迪士尼制作公司将要求政府赔偿其在履行招标公告和三年规划许可规定的义务时产生的所有损失。[38]

迪士尼明白为什么政府会提议将上诉限制在诉讼资格问题上。随着针对联邦机构决策的诉讼在全国兴起，原告的资格问题对政府来说变得至关重要。然而，仅就诉讼资格提起上诉似乎忽视了这一选择对迪士尼矿王谷项目的影响，迪士尼试图通过信件改变这一局面。塔图姆越过政府律师，要求农业部部长出面干预。

塔图姆认为，仅就诉讼资格问题提起上诉显然是错误的，这件事还有很大的商量余地。但政府这样选择也有充分的理由，如果政府仅就诉讼资格问题提起上诉，有利于简化上诉程序，让法院集中审理这一程序问题。如果胜诉，这个案子也就结束了。但是否上诉以及上诉什么问题并不像塔图姆所描述的这样容易。

塔图姆指出，在上诉时只提出诉讼资格问题，意味着政府将放弃开发矿王谷。这个想法是荒谬的，塔图姆当然知道林业局根本没有暗示过这样的意图，他提出这一毫无根据的指控显然是为了激怒林业局，从而传达迪士尼的强烈不满。

最后，这封信指出，塞拉俱乐部具有提起诉讼的主体资格。这一结论也可能只是迪士尼吸引林业局注意的策略的一部分。塔图姆随后赞扬了塞拉俱乐部，认为它是一个杰出的环境保护组织。信中的这一部分确实令人费解，因为不管塞拉俱乐部是不是杰出的环境保护组织，它都妨碍了迪士尼矿王谷开发项目的实施。

对塞拉俱乐部的赞扬反映了华特·迪士尼制作公司现在的尴尬处境。该公司致力于推动矿王谷项目，然而时代变了，环境保护运动正在席卷美国。这场运动的主题之一是对自然系统功能的深切关注，这与迪士尼的历史密切相关。

华特·迪士尼以自然为主题的影片——包括《海豹岛》(*Seal Island*)和《沙漠奇观》(*The Living Desert*)这样著名的电影——具有真正的开创性。有些人批评迪士尼总是将动物拟人化，[39]迪士尼并没有完全否认这一批评。[40] 然而，正是这些影片使得数百万人对野生动物有了基本的了解，远远超出了他们的认知范围。1955 年，塞拉俱乐部之所以会授予华特·迪士尼终身荣誉会员，很大程度上是因为这些电影。[41]

迪士尼理所应当为自己在野生动物电影方面取得的成就感到自豪。塔图姆在信中对塞拉俱乐部的赞扬可能有一部分源于这种感觉，即这两个组织在矿王谷纠纷中失去了共同的利益。也许这过分解读了塔图姆信中关于塞拉俱乐部的部分，但考虑到塞拉俱乐部提起的诉讼是在质疑迪士尼的重大项目，这一声明仍然是令人惊讶的。

唐·塔图姆的来信对林业局来说就像晴天霹雳。它最不希望看到的就是迪士尼放弃这个项目。林业局副局长格里利回复塔图姆说，他"确信，一旦克利夫局长有机会重新考虑信中提出的要点，他就会想与塔图姆谈谈"。[42] 林业局希望杜绝迪士尼的任何"叛变"。

迪士尼的来信也立即引起了司法部环境和自然资源局局长希罗·可士和的注意。他给欧文·格里斯沃尔德发了一份备忘录，反对只就诉讼资格问题提起上诉，并要求召开会议。可士和直言不讳，但似乎言过其实。他指出，仅凭诉讼资格问题很难取得案件的最终胜利，而且会影响他们在本案和其他未决案件中的立场，所以不提起上诉更好。[43] 虽然这一建议的逻辑值得怀疑，但格里斯沃尔德很快就屈服了，毫无疑问，他认为没有理由在这个问题上浪费自己的政治资本。9 月 30 日，他回复可士和说，没有必要召开会议，他已经授权就所有问题提出上诉。[44]

塔图姆的信带来了一些变化。虽然上诉将继续进行，但它将包括塞拉俱乐部提出的实质性法律问题，这些问题是斯威格特法官发出临时禁令的基础。塔图姆认为，快速审判是解决整个案件的最佳途径。如果政府在诉讼资格问题上败诉，上诉法院可能会以实质性法律问题为由撤销临时禁令，由此加快最终审判的速度，甚至可能以有利于迪士尼的结果结束此案。

11 月 13 日，哈丁部长向唐·塔图姆作出了正式回复。他告诉塔图姆："地区法院的裁决粉碎了我们的希望，也粉碎了你们的希望，但农业部开发矿王谷的决心很坚定。农业部希望，一旦临时禁令解除，就马上采取行动。"然而，哈丁也指出，这个案件提出了一些真正的问题，具体来说，就是诉讼主体资格的问题和双重许可证制度的合法性问题。"（这些问题）对矿王谷的重要性超越了当前的情况"，司法部律师总结道，"对禁令提起上诉是最有可能尽快解决本案的方式。"[45]

塔图姆别无选择，只能默许政府的决定。尽管如此，他给哈丁的回复清楚地表明，华特·迪士尼制作公司仍然对此感到不悦。他斥责道："如果接受斯威格特法官作出的裁定，那么此案现在有可能已经在审理中了。"此外，塔图姆还尖锐地指出，法院已于 8 月 4 日签发临时禁令，但政府至今仍未提交上诉的开庭辩论意见。[46]

实际上，政府在 1969 年 12 月 1 日才提交了上诉状。

临近 1969 年年底，全国对环境问题的关注度激增。迪士尼和塞拉俱乐部这两家备受尊敬的机构围绕矿王谷产生的争执具有极高的新闻价值，吸引了众多媒体关注此案。

报纸上关于这个话题的社论显示出对开发矿王谷的不同态度。加利福尼亚州的报纸坚定地支持这项开发，因为其读者最有可能在矿王谷滑雪并获得经济利益。[47]《洛杉矶时报》的出版人欧提斯·钱德勒（Otis Chandler）为该项目奔走，他的妻子玛丽莲·密西·钱德勒（Marilyn Missy Chandler）直接给农业部部长克利福德·哈丁写信，抱怨矿王谷项目建设进程缓慢。[48]

美国全国广播公司在洛杉矶制作的周末新闻中播出了一则对项

目进展明显有利的报道。"迪士尼这个名字家喻户晓",电视记者说,"因此塞拉俱乐部选择把迪士尼当作替罪羊,把米老鼠描绘成荒野的破坏者"。[49] 最后,圣华金河谷的报纸对这起诉讼予以谴责,谴责的理由之一是"塞拉俱乐部只是想把普通人拦在山谷之外"。[50]

在东部地区,《纽约时报》则大力反对这个项目。毫无疑问,它受到了编辑兼塞拉俱乐部活跃成员约翰·奥克斯(John Oakes)的影响。最新的社论标题《矿王谷丑闻》突出了其立场。它指责农业部部长和内政部部长为矿王谷制定了"糟糕的发展规划",并宣称尼克松政府的新部长"有机会纠正这一错误","他们仍然可以取消迪士尼的计划"。据《时代》杂志报道,塞拉俱乐部"正在为了公共利益抵抗这种威胁"。[51]

《基督教科学箴言报》(Christian Science Monitor)也加入了舆论。它担心"从拟建的可容纳 3000 辆车的地下车库涌出的人群,会给偏远而宁静的山谷带来灾难"。它用一句话表达了对迪士尼开发项目会损害矿王谷环境的担忧:"开发商已经到了,酒吧还会远吗?"[52] 圣路易斯(St. Louis)和堪萨斯城(Kansas City)等地的报纸也发表了反对该项目的社论。[53]

总的来说,大多数报纸支持这个项目。但反对意见也初具规模,主要集中在东部和中西部地区。

几篇篇幅较长的文章试图将这一争议置于更广泛的背景下。他们发现了利益相关方潜在价值观的冲突,以及这些价值观是如何影响他们对矿王谷未来发展的看法的。《纽约时报》的一篇长文最终站在了保护矿王谷这边,但它在分析的过程中发现,冲突的部分根源在于术语之争。文章称"双方都声称自己是自然资源保护主义者",因此这篇文章建议将这一冲突重新定义为"娱乐主义者与环境保护主义者之争"。[54]

文章中讨论的另一个关键问题是自然与技术发展之间的关系。文章称赞迪士尼团队是"聪明人"，他们"知道自己在做什么"，并称迪士尼的领导层对避免雪崩充满信心，"我们可以在我们需要的时候让（雪）移动，而不是任由雪崩发生"。[55] 同样，迪士尼曾提议在矿王谷中通过疏通君主溪（Monarch Creek）来避免洪水，林业局的斯利姆·戴维斯在批准这种"干预自然"的行为时"哈哈大笑"："我们能更快地完成大自然的工作。"迈克·麦克洛斯基尖锐回应："这是林业局的典型做法。他们认为大自然不知道自己在做什么，而人类更清楚。"[56]

上诉状的初步起草工作被委托给了司法部环境和自然资源局的一名律师，雅克·格林（Jacques Gelin）。他 35 岁，在司法部工作了 2 年，在此之前已经在纽约执业 10 年。格林在职业生涯中，处理了超过 250 起政府的上诉案件。[57] 他的上司是比林斯利·希尔（Billingsley Hill），50 多岁，一位经验丰富的上诉律师。他们两人都很能干。

政府机构于 1969 年 12 月 1 日提交了上诉状，采用了与在斯威格特法官面前大不相同的策略。[58] 政府对临时禁令的必要性提出了质疑，辩称在当时没有不可挽回的损害（这是此类救济的先决条件）。在上诉状中，政府攻击了塞拉俱乐部的核心问题——是否具有诉讼主体资格，以期对塞拉俱乐部造成致命打击。

案情摘要一开始就表明，这个案件"对司法部非常重要"。它明确提出了公共土地的管理权"是否应如国会所愿留在行政部门，还是应该由联邦法院判决？如果选择后者，那么对行政部门的决定感到不满的诉讼当事人，将执着于质疑公共土地管理机构的决定"。[59]

这份案情摘要贯穿着一个统一的主题，即法律赋予林业局和公园管理局等管理公共土地的政府部门巨大的自由裁量权，并且引用了大量的司法判例。在很大程度上，这些判例并不能解决矿王谷案提出的问题，但它们表明，多年来，法院一直尊重联邦土地管理机构的决定。上诉意见认为，有关公共土地管理的决定不同于联邦其他类型的决定，因为它们"得到了更大程度的尊重"。[60] 上诉意见试图反复向法院灌输，支持塞拉俱乐部的诉讼请求将偏离先例。

在这一大堆先例中，还包括林业局过去使用双重许可证制度颁发的许可证证明，这一做法涉及的价值超过 10 亿美元。农业部部长此前也曾向国会披露过双重许可证的做法。因此，上诉意见认为，国会已经知晓了这一做法，并通过不立法来表明自己的态度。上诉意见为双重许可证辩护，称其"非常明智"，并大胆地断言"禁止这种做法显然是荒谬的"。[61]

上诉状还抨击了塞拉俱乐部的诉讼资格问题。它援引了 1928 年最高法院的一项判决，即寻求司法审查的人"必须与该行政行为有直接的个人利益关联"。[62] 政府机构论证道，这种"直接的个人利益"不同于一般公众的利益，后者不能支持诉讼主体资格，而塞拉俱乐部完全属于后一种情况。地方法院的"极端立场"将废除"受法律保护的利益"的一贯原则，该上诉意见将其称为"一般利益理论"。[63]

简而言之，政府的上诉意见相当于全力为传统的诉讼资格限制辩护，并拒绝以排除环境妨害为由对现状作出任何调整。它将塞拉俱乐部定位成一个具有破坏性的原告，试图将公共土地管理的决定权交到法院手中。该上诉意见传达了一个信息：如果塞拉俱乐部的主张被采纳，将会涌现出大量案件，引发混乱。

这种策略淡化了塞拉俱乐部所依据的具体法律条款。例如，该俱乐部认为双重许可证制度是非法的，很大程度上依据直白的法律语言。塞拉俱乐部断言，在设定不同类型的许可证和将定期许可证限制在 80 英亩土地这两个问题上，国会已经作出了明确的法律规定。相比之下，政府的上诉意见认为这些差异是政府部门基本权力的"外围问题"和"附带特征"。[64]

政府还发出了彰显此案重要性的另一个信号：法院应该加快推进该案的口头辩论环节。上诉请求称，华特·迪士尼制作公司在该项目上花费了75万美元，推迟这一项目将给图莱里县造成相当大的经济损失。[65]

10天后，上诉法院批准了这一请求，并要求塞拉俱乐部在几周后提交答辩状，政府的简短答复应在2周后提交。这一要求让李·塞尔纳陷入了时间紧张的局面，因为法院已经允许两个滑雪团体和图莱里县提交"法庭之友"陈述书。[66]这是一种由利益相关人提交的意见，这些利益相关人不是案件的当事人，但他们有需要提请法院注意的观点。"法庭之友"不能提出新的问题，但可以通过分析案件判决的影响，或通过提供法律、政治或社会信息，使法院对案件有更深刻的理解。

塞拉俱乐部反对利益相关人提交意见，但没有成功，因此俱乐部必须对他们和政府的上诉意见作出答复。最后，法院决定在2月9日进行口头辩论。

塞拉俱乐部的未来似乎一片黯淡。

1970年1月19日，塞拉俱乐部提交了答辩状。政府在上诉意见中，通过强调其拥有广泛的自由裁量权来淡化对其违反法律的指控。与此同时，塞拉俱乐部采取了相反的策略。它密切关注着具体的问题——例如，政府为矿王谷项目发放许可证的行为是非法的，法律条文明确禁止输电线路经过红杉国家公园，公园管理局无权批准建设一条服务于非公园土地的道路。

该俱乐部认为，政府的自由裁量权不能扩张到违反联邦法律的程度，特定的法律条款必须得到遵守。例如，有关输电线路的法规规定，如果"没有国会的具体授权"，那些"没有许可证、执照或租赁证明的……输电线路……以及用于电力开发、传输和使用的设施"不能在红杉国家公园内建造。该俱乐部宣称，这种明确的法律条文并不能为林业局行使自由裁量权提供法律支持。[67]

在提起诉讼的资格问题上，塞拉俱乐部试图利用最近的案件。这些案件承认了更广泛的环境诉讼主体资格，被标记为这一法律领域的"重大改变"。俱乐部认为，传统的诉讼标准可能使俱乐部失去诉讼资格，但该标准已经过时。正如案情摘要所言，被告"引用了许多关于法律资格问题的判例，但未能根据法律最近的发展和影响判决的政策考量来分析这些判例"。政府违反了法律，却试图否认反对者的资格，将自己排除在"司法管辖之外"。[68]

政府和滑雪协会还担忧，如果塞拉俱乐部成功地让矿王谷的双重许可证失效，那么这一判决将危及全国各地无数滑雪场的合法性。滑雪群体在陈述书中控诉，法院对林业局许可证授权的判决将"威胁到全美 84 个已建立的滑雪场，这些滑雪场目前正在双重许可证下运营"。[69]之后还有一份附录，列出了这 84 家滑雪场及其许可面积。[70]政府及其"盟友"向法院传达了这样一种观点，即废除双重许可证制度可能会产生严重后果。

俱乐部意识到政府的这一主张可能使法官感到为难，于是它尽最大的努力将滑雪场许可证问题的相关历史转化为对自己有利的条件。该俱乐部表示，其他滑雪场所造成的损害早已成为过去，"现在质疑它们的合法性没有任何意义"。实际上，这些过去的情况恰恰可以解释，为什么"在破坏可能发生之前……有必要通过禁令予以避免"。[71]

政府在口头辩论开始前 3 天提交了答辩状，重申了上诉意见中的要点。它是这样开头的："剥去指控官僚暴政的伪装，塞拉俱乐部实际上企图通过诉讼争取联邦法院的支持，推翻有关联邦土地管理的政策决定。"政府机构指出，这样的质疑不在司法管辖范围之内。[72]

简而言之，双方的辩论意见将这起案件描述为，传统的机构自由裁量权与人们日益增长的对环境问题的担忧之间的冲突。

随着口头辩论日期的临近，政府在最后一刻才决定这一案件的辩护人。虽然答辩意见主要由雅克·格林撰写，但司法部和它的委托人林业局对法庭关于其上诉状的批评都很敏感。在口头辩论的前几天，环境和自然资源局负责人决定由该部门的二把手华特·基切尔（Walter Kiechel）为此案辩护。

该上诉案件将由 3 名法官审理。巡回法院法官弗雷德里克·哈姆利（Frederick Hamley）在 1956 年被艾森豪威尔总统任命后，在上诉法院任职了 14 年。哈姆利来自西雅图，有华盛顿州政界的背景。[73] 另外两名法官是在 1969 年由新当选的尼克松总统任命的，因此担任上诉法院法官的时间还不到 1 年。约翰·基尔肯尼（John Kilkenny）法官现年 69 岁，曾是俄勒冈州律师协会的前任主席，也是一名业余历史学家，写过一本关于爱尔兰人在俄勒冈州东部定居的书。[74] 第三位法官厄泽尔·特拉斯克（Ozell Trask）现年 61 岁，曾在亚利桑那州凤凰城执业，执业期间处理过与水资源相关的重大法律问题。[75]

口头辩论很激烈。法官提问，如果塞拉俱乐部缺乏起诉资格，其他个人或团体是否能够挑战联邦机构的此类行为。然而，在辩论结束时，法官似乎对塞拉俱乐部的立场持怀疑态度。[76] 塞尔纳从这场辩论得出的结论是，他可能要输了。[77]

虽然口头辩论环节似乎有助于法官迅速作出判决，但 6 个月过去了，该案没有任何进展。与此同时，塞拉俱乐部需要再次考虑律师费的问题。截至 1970 年 3 月 17 日，塞拉俱乐部的欠款已近 2.3 万美元。[78] 迪士尼继续在矿王谷项目上苦苦挣扎。它不得不忍受年度股东大会上少数人的抗议，其中一些人举着标语，将著名的反战口号"要爱，不要战争"改为"要爱，不要度假村"。当然，大部分股东仍然坚定地支持开发矿王谷。[79]

　　1970 年 9 月 16 日，上诉法院终于发布了判决意见。政府部门大获全胜。法院否认了塞拉俱乐部的诉讼资格，并断然驳回其所有实质性的法律主张。

第九章　诉讼资格问题

上诉法院的判决是由一位名为特拉斯克的法官撰写的，他是尼克松任命的新法官。[1]判决书首先概述了争议的背景，引用了林业局批准迪士尼规划公告中的一大段话，强调了其双重目标，即提供必要的公共服务，并确保开发"不会对生态造成实质性的损害或永久性的不良影响"。随后，判决书的重点转向了塞拉俱乐部的诉讼资格问题。

在援引了原告必须证明政府行为侵犯了或即将侵犯受法律保护的利益这一传统要求后，法院指出，最近"大量的案件……已经形成关于诉讼资格的新先例"。塞拉俱乐部声称他们"与国家公园和森林，特别是内华达山脉的保护和维护有利益关系"。但是，法院指出，被告对此也同样拥有特殊利益。此外，滑雪协会有许多成员支持政府部门。法院的结论是，由于塞拉俱乐部"没有证明其存在更直接的利益"，因此该俱乐部的担忧不足以支持其提起质疑政府行为的起诉。[2]

法院认为，塞拉俱乐部提供的近期判例缺乏说服力。判决书解释道，在那些判例中，特定的因素为原告提供了必要的诉讼资格依据。例如，在风暴之王案中，原告具有诉讼资格的依据是《联邦电力法》；在涉及电视台执照续期的案例中，一项有关收听者权益保护的法规规定，案例中的情况不属于公共利益；在第三个案例中，拟建公路对原告存在直接影响，因此造成的损害足够原告提起诉讼。[3]但本案中不存在这样的因素。

法院认为，关键在于原告声称自己受到了政府行为的"侵害"或"不利影响"。[4]1970年早些时候，最高法院的一个判决认为，这种损害或影响不一定是经济上的，它也可以是美学的、保护性的或娱乐性的。[5]上诉法院也承认了这一点。但塞拉俱乐部并没有证明自己在这些方面受到了损害或不利影响，只是说"这些行为对他们个人来说是不愉快的或令人反感的"。[6]

关于诉讼主体资格的判决结论证明，政府机构在上诉中强调这一问题的策略是行之有效的。塞拉俱乐部不具备诉讼主体资格，这个案子也就到此结束。

接下来，塞拉俱乐部的处境变得更加糟糕。法院开始考虑构成斯威格特法官发布临时禁令基础的实质性诉讼请求。法院采取这一不必要的步骤的理由尚不清楚。无论如何，政府的胜诉将变成一场令人惊叹的胜利。法院认为，塞拉俱乐部所有的实质性诉讼请求没有丝毫价值。

法院认为双重许可证并不重要。地区法院着重讨论了定期许可证和年度许可证结合发放的问题，但这对上诉法院来说并非重点。法院指出，林业局在国家森林土地上已经使用双重许可证授权了84个娱乐开发项目，这一庞大的数目是"其合法性的有力证明"，使用双重许可证是合理的。法院还指出，林业局的规划报告是该部门"高度关注这一地区的生态、自然美景和环境特征的保存和保护的证据"。[7]

接下来是道路问题。法院将矛头对准了塞拉俱乐部在这个问题上的弱点，即没有任何法规直接限制公园管理局批准修建这样一条道路。内政部部长"在国家公园建设和改善公共道路方面……拥有广泛的自由裁量权"。法院再一次强调，规划报告表明"其极为关注保护矿王谷的美学和生态价值"。此外，法院认为，将一条穿过公园的"蜿蜒的、低标准的道路"认定为合法，而将一条通往同一地点的"经过改良的全天候双车道高速公路"认定为非法，这种区分是不合逻辑的。[8]

　　塞拉俱乐部提出的其他主张也没有得到法院的支持。虽然法律规定似乎明确禁止在红杉国家公园内建设输电线路，但法院接受了政府机构的观点，即该法规只适用于水力发电厂的输电线路。至于没有举行公开听证会，法院指出，1953 年曾经举行过一次听证会，那次听证会是由商会组织和推动的。另外，1967 年，加利福尼亚州公路局就这条公路举行了听证会。因此，公开听证会的问题"不能被认为是一个重大的程序瑕疵"。[9] 关于禁猎区，法院依据建立禁猎区的法律规定，认为塞拉俱乐部指出的该项目会干扰禁猎区的论点"缺乏实质内容"。

　　总的来说，法院判决接受了政府在辩护意见中强调的，联邦土地管理机构拥有广泛的自由裁量权。法院并没有将这些法规解读为对该自由裁量权的具体限制，而是为这些机构的行动建立了框架。从这个角度来看，塞拉俱乐部的观点没有得到任何支持。

　　判决中只有一部分可能支持该俱乐部采取进一步行动，即说服美国最高法院审理此案。哈姆利法官在诉讼资格问题上与其他法官存在分歧。在一条法官意见中——不是反对意见，因为哈姆利法官同意其他两位法官的观点，即塞拉俱乐部在实体法问题上败诉了，但他并不认为塞拉俱乐部没有诉讼资格——哈姆利法官指出，最高法院目前偏向于认为，侵权行为损害的利益可能是美学的、保护性的或娱乐性的。他认为塞拉俱乐部有资格质疑这类侵权行为。[10]

　　他解释道，这个俱乐部代表着数千名成员，"在矿王谷的美学价值、保护性价值和娱乐价值方面，他们与之有着密切联系，这些价值应该受到法律的保护"。如果政府部门无视这些利益，"结果就是所描述的价值将被破坏或忽视"，那么政府行为对塞拉俱乐部的成员来说就构成了侵权。由这些成员构成的组织——塞拉俱乐部有资格质疑这一侵权行为。[11]

哈姆利法官对诉讼资格的看法并不影响案件的判决结果。总的来说，该判决对于塞拉俱乐部日益增加的法律支出来说是一场灾难，尤其是对矿王谷开发项目的质疑而言。

迈克·麦克洛斯基意识到，围绕矿王谷的诉讼是一场更大的政治斗争的一部分。在这场政治斗争中，公众的看法至关重要，因此他试图通过媒体淡化这一判决结果。事后，他将其描述为"暂时的挫折"，仅此而已。他们认为，最高法院将会扭转这一局面。[12] 塞拉俱乐部其他成员发表的公开评价则更为坦率。1969 年至 1971 年担任塞拉俱乐部主席的菲尔·贝里对这一判决结果感到"相当震惊"。[13] 他称这是"极其不幸的"，并抱怨说"我们认为法官大错特错"，并承诺要继续进行上诉。[14] 其他环保人士也同样感到沮丧。[15]

上诉判决作出后，滑雪协会欣喜若狂。他们最关心的是林业局授予双重许可证是否合法。第九巡回法院认可了这一做法。1970 年 12 月，一份滑雪杂志宣称，自好莱坞电影诞生以来，本次判决"一定是南加州环保主义者遭受的最大失败"。[16]

对迪士尼来说，这一判决为它不顾负面影响、坚持矿王谷项目提供了机会。该公司可以利用这个判决结果来回应针对它的攻击。公司总裁唐·塔图姆发表了一份声明，承诺"只要获得必要的许可证，迪士尼随时准备继续推进矿王谷项目"。迪士尼一如既往地强调，他们不是诉讼的某一方，并呼吁塞拉俱乐部"诚心接受法院的意见"，在矿王谷项目上"与迪士尼和各级政府部门的代表进行有建设性的合作"。[17]

但迪士尼公司的呼吁是徒劳的。此时，塞拉俱乐部没有心情认输，他们还远未实现将矿王谷纳入红杉国家公园的目标。事实上，此时支持这一开发项目的政治力量似乎比以往任何时候都更加坚定。参议员乔治·墨菲说道，早些时候他曾与尼克松总统会面，总统对矿王谷项目给予了"全面支持"。[18] 在那个动荡的时代，抗议越南战争的活动中时不时会出现暴力行为，在此背景下，墨菲赞扬了滑雪爱好者，因为"他知道从事滑雪运动的人不会投掷炸弹"。[19]

虽然塞拉俱乐部的立场是保护矿王谷，但这场诉讼关涉一个更广泛的法律问题——诉讼资格。在俱乐部看来，一个令人特别不安的情况是，关于诉讼资格问题的判决虽然不会在全国造成影响，但它将约束美国西部的所有法院，包括阿拉斯加州——该俱乐部最关心的地区。[20]

此外，该判决结果与联邦法院的新变化背道而驰，因为正是新的发展趋势为塞拉俱乐部等团体提起诉讼提供了支持。1969 年 7 月，塞拉俱乐部法律委员会（与全国 40 名律师都有合作）的报告曾提道："基于实际情况，我们认为塞拉俱乐部已经获得了在联邦法院提起诉讼的资格，任何受侵害的一方都可以对政府行为提出异议。"[21]1970年 10 月，《纽约时报》的一篇文章曾报道，"最近联邦法院的审判趋势是，对抗议联邦政府批准的发展项目（如高速公路和发电厂）的公民团体进行全面听证"。[22] 由于矿王谷案的判决"令人震惊和困惑"，法院对环境诉讼的开放程度似乎令人怀疑。[23] 此外，在这个时候，塞拉俱乐部已经展开多起诉讼，质疑政府发放的其他许可证。[24] 诉讼资格的问题必须解决，否则这些类似的诉讼最终都可能败诉。

考虑到这些后果，塞拉俱乐部很快决定向美国最高法院提起上诉。

第九巡回法院作出判决后，斯威格特法官下达的禁止开发矿王谷和批准公路的临时禁令也宣告失效。对李·塞尔纳来说，一个迫在眉睫的问题是，这个项目可能很快就会开工。因此，塞拉俱乐部请求第九巡回法院暂缓解除斯威格特法官的临时禁令，直到最高法院作出判决。尽管第九巡回法院的判决果断驳回了塞拉俱乐部的所有请求，但它很快批准了暂缓令。这一变化令林业局的律师们大吃一惊，他们开始考虑是反对这一诉求，还是请求法院向塞拉俱乐部收缴保证金。[25]

不过，塞拉俱乐部可能并不需要暂缓令。国家公园管理局意识到，这场漫长的法律战可能会在各种"起起伏伏"中展开，因此需要谨慎行事。加利福尼亚州国家公园管理局局长总结道，该机构"不打算采取任何行动……以避免使形势恶化"，因此他暂时不会签署这条道路的许可证。[26]这场诉讼仍未终结。

塞拉俱乐部转而请求最高法院审理此案。然而，这一策略的成功率非常低。1971年，在向最高法院申请审理的所有案件中，最高法院只同意受理其中的5.8%，这些请求的正式名称是"调卷申请书"（petition for a writ of certiorari）。[27]最有可能的情况是，法院会作出一项简单的决议，驳回塞拉俱乐部的申请，这样就能结束这个案件。

然而，李·塞尔纳确实掌握了一些有用的筹码。首先，蓬勃发展的环境诉讼引起了全国的关注，法院可能被这个新领域中的一个重要案件吸引。[28]更重要的是，塞拉俱乐部可以利用下级法院之间的"冲突"。这种情况下，不同地域的联邦上诉法院分支机构或巡回法院在处理同一法律问题时得出了相反的结论。

关于诉讼资格问题，第九巡回法院驳回了塞拉俱乐部提起的矿王谷案。但在同一年早些时候，第二巡回法院关于哈德逊河高速公路的判决却得出了相反的结论。[29]在处理矿王谷案时，法院也清楚哈德逊河案的判决结果，但表示"他们不认同其观点"。[30]

塞拉俱乐部向最高法院提交的诉状着重论述了两项判决之间的分歧：

> 这两起案件没有区别。塞拉俱乐部是这两起案件的原告，
> 两起案件都指控某个政府部门（无疑在许多领域被赋予了广泛

的权力和自由裁量权）在某一特定领域行使的权力超越了其授权范围……两起案件的诉讼目的都是防止未经授权的许可非法破坏重要的环境和娱乐资源。在这两起案件中，塞拉俱乐部都有一些成员受到拟建设项目的影响……[31]

塞拉俱乐部还认为，矿王谷案的判决与其他上诉法院的判决存在冲突，只不过这些冲突没有那么明显。

此外，该俱乐部还试图让最高法院对这个案件产生兴趣，以此让矿王谷案成为全国性的环境焦点问题。塞拉俱乐部略微夸大地强调："除非采取积极措施保护矿王谷，否则美丽的美国将成为丑陋的美国。"[32]

然而，第九巡回法院否认了塞拉俱乐部的诉讼主体资格，案件的实质性法律部分也作出了对该俱乐部不利的判决。除了推翻上诉判决中的诉讼资格部分，为了拯救矿王谷，俱乐部还需要最高法院重新审理上诉法院驳回的 5 个实体法问题，比如双重许可证问题。提出这些问题会使案件显得过于复杂，最高法院可能会倾向于受理一个更简单的案件。塞尔纳知晓这种可能，但他别无选择，[33] 所以他在诉状中仍然陈述了这些问题。[34]

诉状提交后，塞拉俱乐部能做的只有等待。这一案件现在正式被称为"塞拉俱乐部诉莫顿案"（Sierra Club v. Morton）。内政部部长沃尔特·希克尔因为写了一封信被尼克松总统罢免了，这封信很快被公开，它批评尼克松"奉行一种似乎对广大美国人——尤其是我们的年轻人——缺乏关心的哲学"。[35]尼克松让马里兰州的罗杰斯·莫顿（Rogers C. B. Morton）取代了他。1971 年 2 月 22 日，最高法院同意审理此案，反对开发矿王谷的法律意见或许会被重新考量。

这个案子现在变得重要起来。正如一份报纸所承认的，"诉讼资格问题已经超越了矿王谷开发项目，它威胁到了环保主义者的主要武器之一——诉讼"。[36] 面对又一次的推迟，迪士尼管理层很失望，但他们一如既往地提醒道，"华特·迪士尼制作公司不是这起诉讼的任何一方"，并希望该案能够尽快结束。与此同时，它表示公司将把精力集中在其他地方。[37]

此时，另一条重要的新信息出现了。1971 年 2 月的一篇新闻报道了加利福尼亚州交通部门官员的声明，称由于通货膨胀，矿王谷公路的造价在短短 3 年内就从 2500 万美元上升到了 3800 万美元。此外，据官方预测，工程开始时，建造成本可能会上升到 4200 万美元。[38] 该地区的州高速公路工程师称，修建这条公路时会考虑特殊的环境因素，这是成本增加的原因之一。[39] 一位对修建这条道路持批评态度的人给出了另一种解释，他认为这条路的最初估价低得不切实际。[40] 无论出于什么原因，在一条私人开发的道路上花这么多钱是否合适？增加的巨额成本肯定会引发更多争议。

与此同时，塞拉俱乐部和它的环保组织盟友之间爆发了一场关于如何向最高法院提出资格问题的争论。

缺乏起诉资格将产生重大影响，这意味着实体法问题将不会在此案中审理，甚至可能永远得不到审理。但在 1972 年，谁能够提起诉讼是由一系列高度不明确的法律原则规定的。

诉讼资格原则的核心是确保法院只会裁决那些在争议中有足够利害关系的个人提起的诉讼。被广泛认为与诉讼资格有关的宪法条款是美国宪法第三条，联邦法院只能裁决"案件"（cases）和"争议"（controversies）。[41] 然而，这一条款与诉讼资格的关系并不明确，"案件"的具体含义强调的是，原告所遭受的损害的性质。

传统上，能够支持原告提起诉讼的损害类型是经济损害。然而，在 20 世纪 60 年代，诉讼当事人试图将新型案件诉至法院，如涉嫌违反"一人一票"原则。这类案件的原告并没有遭受经济损害，也不是试图补救私人遭受的经济损害，而是强调公共利益。对抗林业局这样的公共管理机构的环境公益诉讼是这类案件的典型。[42] 当时一篇重要的法律论文指出，法院承认的诉讼资格范围将决定法院是否会以这些案件所期待的方式"对公职人员进行司法审查"。[43]

当塞拉俱乐部的案件送达最高法院时，政府机构主张原告缺乏提起此类法律诉讼的资格。它争辩道，规制林业局的法律会使公众受益。因此，声称林业局违反这些法律的原告并没有受到不同于其他公众的损害。政府由此认为，原告不符合起诉所需的具体损害条件。

在 1970 年的数据处理服务团体联合会诉坎普案（Association of Data Processing Service Organizations, Inc. v. Camp）中，威廉·道格拉斯法官的一项判决似乎承认了扩大的诉讼资格。该案涉及一桩旨在推翻银行监管的诉讼。法院通过声明这一点开始对起诉资格进行讨论，"第一个问题是，原告是否实际上遭受了经济或其他方面的损害"。

法院表示，在本案中，原告之所以能够提起诉讼，是因为原告声称的损害是未来的利润损失。但法院随后解释道，如果原告遭受了非经济利益的损害，也可以提起诉讼，这种利益"可能反映出'美学、保护、娱乐'以及经济价值"。法院的结论是，"提到这些非经济价值是为了强调，诉讼主体资格可能源于请愿者所遭受的经济损害，也可能源于其他价值"。[44]

因此，法院似乎认识到非经济损害——如环境损害——也可以支持起诉资格。尚未确定的是，证明环境损害所需的条件，比如像塞拉俱乐部这样的团体是否可以成为或代表遭受损害的一方。

1970 年，即判决作出前一年，李·塞尔纳起草了塞拉俱乐部的申诉意见，质疑了联邦机构允许开发矿王谷的决定。塞尔纳在申诉意见中指出了一个重要的事实，即塞拉俱乐部独特的历史。它不仅是美国最著名的环保组织，而且在过去的 100 年里，它保护的主要对象正是内华达山脉，而矿王谷和红杉国家公园都是内华达山脉的一部分，因此该俱乐部与这两个地方的联系非常紧密。[45] 塞尔纳总结道，塞拉俱乐部与矿王谷之间的这段渊源能够证明塞拉俱乐部具有起诉资格，联邦机构批准矿王谷开发项目将损害塞拉俱乐部在该地区的长期利益。

有资格提起诉讼的原告往往需要证明被告的行为损害了个人利益，而不是组织的利益。塞尔纳知道，塞拉俱乐部的一些成员每年都会前往矿王谷旅行，迪士尼的开发项目会影响他们对该地区的使用。然而，考虑到塞拉俱乐部与矿王谷的渊源如此深厚，让这些俱乐部成员作为个人原告有点"愚蠢"。

塞拉俱乐部在地区法院的诉讼理由集中在俱乐部的"特殊利益"，以及政府对矿王谷开发项目的决定将如何影响这些利益。这与塞尔纳的解决方案一致：

> 多年来，塞拉俱乐部旨在保护并提升国家公园、禁猎区和森林的环境，作为有类似意愿的公众的代表，通过行动践行这一承诺。塞拉俱乐部的主要目的之一是保护和保存内华达山脉的国家资源。然而，其利益将受到被告行为的严重影响，并可能受到损害。[46]

当塞尔纳仔细考虑他在最高法院的陈述时，他了解到，法院最近在数据处理服务团体案中提出，环境利益受损可以作为提起诉讼的理由。但塞尔纳必须指出可能受到损害的利益是什么。塞拉俱乐部的申诉意见称，该俱乐部是"美国历史最悠久、规模最大、最受尊敬的保护组织"之一，在矿王谷地区有特殊利益，迪士尼的开发项目将会损害这种利益，因此塞拉俱乐部符合"事实上受到损害"这一起诉资格要件。申诉意见在一开始就宣布：

> 塞拉俱乐部在矿王谷和红杉公园的保护、娱乐和审美价值方面具有特殊利益，农业部和内政部批准的建设规划将会损害这些利益。[47]

因此，申诉意见集中在塞拉俱乐部可能受到损害的组织利益上。它并没有说塞拉俱乐部成员会在矿王谷徒步旅行或进行其他娱乐活动，也没有说迪士尼庞大的开发项目会对其成员造成影响。

事实证明，选择这种损害类型是有争议的。

自 1969 年这个案件立案以来，环保运动愈演愈烈。和塞拉俱乐部一样，新的环保组织也开始提起诉讼，矿王谷案的资格问题对他们来说至关重要。[48]

詹姆斯·摩尔曼（James Moorman）是当时为数不多的自称有经验的"环境法律师"之一，他很清楚诉讼资格的重要性。摩尔曼曾在司法部的一个部门工作了 3 年，这个部门后来也介入到矿王谷一案中。他在新兴的全国环境法律师群体中非常活跃。

1969 年，摩尔曼加入了华盛顿特区新成立的法律与社会政策中心（Center for Law and Social Policy）。该中心是第一批专门从事消费者权益保护、卫生法和环境法等新兴领域诉讼的律师事务所之一。在该中心，摩尔曼作为受到广泛关注的跨阿拉斯加石油管道案的代理律师提起了诉讼。在那里，他与全国知名的律师布鲁斯·特里斯（Bruce Terris）一起工作。特里斯之前在副检察长办公室工作了 5 年，这个办公室正在最高法院为政府代理矿王谷案。特里斯曾在最高法院为 16 起案件辩护。[49]

应环保组织的要求，法律与社会政策中心同意就矿王谷案向最高法院提交一份"法庭之友"意见。它将代表荒野协会、伊扎克·沃尔顿联盟以及"地球之友"——大卫·布劳尔离开塞拉俱乐部后成立的环境保护组织——提出观点。特里斯牵头撰写了这份"法庭之友"意见。

特里斯和摩尔曼把焦点放在了诉讼资格问题上，他们得出了一个重要结论：最高法院很可能会驳回塞拉俱乐部的请求，即对俱乐部利益的损害不足以支持其提起诉讼。他们认为，塞拉俱乐部不能只声称在这一领域具有"智识方面的利益"（intellectual interest）。[50]在他们看来，塞拉俱乐部的申诉意见忽略了两个更有说服力的论点，这两个论点都以矿王谷的实际使用为中心。

首先，塞拉俱乐部由众多的地方分会组成，有些分会曾造访矿王谷，并在矿王谷组织活动。其次，塞拉俱乐部的个别成员每年都会前往矿王谷，他们在矿王谷徒步旅行，在那里露营。迪士尼的开发项目显然会对这些活动造成影响，也就是对塞拉俱乐部的个体成员产生影响。

环保组织的"法院之友"意见认为，这种影响是塞拉俱乐部有资格提起诉讼的充分理由。然而，这一论点存在的问题是，在斯威格特法官审理该案的法庭记录中，没有任何证据表明塞拉俱乐部的地方分会或其成员实际使用了该地区。根据塞拉俱乐部的"组织利益理论"，这些证据是不必要的。"法院之友"意见承认，塞拉俱乐部提供的证据不足，即关于塞拉俱乐部成员使用矿王谷的事实性论点在该案中"没有证据支持"。因此它表示，法院应将该案发回初审法庭，以便塞拉俱乐部就这一论点提交证据。[51]

特里斯和摩尔曼都确信，塞拉俱乐部的"组织利益理论"不会占上风。以特里斯在最高法院的丰富经验，自己的意见不可能被轻易驳回。摩尔曼的想法也相当坚定，他将这些考虑直接向塞拉俱乐部法律委员会报告。他建议，考虑到案件的重要性，他们可以接管该案在最高法院的代理权，从而让有经验的特里斯进行口头辩论。

李·塞尔纳强烈反对这种做法。[52] 他坚信自己的"组织利益理论"能够说服法官采纳更广泛的诉讼资格规则，从个人对矿王谷的使用切入是愚蠢的。他认为，像塞拉俱乐部这样与矿王谷有着长期紧密关系的组织，有充分的理由来提起诉讼，这是不言自明的。他还担心，很难找到证明个人使用矿王谷的证据。[53]

一场关于案件控制权的辩论就此展开。塞拉俱乐部法律委员会的联合主席唐·哈里斯咨询了他的律师合伙人之一加里·托雷（Gary Torre），托雷曾是道格拉斯大法官的法官助理。哈里斯对摩尔曼说，根据托雷在最高法院的经验，他"有强烈的预感，法院更可能听取提出控诉的原告的观点，而不是华盛顿最高法院工作人员的观点"。哈里斯的结论是，"我们对李·塞尔纳有信心，由于各种原因……我们都不希望在这个时间点更换代理人或辩护方式"。[54]

因此，塞尔纳关于诉讼资格的申诉思路得到了支持，他将继续作为该案的代理人，在最高法院为这个案件辩护。

起草政府答辩意见的任务落在了总检察长助理特里·布雷（Terry Bray）身上，雅克·格林为其提供协助，格林是撰写上诉答辩意见的主要律师。[55] 现在，林业局面临着越来越多质疑其自由裁量权的诉讼，因此林业局希望通过本次诉讼，使法院形成一项新的诉讼资格规定，以驳回这些起诉。

然而，随着环保运动在全国的发展，政界对这类问题的总体态度慢慢发生了变化。国会以两党合作的方式作出了回应，通过了重要的空气污染立法和《国家环境政策法案》（*National Environmental Policy Act*）。《国家环境政策法案》要求行政机构在批准开发项目时准备一份新的文件，即"环境影响声明"。相当多的环境立法提案在国会悬而未决。尼克松总统在 1910 年 12 月通过行政命令成立了环境保护局（Environmental Protection Agency），除此之外，国会还成立了环境质量委员会（Council on Environmental Quality），以协调行政部门内部的环境保护工作。[56] 尼克松任命了有水资源政策制定和野生动物保护经验的拉塞尔·特雷恩（Russell Train）作为该委员会的第一任负责人。特雷恩后来成了环境保护局的局长。

作为一名训练有素的律师，特莱恩清楚诉讼资格问题对最高法院的重要意义。他还与环保运动的领导人有过接触，他们鼓励政府大胆地改变过去在诉讼资格问题上的立场，认为政府应该"承认错误"，第九巡回上诉法院关于诉讼资格的判决是不正确的。

让政府机构"承认错误"非常困难，但特雷恩坚信自己可以做到。1971 年 5 月 25 日，他给副检察长欧文·格里斯沃尔德写信，建议政府承认塞拉俱乐部诉莫顿案中的错误。格里斯沃尔德回复特雷恩说，他会向相关部门了解情况，然后作出答复。[57]

作为回应，司法部民事司上诉科的负责人对这个案件表达了一个有趣的观点。该部门曾为针对美国政府的一系列诉讼进行辩护。他认为最高法院"似乎不太可能"认定塞拉俱乐部缺乏诉讼资格。但他反对"承认错误"，因为政府只有在"没有依据"的情况下作出决定才属于存在错误，而本案不属于这一类。此外，他认为竭尽全力否认塞拉俱乐部的诉讼资格"才符合政府的利益"，因为如果塞拉俱乐部关于诉讼资格的意见被采纳，就会"导致各种各样声称在争议事件中拥有某种'利益'的团体提起诉讼，而其中有许多诉讼是无理的"。[58]

不出所料，代表林业局和国家公园管理局的环境和自然资源局拒绝承认错误。该部门的负责人称这样的回应"无法想象"。他认为，该案"涉及与司法权行使的边界有关的实体法问题"。[59]

这足以说服格里斯沃尔德。他给特雷恩回信，重述了司法部各部门的主要观点，并得出结论，认为法律规定不够明确。因此，最高法院对于这个问题的判决符合该案各方的利益。随后，他承诺会谨慎地向最高法院陈述政府的观点："毫无疑问，我们将以全面、公平的方式提出有关诉讼资格的问题"。[60]

事实证明，政府的答辩意见没有就资格问题采取"强硬路线"。林业局无疑更希望这样，[61] 它的立场更为微妙。

政府的答辩意见一开始就攻击了塞拉俱乐部诉讼资格理论的核心，即其长期的"利益"足以支持俱乐部其提起诉讼。政府对此不以为然。在将案件中存在争议的法规描述为保护"广大公众的利益"后，它概述了反对塞拉俱乐部诉讼资格主张的核心理由：

> 申诉人提出诉求的基础是，公职人员应当履行职责。但这并不能支持某个公众人物或像申诉人这样的组织，请求法官审查行政官员履行公共职责的行为。[62]

塞拉俱乐部"并没有主张自己遭受了有别于一般公众的独特损害"，[63] 政府表示，偏离这一损害要求将完全破坏"事实损害"（injury in fact）原则。

然而，令人惊讶的是，政府的答辩意见在其他部分提出了塞拉俱乐部可以确立诉讼资格的方式。塞拉俱乐部"本可以寻求一个更传统的诉讼资格基础"，但它没有这样做，而是选择了"一种无差别的'公共利益'，以确保公园和森林管理者遵守法规"。几页之后的一个注释解释了这一"更传统的依据"。政府引用了詹姆斯·摩尔曼和布鲁斯·特里斯提出的部分"法庭之友"意见：①塞拉俱乐部是一个对保护红杉国家野生动物保护区、森林和公园感兴趣的地方组织；②塞拉俱乐部是一个使用该地区并代表使用这些地区的成员的组织。[64]同时政府承认，如果一个公民可以通过这一原则确立自己的诉讼资格，"我们没有理由认为像塞拉俱乐部这样的组织不能获得诉讼资格"。[65]

政府答辩意见的另一部分强调了塞拉俱乐部没有提出的论点。政府说，从"法庭之友"的意见中能够很明显地看到，"塞拉俱乐部及其成员与本案涉及的某一块联邦土地之间可能存在相当多的具体联系，这些联系可以构成损害的前提"。但俱乐部"选择……只依据保护和维护公共保护区的国家利益，以及内华达山脉的公共利益"。政府得出结论，该俱乐部"似乎在要求法院对一个相当广泛和普遍的问题作出裁决，事实上，一个更小范围的问题可能足以解决这方面的争议"。[66]但塞拉俱乐部没有选择常见的诉讼策略，而是寻求形成更广泛的诉讼资格规则。

最后，政府尝试将矿王谷案与风暴之王案等案件区分开来。[67]政府表示，风暴之王案等案件涉及国会在《联邦电力法》等法案中将当事人定义为"遭受损害"（aggrieved），从而赋予他们诉讼资格。但矿王谷案涉及的联邦土地法规没有包含类似的授权。

总之，政府在诉讼资格问题上采取了一种温和的立场。它并没有像林业局所希望的那样，表达明确、公开的不同意见。这种立场可以在图莱里县的"法庭之友"意见中找到，该意见指责塞拉俱乐部试图"废止确立诉讼资格的法律规定"，"在存在公共利益的情况下"，"干预、拖延"行政决定的执行。[68]

自上诉以来，李·塞尔纳一直坚信，通过俱乐部成员对矿王谷的实际使用来确立诉讼资格是没有意义的。在俱乐部对政府答辩意见的回复中，他重申诉讼当事人"不需要也不应该证明存在特定的物质利益损害，对矿王谷美学、保护以及娱乐利益的损害才是我们提起诉讼的真正原因"。虽然塞拉俱乐部赞助了前往矿王谷的旅行，但这种活动"对俱乐部来说无足轻重，它不会因为试图维护这一利益而提起对自己不利的诉讼"。[69] 本案中，俱乐部难以确立诉讼资格并不是因为旅行会受到干扰，而是因为俱乐部在矿王谷和红杉国家公园的利益受到了迪士尼开发规划的威胁。

最后，塞拉俱乐部的简短回复指出，政府暗示对矿王谷的使用可能会支持其诉讼资格是别有用心。塞拉俱乐部已经在地区法院赢得了临时禁令，颁布这一禁令的法律考量之一正是对"公共利益"的影响。塞尔纳认为，政府强调将"使用"矿王谷作为塞拉俱乐部获得诉讼资格的证明标准，是试图抹除塞拉俱乐部在申请临时禁令时确立的决定性优势。在这一主张下，政府无论如何都会获胜，这是一个"正面我赢，反面你输"的命题，"要么败诉，因为缺乏对私人的特定损害；要么临时禁令被拒绝，理由是诉讼当事人已经主张受到私人损害，因此无须通过临时禁令保护公共利益"。塞拉俱乐部的律师们"对诉讼策略作出了调整，以避免落入这个陷阱"。[70]

不过，塞尔纳最终似乎稍微对冲了一下他的赌注。他在陈述中写道："尽管没有在诉状中强调，但俱乐部代表了其成员的利益，这些成员实际使用并享受着矿王谷和红杉国家公园的美景，这一点毫无争议。"[71] 随附的脚注补充道，案件记录中的一封信可以表明，这种"使用和享受是生动而具体的"。在信中，迈克·麦克洛斯基还要求林业局就开发矿王谷举行听证会。

1971 年初秋，案件进入最高法院的口头辩论阶段。与此同时，全国关于矿王谷的争论愈演愈烈，并且在口头辩论结束后仍在继续。

迪士尼对自己处于一场全国性的环境争议中感到不安，试图使自己从诉讼中脱身。但事实证明，这种分离是不可能的。1971 年夏天，著名的消费者权益倡导者拉尔夫·纳德（Ralph Nader）成立了一个特别工作组，宣布反对迪士尼的开发项目。他们的报告指责矿王谷项目规模太大，对生态造成了破坏，并批评了将矿王谷公路纳入州高速公路系统的做法。[72]

　　1971 年 11 月，《壁垒》（Ramparts）杂志发表了一篇题为《迪士尼的荒野战争》的长文，对迪士尼的攻击达到了一个新的高度。这一篇文章的插图是一幅漫画，华特·迪士尼戴着米老鼠耳朵形状的头饰，在动物们的注视下，正在用铁锹挖地。文章谈到，迪士尼是在掠夺矿王谷。这篇文章紧接着宣称，自从约翰·缪尔为阻止在约塞米蒂公园建造赫奇·赫奇水库（Hetch Hetchy Valley）大坝而战以来，"还没有发生过如此大规模的环境保护战"。文章总结道，"这是童年幻想的终结"，米老鼠和斯莫基熊（林业局广为人知的卡通吉祥物）正在"密谋破坏荒野"。[73]

　　《壁垒》杂志的文章可以被当作反企业的左翼杂志的抱怨而不予理会，而且严格来说，这篇文章对"荒野"的定义是不准确的，因为矿王谷在法律上并不属于"荒野"。但它引起了一些公众的注意，并绘制了令人印象深刻的图片。

　　随后，1972 年年初，另一篇题为《山中的米老鼠》的长文出现在权威度很高的《哈泼斯杂志》（Harper's Magazine）上。虽然远没有《壁垒》那篇文章那么片面，但这篇文章对迪士尼的立场同样持怀疑态度。它的副标题是：建造迪士尼乐园的人渴望把加利福尼亚州的矿王谷变成一个庞大的滑雪场。它引用了塞拉俱乐部的主张，称开发规划不合理，并质疑这么大规模的开发怎么会不影响禁猎区的动物？[74]

　　在迪士尼内部，罗伯特·希克斯继续推行他的提议。他建议延长矿王谷的铁路系统并终止高速公路项目，这样就不需要通过红杉国家公园。1971 年 8 月，他在公司内部传阅了一份冗长的备忘录，讨论了延长铁路系统的资金问题，并指出迪士尼保护咨询委员会对这一做法持积极态度。[75]随后，他在 12 月又发了一份长篇备忘录，强调延长铁路系统是可行的，尽管它"需要得到林业局高层的批准"。[76]
如果诉讼以有利于迪士尼的方式结束，精通政治的希克斯将为该项
目进行最后的布局。他提出的替代方案可能是迪士尼为了提升公众
形象而做出的让步。

至于塞拉俱乐部，迈克·麦克罗斯基认为这场诉讼是一场更广
泛的政治运动的一部分，这促使他再次以书面形式阐述了俱乐部反
对开发矿王谷的理由。他与阿尔伯特·希尔（Acbert Hin）在 1971 年
合著了一本名为《矿王谷：内华达山脉地区的大众娱乐与公园保护》
（*Mineral King: Mass Recreation Versus Park Protection in the Sierra*）
的小册子。[77]这篇文章重申了许多为人所熟悉的塞拉俱乐部的论点，
比如项目的开发规模过大、没有举行公开听证会等，但它也强调了
另外两个重要的主题。

一是林业局用"以使命为导向的单一思维""强行推进"这个项
目，忽略了"基本的生态问题"。这种说法抨击了林业局长期以来的
一个核心辩护论点：该项目是经过精心规划的。林业局强调，矿王
谷项目符合环境标准。但宣传册指出，在没有事先进行生态调研的
情况下，这类标准不能确定。此外，甚至没有人知道这个项目的最
终规模，因为林业局没有规定该项目的规模上限。宣传册写道，"林
业局或许从来没有想过要设置开发规模的上限"。简而言之，塞拉俱
乐部把林业局的开发方式总结为"不规划公共资源"的典型。[78]

麦克洛斯基和希尔的第二个论点质疑了林业局开发矿王谷的基
本前提，即在矿王谷中可以建造一个与自然环境相适应的大型滑雪
场，这一前提被迪士尼反复提及。该俱乐部将这个"基本前提"描
述为，"可以通过巧妙的设计和美化，大幅增加游客数量，同时保持
矿王谷的自然状态"。塞拉俱乐部否认了这个前提，"声称可以建造
一个拥有酒店和娱乐中心、和城市一样大、可以'自给自足的度假
村，同时仍然保持自然环境以及脆弱生态的完整和美丽，这是不可

能的"。[79]

1971 年，塞拉俱乐部开始建立自己的法律部门，这项组织架构变革从长远来看具有重大意义：矿王谷案的律师费让俱乐部意识到，聘请内部律师的成本要低得多。因此，唐·哈里斯和弗雷德·费舍尔从福特基金会获得了一笔资金，建立了"塞拉俱乐部法律辩护基金会"。

该基金会很快就选定了一位执行董事——詹姆斯·摩尔曼，他于 1971 年 8 月开始工作。[80] 到 1971 年年底，塞拉俱乐部法律辩护基金会就全国范围内的 70 多起案件和行政事务作了报告，内容涵盖志愿律师监督到提起正式诉讼。[81]

至于林业局，它只能等待。然而，在塞拉俱乐部指控矿王谷项目的最终规模未知并且缺乏规划后，林业局开始变得敏感。它暗示，如果有必要，它将限制该项目的规模，对其进行干预。1971 年 11 月19 日，林业局局长爱德华·克利夫给加利福尼亚州国会议员唐·克劳森（Don Clausen）写信，指出"矿王谷项目的最终发展规模将取决于山谷和周围环境的承载能力"。他强调，"如有必要，可以对开发规模进行控制"。[82] 同时，该局仍然自信地断言，迪士尼项目将与矿王谷的环境兼容。

最高法院原定于 1971 年 10 月 18 日进行口头辩论。但在 9 月，两件意想不到的事打乱了最高法院的人员安排。1971 年 9 月 17 日，雨果·布莱克（Hugo Black）法官宣布退休，结束了他 34 年的大法官生涯。8 天后，他去世了。[83] 布莱克法官辞职后 6 天，约翰·哈伦（John Harlan）法官也辞职了，他在 1971 年年底去世。[84]

这些辞职事件引起了人们的猜测，法官短缺将如何影响案件在最高法院的进展？《弗雷斯诺蜜蜂报》报道称，法院已将矿王谷案的口头辩论推迟，直到 9 名法官满员后再举行。[85] 然而，也许是担心参议院冗长的确认流程，法院决定不等待新的任命。它将塞拉俱乐部诉莫顿案的口头辩论推迟到 1971 年 11 月 16 日。塞拉俱乐部深知诉讼资格问题的重要性，同时也希望法院一并解决矿王谷的实质性法律问题，因此要求延长口头辩论的时间。法院很快拒绝了这一请求。[86]

为了给这个案子辩护，李·塞尔纳从旧金山来到华盛顿特区。相比之下，副检察长欧文·格里斯沃尔德从他的办公室到最高法院的路程不到 2 英里。

第十章 打开最高法院的大门

1971 年 11 月 16 日，最高法院开庭，法官席上坐着 7 名法官：沃伦·伯格（Warren Burger）、威廉·道格拉斯、威廉·布伦南（William J. Brennan）、拜伦·怀特（Byron White）、波特·斯图尔特（Potter Stewart）、瑟古德·马歇尔（Thurgood Marshall）和哈利·布莱克门（Harry Blackmun）。[1] 判决结果难以预测。与诉讼主体资格相关的法律法规是不断变化的，法院要在环境诉讼的新背景下解决这个问题。

李·塞尔纳和其他支持塞拉俱乐部的律师相信，至少有一位法官——威廉·道格拉斯——会支持环境诉讼中更广泛的诉讼资格。长期以来，道格拉斯一直坚持公开支持环境保护，[2] "随时为环境事项打开大门"。[3] 他的工作内容包括处理大量关于环境问题的法律文书，还在 1965 年完成了《荒野权利法案》（*A Wilderness Bill of Rights*）一书。[4] 考虑到这些背景，道格拉斯应该会站在塞拉俱乐部这边。[5]

然而，塞尔纳并不知道，道格拉斯正在考虑回避这个案子。原因是道格拉斯与塞拉俱乐部之间的关系，他曾短暂地担任塞拉俱乐部的董事会职务。出于对此案潜在利益冲突的担忧，道格拉斯曾指示一名法官助理按照时间顺序，准备一份他与塞拉俱乐部有正式接触的人员名单。[6] 名单上人数众多。

道格拉斯是一位坚定的自然资源保护主义者，众所周知，他对公共土地决策很感兴趣。由于他直言不讳，塞拉俱乐部董事会将道格拉斯选举为"终身会员"，以示敬意。2 年后，道格拉斯同意作为塞拉俱乐部的董事会成员。1962 年，道格拉斯参加了一次董事会会议，但他并不喜欢。于是，道格拉斯在当年年底辞职，找的借口是塞拉俱乐部"现在正在打官司"。[7]

然而，辞职后的道格拉斯并没有完全切断与塞拉俱乐部的联系。他保留了自己的终身会员身份，并且在 1969 年塞拉俱乐部竞争激烈的选举期间，实名支持大卫·布劳尔作为董事会候选人。直到 1970 年，道格拉斯才放弃塞拉俱乐部的终身会员身份。[8]

当法院在上午 11 点审理塞拉俱乐部诉莫顿案时，他还没有决定是否要继续审理此案。

上诉法院对矿王谷案的判决迫使李·塞尔纳修改了口头陈述的框架。在国家层面上，诉讼资格是对未来环境诉讼影响最大的问题。此外，如果塞拉俱乐部缺乏诉讼资格，它对矿王谷开发项目的质疑也就结束了。与此同时，针对塞拉俱乐部提出的所有实质性法律问题，上诉法院都作出了不利于塞拉俱乐部的判决。如果最高法院认为俱乐部有诉讼资格，但未能解决这些实体法律问题，或者更糟糕的是，最高法院在这些问题上对俱乐部作出了不利的判决，塞拉俱乐部对矿王谷开发项目的质疑肯定会失败。因此，塞尔纳的口头陈述必须包括这些问题。

塞尔纳带着一张放在画架上的矿王谷地图来到法庭，地图展示了进入矿王谷的旧路和规划中的新路，两条道路将林业局管理的土地与红杉国家公园的土地区分开来。这张地图效果显著。塞尔纳总结了本案的背景，提到了矿王谷中的禁猎区，之后准备开始他的论证。首席大法官伯格打断了赛尔纳，他想知道地图上那块区域的名称是什么。

当塞尔纳向法官说明禁猎区的位置后，首席大法官询问，这一区域是不是红杉国家公园的一部分。可以看出，伯格并不了解本案的核心地理特征。当然，这并非完全出乎意料，作为首席大法官，伯格忙于行政事务，经常在对案件不够了解的情况下坐上审判席。[9]但他提出的问题并没有带给塞拉俱乐部一个良好的开端。

尽管如此，在塞尔纳继续口头陈述的过程中，这张地图还是让所有法官"达成了共识"。首席大法官的后续问题对赛尔纳更有利："当你说通往矿王谷的新道路没有服务于公园的目的，你的意思是……它唯一的目的就是服务不属于公园的那片白色区域？"[10]这让塞尔纳看到了希望，他的地图演示取得了一些成果。

庭审重心转向了关键的诉讼资格问题。塞尔纳强调了该俱乐部长期以来对矿王谷的兴趣，这是其拥有诉讼资格的关键。他指出，塞拉俱乐部参与了矿王谷禁猎区界线的划定，促使该禁猎区于1926年成立。然而，当塞尔纳将一些俱乐部成员对矿王谷的使用作为"俱乐部与该地区有利益关系的证据"时，布莱克门法官对这一说法提出了质疑。他问道："法庭记录事项有表明这一点吗？"布莱克门对记录事项中是否包含塞拉俱乐部成员实际使用矿王谷的证据非常感兴趣。

塞尔纳指出，法庭记录事项包含1920年他们使用矿王谷的证词，以及当时的国家公园管理局局长发布的一份声明："他们（塞拉俱乐部的成员）几乎每年都去那里……了解矿王谷的每一个角落。"布莱克门对此并不满意，他问道："俱乐部成员的直接证词在任何地方的记录里都找不到，对吗？"塞尔纳不得不承认，法庭记录事项中确实没有俱乐部成员的直接证词。布莱克门说道，塞尔纳提出的历史证据"可以追溯到约翰·缪尔的时代"，暗示其提供的证据太弱了。塞尔纳只能表示认同。[11]

法院给了塞尔纳一段时间，让他不受干扰地进行陈述。赛尔纳还谈到，法院有必要处理本案的实体法律问题。随后，波特·斯图尔特法官发起了一场重要的讨论，探讨塞拉俱乐部主张的诉讼资格理论的局限性。斯图尔特假设存在一个粉丝俱乐部（"华特·迪士尼制作公司的朋友们"），这个粉丝俱乐部是否可以作为支持政府的一方参与诉讼？塞尔纳回应道，法院必须"根据具体情况"来评估其诉讼资格。斯图尔特接着问："根据什么样的标准？"塞尔纳预料到会被问及这个关键问题，他进而解释道：

> 各种标准都可能是合适的。例如，该组织是否存在？是否在较长一段时间内没有改变立场？在其打算参与争论的领域，它是否拥有相应的专业知识？它有教育规划吗？它发表过关于这一主题的文章吗？它的成员使用过这一区域吗？它的工作人员数量是否支持其正式提起法律诉讼？[12]

但斯图尔特提出了一个实际问题，他想知道"以上这些标准是否都必须经过尝试、起诉和认定，才能决定某一组织是否为一个合适的诉讼当事人"。塞尔纳认为，这些标准"可以由法院迅速且简单地确定"。[13]

斯图尔特就这个问题提出了另一个假设。假如存在一个支持新矿王谷公路的"大公路之友"组织，它有资格成为诉讼当事人吗？塞尔纳作出了肯定的回答。

斯图尔特发起的这场讨论从逻辑上探讨了塞拉俱乐部组织利益理论的范围。他的假设表明，塞拉俱乐部提出的组织利益理论需要有范围限制，以及应当符合证明类型。对塞尔纳来说，幸运的是，首席大法官伯格扔给他一根"救命稻草"。两年前，伯格曾审理过一个由哥伦比亚特区上诉法院裁决的案件，即联合基督教会通讯办公室诉联邦通信委员会案（Office of Communication of United Church of Christ v. F.C.C）。[14]该案中，联邦通信委员会关于电视许可证的决定受到质疑，消费者被授予了对其提起诉讼的权利。伯格问道，判断一个组织能否提起诉讼的首要标准，难道不是看它是否能够真正代表其想要保护的利益吗？

伯格可能在暗示，他倾向于为了保护合法权益而扩大诉讼资格的范围。[15] 随后，伯格指出了俱乐部诉讼资格理论的局限性。他问塞尔纳：“难道刚刚成立的组织和 70 年前成立的组织没有任何区别吗？你确定吗？”塞尔纳回答道，组织的成立年限可以作为判断“其是否真正具有代表性”的标准之一。[16]

波特·斯图尔特并不满足于通过剖析利益理论来得出结论。他再次提问，“一位 70 年来对某一对象持有纯粹兴趣的老人”能否提起诉讼？布莱克门法官提出约翰·缪尔作为原告的可能性，塞尔纳给出了肯定的回答。

然而，布莱克门似乎也有着与斯图尔特类似的担忧，即塞尔纳的诉讼资格理论存在局限性，广泛而普遍的利益不足以支持一个人拥有诉讼资格。例如，塞拉俱乐部能否质疑将一座核电站建在密西西比河上？塞尔纳避而不谈。他不知道俱乐部在那里是否有分会，是否具备相关领域的专业知识。任何组织“都必须有能力代表其试图捍卫的公共利益”。[17]

塞尔纳接着抨击了第九巡回法院的说法，即塞拉俱乐部没有主张其财产受到损害，或者其法律地位受到威胁。塞尔纳认为，这类损害超出了环保法的立法目的，所以在本案中是无足轻重的。塞尔纳强调，可能只有环保组织“会站出来质疑这种非法行为”，这就是法庭应该采纳俱乐部的诉讼资格理论的原因。[18]

随后，塞尔纳试图从诉讼资格问题转向双重许可证等实体法律问题，但布莱克门打断了他，他让塞尔纳回到诉讼资格问题上。在布莱克门看来，赛尔纳对这个问题的回答很好地支持了其观点，即塞拉俱乐部可能是唯一会质疑这类非法行为的组织。布莱克门问道：“如果像塞拉俱乐部这样的组织没有资格提起诉讼，那么谁能保护政府在这一区域的过度扩张呢？我认为，在矿王谷开发项目附近根本没有私人土地。"[19]

这个问题对该俱乐部有利，因为它突显了采纳政府立场可能导致的潜在后果。但塞尔纳面临一个问题，矿王谷中确实有一些私人所有的地块，还有一些木屋的所有者持有公共土地的租赁协议，他们都会受到矿王谷开发项目造成的经济影响。塞尔纳试图对此作出解释，然后接受可能的后果——最高法院会认为塞拉俱乐部不具备诉讼资格。然而，对这一问题的讨论逐渐转向那些私人持有土地的细节上，赛尔纳没有机会展开论述自己的观点。

于是，塞尔纳试图在口头辩论的剩余时间里强调实体法问题。他提到，这条高速公路与红杉国家公园没有任何关联，还就双重许可证的合法性进行了辩论。不过，布莱克门法官在这个问题上再次介入，提出了一个触动塞拉俱乐部神经的问题："但是，它（双重许可机制）已经被广泛使用了，不是吗？"塞尔纳试图区分矿王谷项目许可证和早期滑雪场许可证的不同之处，他指出，与那些早期滑雪场许可证相比，矿王谷年度许可证批准的土地"绝对不可或缺"。[20]

这一辩护听起来很弱，于是塞尔纳转向了一个更具有说服力的论点。如果国会特意设定了80英亩土地的限制，说明当时的农业部部长认为，这么大的土地使用面积对于定期许可而言足够了。这样一来，同时颁发两种许可证的做法就应当停止。当然，塞尔纳也担心他的观点会使之前批准的84个滑雪场许可证失效。他提出，双重许可证并不是林业局的一贯做法，法院可以使其判决仅在未来适用，这样就不会影响到现有的许可证。[21]

最后，在简短地陈述迪士尼的开发将严重影响禁猎区之后，李·塞尔纳坐了下来。

随后，副检察长欧文·格里斯沃尔德走上台，与塞尔纳形成了明显的对比。现年67岁的格里斯沃尔德是法律界的高层人物。在被任命为副检察长之前，格里斯沃尔德已在哈佛法学院担任院长 20 多年，学术成就卓越。格里斯沃尔德有一个广为人知的小故事。在每年为新来的女生举办的小型晚宴上，他询问包括鲁斯·巴德·金斯伯格（Ruth Bader Ginsburg）在内的女生，如果她们的位置本可以留给男学生，她们有什么理由留在学校？后来，他告诉金斯伯格，他是为了说服那些出席晚宴却对女性心存偏见的教员们，以便让他们看到女生的闪光点。[22]

具有传奇色彩的格里斯沃尔德认识最高法院的法官，并在智识上与他们旗鼓相当。在成为副检察长之前，他已经在最高法院为 29 个案件辩护；在他成为副检察长之后，又为很多案件辩护。他才华横溢，在这个案子中，他的口头陈述别具一格。

格里斯沃尔德一开始就抛出了一个关于"本案背景"的结论：矿王谷并非处于原始状态。他陈述道："矿王谷不是荒野，近 100 年来都不是。"[23] 他列出了该地区现有的开发项目，包括小木屋、60 座避暑别墅、2 个小型度假村、1 个集装站和公共露营地，希望弱化开发项目对矿王谷环境的影响。

格里斯沃尔德随后转向了诉讼资格问题，给矿王谷案贴上了"关于诉讼资格问题的典型案例"的标签。他对诉讼资格问题的论述几乎与政府的书面辩护意见完全不同。他直击要害："如果塞拉俱乐部有资格提起诉讼，那么我认为可以得出这样的结论：在一场争议中，任何声称自己与之有利益关系的人都可以提起诉讼。"[24]

道格拉斯法官打断了格里斯沃尔德，提出了另一个问题。他询问了密歇根州的一项新法律（该法律赋予了公民在该州法院提起诉讼的权利），以及国会还在审议的授予公民诉讼资格的法案。格里斯沃尔德对此表示承认，但对其合法性避而不谈，他"不确定"国会是否有权力通过立法来确立宪法所规定的诉讼主体资格。[25]

格里斯沃尔德很快重新回到了诉讼资格问题上，并分析了塞拉俱乐部的诉讼资格理论可能导致的后果。他指出，该俱乐部并没有提到自己的权利受到侵犯，或者其活动受到了阻碍，甚至没有说自己在矿王谷有特殊利益。其诉状只强调塞拉俱乐部"对国家公园、禁猎区和森林的保护及维护有特殊利益"。格里斯沃尔德指出，这种特殊利益"不仅归属于加利福尼亚州，新罕布什尔州和缅因州也有与之相同的特殊利益"。[26] 如果法院接受塞拉俱乐部的论点，在广泛的地域范围内，该案将有大量的适格诉讼主体。

怀特法官提出了一个问题："这样说来，塞拉俱乐部是否只需要修改诉讼理由？他们可以说，俱乐部成员经常一起去矿王谷旅行。"政府的辩护意见似乎承认，这样就可以证明塞拉俱乐部具有诉讼资格。格里斯沃尔德只好不情愿地回应道，这么做"会好很多，但他们并没有这样陈述诉讼理由"。

随后，格里斯沃尔德做了一件奇怪的事。他提请法庭注意图莱里县和远西滑雪协会提交的"法庭之友"意见，"在我看来，(这两份'法庭之友'意见）在某些方面比我们提交的辩护意见要好得多"。[27] 政府的首席律师所在的部门制作的案情摘要中也提到了这一点。这两份"法庭之友"意见提出，应该严格限制诉讼主体资格。但是政府的辩护意见并没有走到那一步。

格里斯沃尔德的总体观点是，塞拉俱乐部并没有将使用矿王谷作为主张自己受到损害的依据，而是选择了利益理论来论证其诉讼资格，那么，塞拉俱乐部必须接受这种选择导致的后果。他通过一系列假设，阐述了利益理论可能导致的后果：

> 如果因为塞拉俱乐部是一个有代表性的组织而赋予其诉讼主体资格，那么这种组织应该有多大规模呢？它需要3名成员，5名成员，还是50名成员？或者需要5万名？
>
> 选择某一人数作为标准有什么理由？如果任何组织都因

为其具有相应的专业知识或情感利益而具备诉讼主体资格，那么，主张某种利益的个人是否也必然具有提出这些法律问题的资格呢？

如果塞拉俱乐部像布莱克门法官所说的那样有诉讼资格，那么约翰·缪尔不也应该具有诉讼资格吗？

如果塞拉俱乐部有诉讼资格，那么我那可敬的学生拉尔夫·纳德是否同样可以在法庭上提出任何他们认为符合公共利益的法律问题？[28]

首席大法官打断了他的陈述，询问格里斯沃尔德是否认同自己所写的电视台许可证案的判决，该判决认为听众有资格对电视台许可证的续期提出质疑。在这个问题上，格里斯沃尔德做出了一点让步，承认他"可以接受"这一判决，"也许是因为我碰巧喜欢这个结果"。他解释道，矿王谷案的不同之处在于，林业局在颁发许可证之前没有履行任何行政程序。在电视台案件中，双方曾在联邦通信委员会前进行了辩论，但电视台案"也离底线非常近"。[29]

然后，格里斯沃尔德又回到了他所设想的塞拉俱乐部的资格理论将带来的一系列可怕的后果上。这一次法官没有打断他的发言。他说道，质疑政府行政行为的诉讼可能在美国的任何地方提起，"上千起个人和组织提起的诉讼将带来巨大的混乱"。[30]

格里斯沃尔德总结道，宪法并不希望法院以这种方式运作。如果诉讼资格得到扩展，国家可能会形成新的行政体系，"政府作出的每一个行政决策都将由法院裁决"。他再次重申了其结论："难以想象，如果塞拉俱乐部在本案中具有诉讼主体资格，那么政府部门所作出的行政决策都需要经过法院的审查"，然后才能采取行动。[31] 格里斯沃尔德的结论是，应该由国会——而不是法院——对林业局这样的行政机构进行规制。

这时候，首席大法官暂停了法庭辩论，准备吃午饭。

当法庭辩论继续进行时，格里斯沃尔德只剩下 7 分钟的陈述时间了。他没有展开矿王谷案的实质性法律问题，比如许可证的面积限制，而是回到了塞拉俱乐部的诉讼资格理论可能导致的灾难性结果。他问道："法庭不承诺会对任何人的诉讼请求作出判决，难道不是更好吗？"[32]

格里斯沃尔德显然不满意他所在部门制作的书面意见，他在口头陈述时对塞拉俱乐部发起了攻击。他声称，如果塞拉俱乐部关于诉讼资格的主张被接受，会给行政部门和司法部门带来多个方面的不利后果。在口头陈述的过程中，格里斯沃尔德有意避免具体分析环境案件中的诉讼资格问题。相反，他从"社会和经济争议"的宏观角度来描述这个问题，他认为，这样来界定这个问题，一定会引起法院的重视。

当格里斯沃尔德在法庭辩论环节的最后几分钟转向矿王谷案的实体法律问题时，他尝试了一种新思路。格里斯沃尔德主张，"目前的情况是，没有任何事实证据可以支持"（塞拉俱乐部）获得禁令。最高法院可以以此为由对本案的实体法律问题作出判决，即从整体上看，地区法院下达的临时禁令应被撤销，从而避免对本案的实体法问题进行逐个分析。[33]

怀特法官不明白，他问格里斯沃尔德是不是在说法院不应该审判实体法律问题。他们之间的对话如下。

怀特法官：我们无须对这些问题作出最终判决吗？

格里斯沃尔德：法官阁下，您无须对此作出最终判决。在我看来，这些问题并没有严重到需要颁布临时禁令的程度。[34]

在这个问题上，格里斯沃尔德选择了一条狭窄且前后矛盾的道路前行。他希望最高法院不处理政府部门行政行为合法性的问题，同时推翻临时禁令。在他看来，这些指控都是毫无根据的。

随后，格里斯沃尔德很快跳过了实体法问题。他强调，过去多年来，林业局同时颁发长期许可证和年度许可证多达 84 次。他还在一定程度上改变了法庭记录事项的说法，为矿王谷新公路的"公园目的"进行辩护。格里斯沃尔德提出，这条公路"能够使人们看到公园中原本无法看到的区域"。他还提到，国家公园管理局的员工在法庭辩论之前"告诉"他，这条公路有助于红杉国家公园应对森林火灾。这是一个此前从未提到的辩护理由。[35]

最后，格里斯沃尔德谈到了穿过公园的电力线路问题。他指出，"如果单独来看这条法律规定，这个问题就会变得非常难以处理"，因为法律似乎禁止电力输送线路穿过红杉国家公园。他提醒法院注意，该法条只针对水力发电设施，应当严格解释这项禁止性规定。[36]

在格里斯沃尔德的陈述结束之前，布莱克门法官提出了一个细节问题，显示了他对本案的掌握程度。布莱克门认为，从法庭记录事项来看，法官们应当严肃对待本案的实体法律问题。他提到在矿王谷之争中反复出现的一个问题：这条路是否足够为所有预计到山谷游览的游客提供服务？在注意到这是一条双车道道路，并且"几乎没有适合掉头和超车的路段"后，布莱克门说道："我认为这条道路似乎无法满足前来迪士尼项目游玩的游客运量和货运需求。"

格里斯沃尔德回答道，如果事实证明有必要增加运力，尚未颁发的许可证可以要求迪士尼通过"机械装置"来弥补，而不需要拓宽道路。他提出了一个天马行空的想法，即"通过直升机或其他类型的飞机"来增加运力。[37]格里斯沃尔德的强势辩护最终落入了空想之中。

　　李·塞尔纳的开篇陈述几乎用完了所有时间，但首席大法官伯格允许他多讲几分钟，因为格里斯沃尔德也超时了。塞尔纳试图反驳格里斯沃尔德反复提到的塞拉俱乐部希望设立极为广泛的诉讼资格标准："从我们的论点应该可以清楚地看出，我们并不希望法庭的大门向所有人敞开。"[38] 根据塞拉俱乐部的利益理论，法院可以检验某个组织或个人是否具有作为原告的资格。

　　紧接着，塞尔纳转向了俱乐部对矿王谷的实际使用问题。他说道，俱乐部成员在矿王谷中进行过背包旅行，然而这一事实确实没有在诉状中提到。但塞尔纳仍然坚持自己的立场：对塞拉俱乐部而言，迪士尼开发项目对背包旅行造成的干扰"并不足以让我们提起诉讼"。他拒绝接受荒野协会提出的另一种"使用"理论。最后，塞尔纳表示，俱乐部的主张不会让诉讼"淹没"法庭，开展这类诉讼的"实用性和现实性"会限制人们提起诉讼。[39]

　　口头辩论结束了。

　　2 天后，法院就此案召开了内部会议。布莱克门和道格拉斯都做了记录，描述了合议过程，这些记录提供了了解 7 位法官想法的内部视角。

　　首席大法官首先发言。伯格认为，这个案件的核心问题是，"司法应该在多大程度上监督行政行为"。伯格非常谨慎，他希望对这个案件进行"有限"的判决。[40] 他提出了在口头辩论时被多次讨论的一个问题：如果塞拉俱乐部在其主张下具有诉讼资格，那么这一理论的边界在哪里？伯格似乎暗示，他支持一个有限的诉讼资格标准。[41]

　　道格拉斯法官最初拒绝表达任何意见。他向其他法官解释道，他"可能不会参与该案的最终判决"，因为他与塞拉俱乐部有 10 年的合作关系。不过，他已经在 1 年前从俱乐部辞职，并且停止了与环保主义者一起保护切萨皮克（Chesapeake）和俄亥俄运河的工作。[42]

威廉·布伦南法官认为，"塞拉俱乐部无须在其诉状中如此广泛地提及这个问题"。他认为，法院可以采信诉状第 3 段提到的俱乐部成员使用矿王谷的情况。他总结道，自己不会对本案的所有诉讼请求都作出判决，但他会推翻上诉法院的判决结果，并将案件发回初级法院。[43]

波特·斯图尔特法官和拜伦·怀特法官都严重怀疑塞拉俱乐部的立场。怀特认为，如果斯威格特法官的裁决成为先例，"每个美国人都可以成为首席检察官"。[44]他强调，塞拉俱乐部"不能通过起诉禁止在纽约市建造一座不美观的建筑"。斯图尔特则表示，他"不同意地区法院的判决"，但"认为上诉法院的判决无误"。否则，这个案子就会"没完没了"。[45]

在口头辩论中，哈利·布莱克门表现得对案件事实了解的最多，可以看出他密切关注环境问题。布莱克门明白本案的潜在问题。他在备忘录中记录了自己对该案的看法：上诉法院的判决"应该被驳回，并恢复临时禁令"。[46]道格拉斯认为，布莱克门与布伦南法官的意见相似，"他可能希望以此寻找同盟"。[47]

现在只剩下瑟古德·马歇尔了。塞拉俱乐部有理由认为，马歇尔法官会倾向于扩大诉讼资格范围。8 个月前，马歇尔撰写了民众为保护奥弗顿公园而对沃尔普提起诉讼一案的判决书，其中，公民组织试图阻止高速公路穿过田纳西州孟菲斯市市中心的一个公园。塞拉俱乐部也是该案的原告之一（但不是主要原告），而且该案也没有就资格问题作出判决。尽管如此，马歇尔在判决书的第一部分写道，"公众对自然环境的日益关注"将推动国会通过立法"遏制对我国自然美景的加速破坏"。[48]

此外，在被任命为最高法院大法官前，马歇尔曾在全国有色人种协会的法律辩护基金会工作。在马歇尔担任首席律师的案件中，该组织的诉讼资格得到了认可。塞拉俱乐部认为，马歇尔法官会理解在环境案件中赋予某一组织诉讼资格的必要性。[49]他的法官助理也支持塞拉俱乐部的诉讼资格，其在关于此案的备忘录中指出，"宽松的诉讼规则将保护那些有赖司法部门维护其利益的少数群体"。[50]

然而，道格拉斯的会议记录显示，马歇尔认为塞拉俱乐部缺乏诉讼资格。[51]诉讼资格问题似乎并没有引起他的注意。

简而言之，最高法院还没有作出最终决定，但倾向于肯定上诉法院的判决。除了布莱克门和道格拉斯，其他法官对矿王谷之争的实体法问题并不感兴趣。他们的注意力集中在塞拉俱乐部是否有资格提起诉讼上。

斯图尔特、怀特和马歇尔似乎决定否认塞拉俱乐部的诉讼资格，其中两人支持上诉法院的法律论证。伯格认为俱乐部的利益理论过于宽泛——他看不到这一理论的"边界"。布伦南和布莱克门对俱乐部表示同情，但两人都没有完全接受俱乐部的利益理论。布伦南关注的是，塞拉俱乐部在诉状中提到的对矿王谷的实际使用能否作为其获得诉讼资格的基础。而原本有望肯定塞拉俱乐部诉讼资格的道格拉斯，可能会退出此案。

鉴于塞拉俱乐部的诉讼资格存疑，首席大法官指派波特·斯图尔特起草判决书。

1972年2月中旬，斯图尔特将他起草的判决书分发给其他大法官。判决书草案指出，矿王谷是"一个坐落在内华达山脉的美丽之地"。交通不便和开发缺失"导致每年到访的游客数量有限，同时也保持了山谷作为准荒野地区的特质，基本上没有受到人类社会的干扰"。接着，判决书草案描述了林业局作出的行政行为，"为了回应迅速增长的滑雪需求"，林业局最终选择了迪士尼提供的投标方案。最后，判决书草案总结了这起诉讼的发展脉络。[52]

斯图尔特指出，传统上对诉讼资格的判断标准是，"一方是否在一场可审理的争议中拥有足够的利益，以获得对该争议的司法判决"。他指出，国会已经通过立法规定，"法院对案件的审理，必须以判断该案的原告是否具有法律赋予的诉讼资格为前提"。[53] 本案中，塞拉俱乐部依据的是《行政程序法》第 10 条，该条款规定，如果一个人能够证明他们"因行政行为而遭受损害，或受到行政行为的不利影响"，就可以向司法机关寻求救济。[54]

需要解释的是，国会要求原告"遭受损害或受到不利影响"是什么意思。在这一问题上，斯图尔特引用了法院最近在数据处理协会案中的判决。在那起案件中，法院判定，被质疑的行政行为给原告造成了"事实上的损害"，并且受损的法益"受银行法的保护"。[55]

斯图尔特草拟的判决书充分考虑了诉讼资格的问题。最高法院以前的判例都没有涉及一个近年来"越来越频繁地出现"的问题："那些声称公共利益遭受非经济利益损害的人应当如何寻求司法救济？"[56] 这是摆在法院面前的诉讼资格问题的核心：本案的原告是一个声称其环境利益受到损害的庞大群体组成的组织，其遭受的损害并非经济利益，这种诉讼资格应当扩展到多大范围呢？

斯图尔特指出，孟菲斯高速公路案并不涉及如此广泛的共同利益。审理该案的法院认为，其组织成员指控的是修建高速公路会损害他们对公园土地的使用，因此该组织是提起诉讼的适格主体。斯图尔特对孟菲斯案判决的讨论表明了他的立场：在确立诉讼主体资格时，原告对争议土地的使用很重要。然而，塞拉俱乐部拒绝以此为由提起诉讼。

斯图尔特强调，遭受这种类型的损害可以支持塞拉俱乐部提起诉讼。该俱乐部本可以辩称，开发项目会影响其对矿王谷的使用，除此之外，开发矿王谷还会对该地区的美学和生态价值造成损害。斯图尔特认为，对"美学和环境破坏"的担忧是塞拉俱乐部寻求法律保护的充分理由。

　　随后，斯图尔特在判决书草案中否决了塞拉俱乐部的说法，即已经有足够的事实来证明这种损害。斯图尔特解释道，诉讼资格需要满足的"事实上的损害"，不仅是"对可认知利益的损害"，比如环境损害，还要求"提起诉讼的一方本身就是受害者"。在诉状中，塞拉俱乐部"没有提到俱乐部本身或其成员的活动会受到迪士尼开发项目的影响"，[57] "也没有说明其成员使用矿王谷的目的，更没有强调他们使用矿王谷的方式会受到被告行为的显著影响"。

　　斯图尔特在补充说明中详细阐述了这一关键论点。他指出，荒野协会提交的"法庭之友"意见证明了塞拉俱乐部的成员会使用矿王谷，但塞拉俱乐部提交的诉状却省略了这些指控。此外，塞拉俱乐部的答辩意见"明确拒绝将这些个人利益作为提起诉讼的依据"。[58]

　　斯图尔特指出，塞拉俱乐部的错误在于，其认为个人利益受损的指控是多余的，因为这场诉讼是"公共诉讼"。该俱乐部的论证逻辑是，俱乐部已经因其对该领域的长期关注和专业知识成为公众代表。斯图尔特强调，尽管法院扩大了损害的类别，把环境损害也包括在内，但法院并没有放弃"诉讼方必须证明自己受到损害"的要求。

　　斯图尔特在判决书草案中指出，如果一个组织是由受害者组成的，那么它可以在诉讼中代表这些受害者。[59]斯图尔特接着谈到了一个关键问题。如果原告遭受了某种类型的"个人损害"，而在环境案件中其可能涉及更广泛的公共利益，塞拉俱乐部也可以以此为由提起诉讼。

　　塞拉俱乐部曾声称，政府通过主张基于个人损害的狭隘诉讼资格概念来设置陷阱，以此解除维护更广泛公共利益的临时禁令。[60]在斯图尔特看来，塞拉俱乐部所认为"陷阱"是虚幻的。一旦解决了诉讼资格问题，就可以通过诉讼来维护公共利益。

　　最后，斯图尔特指出，塞拉俱乐部的利益理论缺乏"边界"，这是另外几位法官感到担忧的主要问题。斯图尔特解释道，根据这一理论的逻辑进行推论，"任何对某一特殊利益有所关注的善良公民都有资格"提起诉讼。[61]

总之，斯图尔特的判决书草案将环境损害认定为一种损害，扩大了诉讼资格需要满足的损害类型，在很大程度上有利于那些以环境损害为由寻求司法救济的原告。但是，斯图尔特也拒绝放弃原告必须证明自己遭受了某种特定损害的传统要求。在此论证过程中，该判决书草案关上了塞拉俱乐部质疑矿王谷项目许可证的大门。俱乐部将赌注押在更广泛的利益理论上，结果败诉了。

口头辩论之后的合议庭会议结束后，威廉·道格拉斯立即开始撰写不同意见。他是法院中写得最快的法官，怀特法官形容他是"造纸厂"。道格拉斯可能早就决定，他不会因为过去与塞拉俱乐部的关系而回避本案。无论如何，当道格拉斯在 2 月 14 日向其他法官公布不同意见时，也就是斯图尔特发布多数意见判决书的同一天，他不会回头了。

道格拉斯的不同意见几乎不会对诉讼资格问题产生任何实际影响。[62]然而，它却因其对环境保护的热情、对荒野面临的危险的警示，以及对诉讼资格问题的创新性分析而闻名。道格拉斯最初并没有试图说服他的法官同僚们接受自己关于诉讼资格问题的立场；相反，他希望就环境议题影响大众。

道格拉斯的第一份不同意见草案概述了他的基本观点，然后，他又通过 7 份尚未交给法院的不同意见为这些观点添加了冗长的注脚。这些不同意见大量引用了与法律无关的文本，随后，他不断通过撰写更多的草案来调整自己的不同意见。

在发给其他法官的第一份不同意见中，道格拉斯就诉讼资格问题提出了一个前所未有的观点：可能被破坏的自然资源本身就有资格为它的未来打官司。道格拉斯解释道，诉讼资格问题的"关键"是：

> 如果联邦法律规定，被道路和推土机破坏、毁损或入侵的无生命体可以以自己的名义和公众的愤怒提起环境诉讼，这个问题就会简单得多，也更清晰、更集中。当代公众对保护自然生态环境的关注，应该使自然环境获得保护其自身利益的权利。因此，这起诉讼更应该被称为"矿王谷诉莫顿案"。[63]

道格拉斯引用了年轻的法学教授克里斯托弗·斯通（Christopher Stone）最近写的一篇文章作为这个想法的来源。[64]

他还利用了自己对自然系统的知识以及个人的户外经验来论证这一观点。道格拉斯指出，其他无生命体——例如船舶和公司——也可以作为诉讼当事人，那么为什么河流不能呢？他假定，河流"是它所维系或滋养的所有生命的象征，例如鱼、昆虫、水鸫、水獭、鹿，以及其他所有动物，包括人类"，这些生命体依赖河流生存，或者会使用河流。因此，"与这片水域有关的人——无论是渔夫、船夫、动物学家还是伐木工，都能够就河流所具有的价值以及其面临的威胁提起诉讼"。[65]

随后，他将这些原则应用到矿王谷案中。那些"因徒步旅行、钓鱼、狩猎和露营而频繁光顾矿王谷的人，以及那些仅仅为了独处或感受矿王谷的美景而到访此地的人"，都有为矿王谷发声的合法权利。在一篇长长的补充说明中，道格拉斯深入研究了他所看到的迪士尼项目对山谷造成的影响。他总结道："那些与这个即将受到污染或被其他方式掠夺的无生命体有亲密关系的人，都是它的合法代言人。"[66] 根据道格拉斯的理论，鉴于塞拉俱乐部与矿王谷有着密切的关系，俱乐部当然能够代表矿王谷提起诉讼。

道格拉斯的不同意见还就另一个问题进行了分析：司法机关需

要对政府部门作出的有关公共自然资源的决定进行审查。他在不同意见中附加了副检察长欧文·格里斯沃尔德的口头陈述。格里斯沃尔德担心，扩大诉讼资格的范围会导致一个"受司法管辖的政府"。在逐字逐句分析了格里斯沃尔德的观点后，道格拉斯全盘否定了它。他认为，政府部门对无生命体的开发使其面临着空前的压力，因此无生命体需要代言人。他指责这些政府部门"受到了强大的利益集团的操控"。[67]

道格拉斯指出，林业局是罪魁祸首。"尽管国会的授权指示其在开发国家森林时考虑多种用途"，但该机构早已"因和木材公司结盟而臭名昭著"。[68]道格拉斯在补充说明中引用了法律评论文章、报纸摘录、国会材料等各种文本来支持自己的主张。

他总结了自己对格里斯沃尔德的反对意见：

> 无生命体的声音不应该被忽略。这并不代表司法机关要从联邦行政部门手中接管管理职能。这仅仅意味着，在这些无价的国家资源（如山谷、高山草甸、河流和湖泊）永远消失或改变之前，我们应该倾听这些自然奇迹的受益者发出的声音。[69]
>
> 如果一个无生命体拥有诉讼资格，就能保证它所代表的所有生命形式都能站在最高法院面前……那些经常到这个地方来、了解其价值和奇迹的人就能够为整个生态环境说话。[70]

总之，道格拉斯雄辩地阐述了为什么法律必须让生态保护的观点得到倾听。为了实现这一目标，他提出了一个新理念：给予受到威胁的无生命体以诉讼资格。有趣的是，他所引用的很多例子中可以代表无生命体的主体，在大多数人看来，也具有诉讼资格。然而，在道格拉斯的新理念下，他们代表的是自然资源，而不是他们自己。

在斯图尔特将判决书草案分发给其他法官后，瑟古德·马歇尔立即作出回应，说他同意这个判决。在这样一个充满意外的案件中，马歇尔对塞拉俱乐部的诉讼资格持反对态度将是一个谜。[71]当宣布最终判决时，法庭观察员都会大吃一惊。[72]

威廉·布伦南也对斯图尔特的判决书初稿作出了回应。在给斯图尔特的便条以及给其他法官的副本中，布伦南告诉斯图尔特，"在适当的时候，我会准备一份不同意见"。[73]

首席大法官伯格随后同意了斯图尔特的观点。现在，由于马歇尔和伯格都同意斯图尔特的观点，他只需要再得到一位法官的同意就能形成多数意见。

3月30日，布伦南法官发表了一份不同意见，试图扭转最高法院对诉讼资格问题的判决。布伦南建议，调卷令——法院为审理此案而发出的正式指令——应当"因过于草率而被驳回"。[74]换句话说，他在最后一刻仍然认为，最高法院应该将此案驳回，不应对其作出判决。

布伦南指出，从荒野协会提交的"法庭之友"意见和诉讼请求来看，塞拉俱乐部及其成员实际上构成了对矿王谷的使用，但该俱乐部在诉状中并没有以使用矿王谷为诉讼理由。布伦南认为，这一遗漏是因为地区法院认为俱乐部基于"利益"提出的指控足够充分，因此不需要进一步的指控或提供其他证据。布伦南还提出，让人难以接受的是，塞拉俱乐部在最高法院的案件概要中，拒绝基于对矿王谷的使用来论证其诉讼资格。不过，布伦南也承认，该俱乐部确实在其他地方表示，它"代表了实际使用和享受矿王谷的成员的利益"。布伦南总结道，在这种情况下，法院不应该基于"被轻易抛弃"的理由来裁决此案。[75]

布伦南提出的驳回此案的建议没有得到任何支持，也没有说服力。布伦南认为，在最高法院对此案作出处理后，塞拉俱乐部仍有机会修改诉讼理由，以证明其对矿王谷的使用。但这种观点值得商榷。该俱乐部一直坚持最高法院即将否决的利益理论，并否认了斯图尔特在判决书草案中提出的使用理论。在这种情况下，政府会认为，俱乐部已经放弃了修改诉讼理由的权利。然而，一个更大的问题是，这一论点并不能使法院不对诉讼资格问题作出判决。

1 天后，布伦南修改了自己的不同意见，认为法院应该"在案件明确提出诉讼资格问题的情况下"再作出判决。[76] 但矿王谷案确实提出了诉讼资格的问题。

布伦南回避这个问题的尝试没有得到任何支持，但他仍然没有放弃。

4 月 1 日，拜伦·怀特告诉波特·斯图尔特，他同意斯图尔特的观点。[77] 怀特似乎对诉讼资格引发的争议感到恼火，他直截了当地问道："为什么塞拉俱乐部不随便找一个成员穿过公园？这样它就有资格起诉了。"[78] 在怀特表示同意之后，斯图尔特所写的判决书现在已经获得了多数意见所需的 4 票，并形成了最高法院否决塞拉俱乐部诉讼资格的最终判决。

4 月 7 日，哈利·布莱克门发表了一份不同意见。虽然他在塞拉俱乐部诉莫顿案中的不同意见会被道格拉斯法官提出的不同意见所掩盖，但这是一位才进入最高法院 2 年的大法官"发自内心的呼喊"，我们至今仍能"看到"他的呼声。[79]

布莱克门曾仔细研究过这个案件。撰写备忘录是他在口头辩论环节前的习惯做法。备忘录一开头就写道，[80] 这是"一个很棒的环境案件，有具体的事实，而不仅仅是猜测"。[81] 他带着一堆关于这个案件的问题和疑虑参与了口头辩论环节，但双方的口头辩论并没有改变他的想法。

布莱克门的不同意见把斯图尔特法官撰写的判决书描述为"在最近的案件中支持并坚持适用传统诉讼资格概念的判决"。但是布莱克门认为,"矿王谷案不是一起普通的诉讼"。[82] 他继续写道:

> 这一案件凸显了……一个广泛的、日益受到关注的、令人不安的问题的重要方面,即整个国家和全世界的环境恶化导致了严重的生态失衡。难道我们的法律、我们的程序观念如此僵化,以致当已有的方法和传统的观念不太适合或被证明不完全适合新问题时,我们就束手无策吗?[83]

在布莱克门看来,多数意见将导致迪士尼仓促推进矿王谷开发项目,而矿王谷则会被污染,至少会遭到部分破坏,"被人类文明的产物弄得一团糟"。[84]

布莱克门提出,有两种可替代的解决方案。第一种是承认塞拉俱乐部的诉讼资格,"条件是让塞拉俱乐部立即修改其诉状,以符合法院对诉讼资格的要求"。这种解决方案有助于保留本案的优点,即矿王谷案中那些"值得探讨的实体法问题"。例如,他认为双重许可证制度可能是林业局"避开国会对定期许可证施加的 80 英亩土地限制的一种手段",以及这一"规模巨大的开发项目"可能与禁猎区相连。[85]

布莱克门提出的第二个解决方案是对传统的诉讼资格概念进行"富有想象力的扩展",以"使像塞拉俱乐部这样公认的、真正希望保护生态环境的组织就环境问题提起诉讼"。他认为,对诉讼资格概念的扩展"不需要非常广泛",因此也就"不会引起恐慌"。不需要担心"会打开潘多拉的盒子",因为法院可以像过去那样对其加以适当的约束。[86]

随后,布莱克门的不同意见深入研究了此案的一些事实问题,比如通往矿王谷的新道路可能带来的影响。布莱克门假设，平均每6秒就会有一辆汽车通过，他问道，"这就是我们让荒野保持美丽、安静和永恒的方式吗？"[87]

最后，布莱克门提出了一个具有讽刺意味的观点。基于使用理论确定的诉讼主体可能是渔夫、露营者、导游，或者其他具有户外生存技能的人。布莱克门指出，这些人很容易被来山谷滑雪的游客雇用，因此他们不太可能反对"林业局－迪士尼开发项目"，因为它会"在经济上给他们带来好处"。[88]布莱克门强调，基于使用理论确定的诉讼主体资格会产生一种二律背反的结果。

道格拉斯也同意布莱克门的不同意见。道格拉斯的加盟让布莱克门感到意外，他认为道格拉斯不尊重他的智力成果。布莱克门还担心自己的不同意见过于情绪化。不过，在他的不同意见被公开后，布莱克门收到了一位他认识的法学教授发来的贺信。布莱克门回复道，道格拉斯的不同意见"确实很有说服力"，但与他的思路不同。他接着说道："我关心的是生态问题。我的担忧恐怕过于明显了。"[89]

布伦南在最后单独提出的不同意见中表示，他同意布莱克门提出的第二种解决方案。他还进一步分析了俱乐部提出的实体法诉讼请求，即林业局和公园管理局在批准矿王谷项目和矿王谷公路的过程中违反了各种法律。他同意布莱克门法官的观点，认为这些诉讼请求具有"实质性价值"。[90]

木已成舟。波特·斯图尔特的判决获得了多数意见所需的4票。塞拉俱乐部把诉讼资格的赌注押在了利益理论上，否定了使用理论，结果败诉了。

然而，就在法官们的立场似乎已成定局的时候，波特·斯图尔特决定对他撰写的多数意见判决书作最后的修订。斯图尔特并没有在判决书中表现出对塞拉俱乐部实体法律诉求的敌意，他关心的是要对诉讼主体资格进行有意义的限制。此外，他还看到了布莱克门几天前发表的不同意见，该意见指出，塞拉俱乐部可以修改其诉状。斯图尔特也读了布伦南撰写的第一份不同意见，布伦南在其中坚持认为，如果法院驳回此案，塞拉俱乐部可以修改其诉状。

在最后一刻，斯图尔特决定澄清自己的判决对塞拉俱乐部案件的影响。他在判决书草案的第 8 个脚注处手写了最后一个补充意见。[91]这个脚注解释道，荒野协会的"法庭之友"意见证明，塞拉俱乐部的成员使用了矿王谷地区，但俱乐部拒绝基于这种个人的使用为自己的诉讼资格辩护。第 8 个脚注是这样写的：

> 荒野协会等"法庭之友"声称，塞拉俱乐部会定期到矿王谷地区露营，俱乐部的成员出于娱乐目的，已经使用并将继续使用该地区。但与之相关的指控没有包含在诉状中，也没有提请最高法院注意。此外，塞拉俱乐部在其简短的答复中明确拒绝将个人利益作为诉讼资格的基础……当然，我们的判决并没有禁止塞拉俱乐部修改其诉状，它可以根据《联邦民事诉讼规则》第 15 条向地区法院提起诉讼。[92]

斯图尔特还在判决书的最后一段作了另一个小改动："我们对该案的实体法律问题不作任何评价。"也就是说，对于联邦机构在批准该项目的过程中存在违法行为的实质性指控，最高法院没有提出任何意见。[93]

这份判决书明确指出，塞拉俱乐部可以通过修改诉状，来让斯威格特法官继续审理此案。1 周后，也就是 4 月 19 日，最高法院公布了塞拉俱乐部诉莫顿案的判决结果。

塞拉俱乐部依然可以质疑矿王谷开发项目。然而，它现在面临着重大的、也许是不可逾越的障碍。

第三部分

矿王谷的命运

第十一章　墙体的裂缝

口头辩论之后，李·塞尔纳回到了旧金山，并"对法院判决持乐观态度"。这一消息在俱乐部里传开了。[1]《华盛顿邮报》的一篇报道称，首席大法官伯格和哈利·布莱克门法官似乎支持俱乐部。[2]然而，之后发布的判决书对他们来说是一个沉重的打击。

在公众看来，俱乐部试图表现出一种积极的态度。最明确的声明来自塞拉俱乐部法律辩护基金会的现任执行董事詹姆斯·摩尔曼，他从李·塞尔纳手中接过了这个案子。摩尔曼承诺，"矿王谷不会出现任何滑雪场"。[3]塞拉俱乐部的新闻稿也表达了同样的态度，宣称"最高法院对矿王谷案的判决结果只是俱乐部的诉讼技术导致的失误，绝不意味着此案的终结"。[4]该俱乐部也曾用过类似的措辞（"暂时的挫折"）来形容2年前上诉法院作出的毁灭性的判决。

尽管有支持的声音，但媒体仍然对俱乐部极度失望。在摩尔曼发表声明的同一份报纸上，麦克洛斯基承认："我们对败诉感到震惊和沮丧。"他接着说："目前还不完全清楚这个判决对环境诉讼意味着什么。"[5]塞拉俱乐部主席称这一判决是"对民主的沉重打击"。[6]

红杉国家森林主管吉米·詹姆斯断言，这一判决"为矿王谷建设全年休闲娱乐设施扫清了主要障碍"。[7]林业局宣布，将"与华特·迪士尼公司的专家一起，迅速审查该规划的所有要素"，并尽快"就规划中的变化达成一致"，在3年前因诉讼而暂停的地方"重新启动开发项目"。[8]事实证明，这些未被确认的"变化"很快就登上了新闻头条。

在1971年12月罗伊·迪士尼去世后，华特·迪士尼制作公司总裁、公司的两位领导之一——卡德·沃克发表了与林业局相同的说辞。他宣称，法院判决允许林业局继续推进矿王谷开发规划。[9]

媒体在报道法院判决时遇到了一些困难。新闻头条大多将该判决解读为塞拉俱乐部的失利，有些媒体还暗示此案已经结束。《洛杉矶时报》有一篇文章的标题是《塞拉俱乐部在阻止滑雪场项目的诉讼中败诉》，[10]《旧金山观察家报》（San Francisco Examiner）发表的文章标题是《塞拉俱乐部在矿王谷案中败诉》。[11]《华盛顿邮报》的文章标题则让普通读者感到困惑——《生态学家输了官司，但也是一种胜利》。[12]

不过，在头条新闻中，媒体普遍承认，该判决为针对矿王谷的进一步诉讼留下了一些空间。《洛杉矶时报》认为，这一判决实际上是在"激励"塞拉俱乐部修改诉状，以阻止开发项目。[13]《纽约时报》则更加谨慎地宣称，"新的判决……可能无法阻止环保组织在环境诉讼中再次提起本案"。[14]

道格拉斯大法官的不同意见以诗意的语言广泛引用了对不同地方环境特征的描述以及和生态学相关的内容，很快引起了媒体的注意。《华盛顿邮报》和《洛杉矶时报》在社论版块上节选了道格拉斯大法官的不同意见。[15]道格拉斯大法官的不同意见瞄准了比律师和法官更广泛的受众，因此他无疑是被广泛关注的。

然而，在铺天盖地的新闻报道中，人们忽略了这样一个事实，即该判决并没处理塞拉俱乐部对矿王谷开发项目提出的实质性质疑。即使塞拉俱乐部修改了它的诉状，确立了自己的诉讼资格，关于实体法律问题的判决还是会对此案的最终结果产生巨大的影响。塞拉俱乐部在新闻稿中称，该判决"为俱乐部赢得这场斗争开辟了多条法律追诉途径，俱乐部可以通过这些途径赢得这场战斗"。[16]但这种说法有些夸张，即使该俱乐部可以修改诉状以确立其诉讼资格，但全面赢得这场"战斗"的前景似乎并不明朗。

此外，请求国会通过立法将矿王谷划归红杉国家公园的努力进展缓慢。关于这一请求已经提出了 4 项几乎相同的议案，但这 4 项议案都被丢弃到参议院内政与岛屿事务委员会的废纸堆中，[17] 无人问津。

当然，最高法院关于诉讼资格问题的判决对其他想要通过诉讼来质疑建设项目的环保组织来说至关重要。最高法院将诉讼资格所需证明的损害类型与使用某个区域联系起来，塞拉俱乐部似乎可以很好地满足这一要求，但其他环保组织不一定能在类似的情形下证明存在损害。

《华尔街日报》的一篇文章分析了塞拉俱乐部诉莫顿案的判决，准确地指出了这一关键问题。文中引用了一位未透露姓名的"法庭观察员"的话，即使塞拉俱乐部能够证明这种必要的损害，但"其他组织未必可以证明"。[18] 就连本来对矿王谷案充满希望的塞拉俱乐部，也引用了塞拉俱乐部主席雷蒙德·舍温（Raymond J. Sherwin）的话，称该判决"让公益组织的诉讼资格问题变得相当不确定"。[19] 大卫·布劳尔成立的地球之友组织发行的一份出版物认为，这一判决"对其他组织的伤害可能比对塞拉俱乐部的伤害更大"。[20]

事实证明，这些新组织发展迅速，其成员对特定领域和资源的使用经常会受到政府行为的影响。因此，它们通常能够满足塞拉俱乐部诉莫顿案确立的诉讼资格要求。

与此同时，矿王谷案的当事人先于斯威格特法官考虑下一步的行动。自 1969 年该案件诉至法院以来，矿王谷项目涉及的法律和政治环境发生了重大变化。新形势很快会对该项目造成影响。

其中最重要的是国会于 1969 年通过的《国家环境政策法》（*National Environmental Policy Act*）。该法案要求联邦机构就"影响人类环境质量的重大行政行为"准备一份环境影响报告书

（Environmental Impact Statement）。[21] 环境影响报告书需包括拟开发项目可能造成的环境影响、项目实施后无法避免的不利环境影响，以及拟开发项目的替代方案。联邦法院越来越多地驳回拟开发项目，直到林业局等公共机构履行《国家环境政策法》所规定的义务。

林业局必须为矿王谷项目准备一份环境影响报告书，然后这一会影响环境的"重大行政行为"才能获得最终批准。作为林业局项目负责人的斯利姆·戴维斯认识到了这一点，他试图在最高法院发布判决之前抓住主动权。1972 年 1 月，他向位于华盛顿特区的林业主管部门提交了一份关于矿王谷的环境影响报告书草案。

草案附件透露了戴维斯对《国家环境政策法》的不满。他认为，"我们现在处理的是一个早在《国家环境政策法》颁布之前就已经作出的决定"，这个决定"得到了政府部门的完全支持"。林业局已经与迪士尼签订了合同，因此《国家环境政策法》的程序要求并不适用于矿王谷项目。他所在的林业部门不打算将环境影响报告书草案的副本送去审查，也不打算召开公开会议。他把这份报告书草案送到华盛顿，只是为了在最高法院作出判决后"应对未来可能出现的质疑"。[22]

戴维斯起草的环境影响报告书草案为矿王谷项目进行了辩护，却几乎没有分析该项目的环境影响。例如，在列出了迪士尼即将在矿王谷建设的 15 类设施后，草案并没有分析其可能造成的影响。它指出，"矿王谷是'独特的'，其独特之处就体现在进行冬季运动方面的卓越潜力"。[23]

4 个月后，位于华盛顿特区的林业主管部门给戴维斯回信，否决了他递交的草案。信中指出，环境影响报告书必须严格遵守《国家环境政策法》的规定，因为"将有很多受人尊敬的人物审查该报告书，主管部门不希望受到影响"。因此，"报告书中需要包含更多内容"。[24]

戴维斯绕过《国家环境政策法》的尝试失败了。塞拉俱乐部的诉讼让林业局意识到，有必要全面遵守有关矿王谷的法律规定。公园管理局也认识到，它必须为其决定准备一份环境影响报告书。最终，出于效率的考量，这两个机构打算一起编写一份报告书。[25]

这份环境影响报告书在三个方面影响了矿王谷项目的开发。第一，准备文件需要一定的时间；第二，环境影响报告书将接受审查，因此不能像斯利姆·戴维斯那样偷工减料；第三，该报告书将首次对矿王谷项目的环境影响进行综合分析。

与此同时，迪士尼抛出了一枚重磅炸弹。

在最高法院作出判决后，迪士尼高管试图为该项目创造新的动力，以确保公众舆论向有利于自己的方向发展，同时削弱自身在环境方面受到的攻击。该公司决定采取罗伯特·希克斯的提议，修建一条通往矿王谷的铁路，并借此消除针对矿王谷新公路源源不断的批评。

迪士尼精心策划了公告方案，以确保其项目能够获得良好的宣传。1972年5月3日，一场新闻发布会在图莱里县监事会的会议厅举行。记者们从洛杉矶乘坐迪士尼的飞机来到这里。

迪士尼公司总裁卡德·沃克宣布了该项目发生的重大变化，即不再需要一条穿过红杉国家公园的公路：

> 迪士尼计划建造一条由电力驱动的齿轮辅助铁路，将游客从红杉国家森林与红杉国家公园交界线以东的某个地方带进矿王谷。我们建议将这一运输系统向西延伸，经过红杉国家公园，以位于国家公园边界的橡树林作为终点站。[26]

这条铁路是公有的，但根据一份期限为30年的合同，该铁路将由迪士尼公司负责运营。取消穿过公园的那部分道路，为加利福尼亚州省下了 3000 万美元。这条铁路沿着图莱里县现有公路的右侧延伸。由于这一变化，矿王谷开发项目不再需要在公园内铺设地面输电线路，这些线路可以直接埋在铁路下面。[27]

沃克还讲了这一改变可能带来的其他好处。例如，迪士尼无须在山谷附近修建停车设施，因为游客可以乘坐铁路进入矿王谷，使风景如画的山谷与接驳设施保持距离。[28]

同时，新规划减少了到达山谷的游客数量。沃克说道，最初的林业局招标公告要求申请人规划足够的基础设施，以服务矿王谷的公共道路所能承载的最大数量的游客。现在，迪士尼可以缩小娱乐设施的规模，比如餐厅和滑雪缆车，因为新铁路会减少游客数量。他"预计，平均每天前来参观的人数只有 4000 人"。[29]

沃克强调，迪士尼是在其保护咨询委员会的指导下作出这些调整的。迪士尼相信，这些修改"将大大增强这个项目的美学属性和经营控制能力"。林业局也表示认同。[30]

简而言之，迪士尼提出了一些改变，希望这些改变能够适应变动的规定，并使该项目重获动力。它试图消除修建一条穿过红杉国家公园的新道路可能产生的问题，也不用向加利福尼亚州申请修建这条路的资金。该公司现在打算开发一个规模较小的矿王谷项目，以回应塞拉俱乐部对该项目规模"太大"的批评。迪士尼还试图将矿王谷项目中的铁路系统作为进入国家公园等地区的交通运输典范。正如沃克在声明中所说，迪士尼希望"提供一个范例，表明公众接受通过汽车以外的方式进入国家公园和国家森林"。[31]

事实证明，这一愿望并没有实现。关于新规划的问题又出现了。

首先，虽然迪士尼旨在通过发布新规划为该项目提供一种新方案，表明其对环境保护的关注，但它的公告却将这些变化与负面信息混在一起，抱怨迪士尼受到了不公正的对待。卡德·沃克以为自已辩护的语气在新闻发布会上宣称，"为了避免误解，我们需要对此加以说明"；他读了迪士尼的新闻稿，却说"自己更愿意即兴演讲"。[32]在宣布了关于新铁路的规划及其好处之后，沃克又回到了迪士尼受到不公平对待的问题上：

> 我们不允许华特·迪士尼的好名声和迪士尼在世界范围内的声誉因为我们无法控制的情况而受到攻击。我们不允许我们的项目规划被歪曲，就像过去发生的那样。[33]

迪士尼因其项目受到攻击而感到不满是可以理解的，其中一些攻击非常极端。然而，在迪士尼寻求一个新的开始时，沃克却用略带威胁的语气强调，公司"不允许"如何，这听起来有些不合时宜。

沃克指出，迪士尼早在 3 年前就停止了对该项目的所有财务投资，"不再积极宣传该项目"。但现在，沃克宣称，"我们今天提出了一项能满足公众需求的规划"，这个新规划值得重新引起大众的关注。与过去 3 年一样，迪士尼强调，它不是诉讼当事方。[34]然而，这些观点似乎有些脱节，不像迪士尼过去为其项目能够顺利实施所进行的部署那样具有前瞻性。

随后，迪士尼在加利福尼亚州各大报纸上刊登了整版广告。[35]这些广告也具有防御性，它们没有宣传迪士尼修建铁路的新规划，而是将重心放在为迪士尼辩护上。事实上，这条独特的铁路才是矿王谷项目作出的重大改变。

他们还展示了一张华特·迪士尼的照片，这张照片抓住了该开发项目的关键——在矿王谷修建滑雪场正是华特·迪士尼的主意，虽然他已去世 6 年，但他仍然是美国最值得信赖的人之一。然而，这则广告的文字却是卡德·沃克签署的一份声明。开头是这样的："在过去的 6 年里，有太多的歪曲，太多的错误信息，太多的诉讼和新闻稿，以至于似乎没有人记得华特·迪士尼有关矿王谷的真正想法。"声明中继续写道，沃克了解迪士尼的意图，因为他曾与华特·迪士尼一起去过那里。沃克还在抱怨："我已经厌倦了被歪曲的事实，各种错误的信息和诉讼，还有那些诋毁矿王谷项目的新闻稿。"[36]

在大张旗鼓地反对有关"山里的迪士尼乐园"或"娱乐中心"的指责后，迪士尼的广告才把重点放在新铁路上，宣称"我们找到了更好的方法来完成华特·迪士尼的计划"。广告最后向公众呼吁，"现在是表明立场的时候了"。[37]

沃克请来了国家公园管理局前局长、迪士尼保护咨询委员会成员霍勒斯·奥尔布赖特（Horace Albright），请他在宣布修建铁路的新闻发布会上发言。奥尔布赖特说，该地区需要保护，林业局和迪士尼现在正朝着正确的方向前进。[38]然而，这一声明存在一个明显的问题，如果该项目"现在正朝着正确的方向前进"，那么它之前朝着哪个方向前进？

回应对该项目的攻击已经让迪士尼逐渐偏离自己的轨道。

其他矛盾很快出现了。整版的报纸报道称，迪士尼取消红杉国家公园高速公路的规划"已得到美国林业局的批准"。[39]然而，林业局虽然过去一直与迪士尼步调一致，但其立场已经发生变化。当本地的林务员道格·雷兹（Doug Leisz）在新闻发布会上发表讲话时，他确实宣布林业局同意迪士尼的新规划。但雷兹随后指出，新规划的许多细节尚不完善，需要深入研究。[40]

事实上，罗伯特·希克斯自己也意识到，修建这样一条铁路将迫使林业局放弃其对矿王谷开发的基本要求，即"必须修建一条能到达滑雪缆车站的全天候公共道路"。斯利姆·戴维斯承认新规划有一些优点，但他提醒希克斯，这一改变"需要得到林业局高层的批准"。[41] 目前迪士尼还没有获得批准。此外，雷兹在新闻发布会上表示，铁路运输带给游客的成本"肯定是这个新规划能否得到批准的关键因素"。[42] 关于矿王谷只服务于高收入阶层的指控迫使林业局强调其对迪士尼的新规划持保留态度。

雷兹在新闻发布会上发布的书面声明也提及了政府的控制权，它"重申……矿王谷开发的最终决定权在政府"，例如，将由政府决定是否允许铁路进入山谷，并由政府确保矿王谷不会"仅对少数富人开放"。[43] 雷兹告诉听众，林业局将尽最大的努力控制进入矿王谷的游客数量。[44]

林业局还宣布，如果迪士尼想对已批准的总体规划进行任何修改，他们需要在新规划获得批准前准备一份完整的环境影响报告书。而且，环境影响评估程序"将允许公众充分参与"。在塞拉俱乐部看来，该机构对于公众参与矿王谷决策的态度发生了惊人的转变。[45]

虽然修建铁路的提议令人兴奋，但缺少关键细节。人们对一些基本问题感到困惑，例如，修建铁路是否意味着该项目不再需要公园管理局的许可？公园管理局的地区主管一开始认为，新的交通方式"不会影响红杉国家公园"，因此不需要获得公园管理局的许可。[46] 但不到两周，公园管理局就纠正了自己的错误，因为这条铁路将横贯公园，就像之前提议修建的公路一样。[47]

另一个重要问题涉及铁路建设的资金。迪士尼预计将通过债券或其他类似的机制进行公共融资，并且在 30 年内还清。然而，这种融资方式将责任转移到了图莱里县，而该县在过去坚决拒绝参与修建矿王谷公路。

在新闻发布会上，卡德·沃克提出，筹集资金的重担落在了图莱里县身上。在迪士尼管理层少有的混乱中，罗伯特·希克斯立即发布了这样一条声明："我们将把该铁路作为县政府和州政府或联邦政府之间的合资事项。"[48] 但这一澄清只突显了融资的复杂性，让各级政府的官员制订统一的融资计划很困难，而且可能非常耗费时间。

由于不确定迪士尼公司具体的融资计划，该县要求迪士尼公司给出说明。3周后，时任华特·迪士尼制作公司董事会主席的唐·塔图姆作了更详细的解释。迪士尼提议，将列车的运营收入用来支付这条非赢利性铁路的费用，用票价涵盖其运营和维护成本，以及借贷的本金和利息。建设资金将由"政府机构或拥有该列车所有权的其他机构"向私人投资者发行收益债券。迪士尼负责这条铁路的运营，但不保证其收入足以偿还债务。[49]

塔图姆的解释并不能缓解图莱里县的担忧。如果铁路运营的收入不足以偿还其债务，他们可能需要承担责任。此外，迪士尼提案中对责任的分配也很尴尬。迪士尼负责铁路的设计和运营，但不承担铁路的建设和融资，而负责这些任务的公共机构仍然不确定。

另一个潜在的问题可能会在随后出现。如果铁路穿越国家公园，就需要国家公园管理局发放许可证，而且该许可证必须是年度许可证，因此是可撤销的。由于新铁路需要融资，是否可以通过出售债券来为部分位于联邦土地上的铁路融资，并获得可撤销的许可证？一段时间后，迪士尼得出结论，这些债券不能出售。[50]

总的来说，这些问题给人的印象是，迪士尼的规划尚未完全制订好，公告中的前后矛盾隐约可见。迪士尼此前坚持认为，修建铁路是不可行的。[51]1967年，迪士尼曾向斯图尔特·尤德尔施压，要求他批准矿王谷公路。罗伊·迪士尼给尤德尔写信说，矿王谷采取机械化运输"在经济上不可行，也不能最好地服务公众"，"考虑到项目的经济性、可行性以及受众的广泛性，没有任何一种运输方式能胜过公路"。[52]然而，迪士尼现在却支持修建铁路。它为什么改变了？

加利福尼亚州的媒体并没有像迪士尼那样，以纯粹的热情来迎接这一变化。在新闻发布会上，加利福尼亚州的媒体向卡德·沃克提出了质疑:"如果最初的交通方案能够保护这片区域,为什么要在新闻发布会上提出一个新规划?"沃克的回答听起来很没有说服力。最初的交通方案"被媒体误解"为一个耗资 3500 万美元的项目,但这是整个项目的最终造价,而非基础设施的造价。[53]

这一声明确实获得了圣华金河谷当地报纸的支持,因为这些地区能从矿王谷开发中获得经济上的好处。但长期以来一直大力支持该项目的《洛杉矶时报》却对此持保守态度,甚至对其提出了批评。《洛杉矶时报》在 1972 年 5 月 7 日发表的社论《矿王谷的新发展》赞扬了这条新铁路,声称这让矿王谷开发项目"更具吸引力",并且"可能成为禁止车辆进入公园系统的典范"。该报认为,修建铁路是"对国家森林均衡利用政策的正确应用"。[54]但这篇社论也发现了"一个相当大的可行性漏洞",因为迪士尼"不想与铁路的融资、运营或必要的补贴有任何关系"。

随后,批评的矛头转向了林业局。此前,面对塞拉俱乐部毫无根据的抵制,林业局被该报称为模范公共机构。然而《时代》杂志指出,尽管现在林业局总体上支持修建铁路的想法,"但这并不能阻止人们从林业局过去的表现来评判它的能力"。《时代》杂志还指出,林业局之前曾反对修建铁路。简而言之,该机构已经失去了信誉。

这篇社论最终又回到了融资问题上。该报对这个问题的态度转变令人吃惊:"在矿王谷项目中,只有企业会受益,政府不应该为修建铁路融资。"随后这篇社论的语气收敛了一点,指出在某些情况下,政府补贴铁路是可以接受的,"在一定程度上,这样可以让迪士尼在财务方面远离为矿王谷服务的铁路设施"。[55]

《时代》杂志的这篇社论迫使迪士尼公司作出回应,卡德·沃克觉得有必要给编辑写封信。他在信中指出,这篇社论错误地认为迪士尼与铁路的运营无关,实际上,迪士尼会签订非赢利性运营合同,从而尽可能地降低成本。沃克还强调,迪士尼并非建议由政府支付费用或提供补贴，而是通过私人投资者购买债券来实现项目融资。最后，他谈到修建这条铁路是否会导致图莱里县将现有公路的路权转让给民营的华特·迪士尼制作公司。沃克说，迪士尼不认为这一转让符合公众利益，而且如果迪士尼拥有铁路系统，这一转让也并不必要。[56]

另一篇文章能够说明新闻界为何不再坚定地支持该项目。圣华金河谷的主要报刊《弗雷斯诺蜜蜂报》长期以来一直为这个项目摇旗呐喊。但是，负责报道该项目的记者罗恩·泰勒（Ron Taylor）在一篇长文中指出，新规划"听起来令人印象颇深，但显然缺乏细节"，特别是谁将为这条铁路发行债券、谁将建造这条铁路，这些问题都没有答案。这篇文章还承认，滑雪场选址存在困难，而且环境保护的要求使得太浩湖地区小型滑雪场的资金筹募越来越难。但文章提到，正如塞拉俱乐部指出的那样，林业局"很少或根本没有事先考虑……这条道路穿过公园里的红杉树林会对环境产生什么影响"。它批评了林业局对该项目的总体规划："从公众的角度来看，林业局是在事后才批准了高达 3500 万美元的迪士尼矿王谷项目。"1965年，林业局制定了最低开发标准，却没有采取任何行动来确定最大限度的利用可以或应该达到什么程度。[57]

《弗雷斯诺蜜蜂报》将该提案称为修建铁路的"戏剧性公告"，这让迪士尼的管理层感到不安。提案的细节问题仍有待研究，而曾经支持该项目的媒体已经改弦易辙。但这项声明使得塞拉俱乐部不得不面对最后一个问题：它是否反对在矿王谷开发任何滑雪项目？

迪士尼新提议的目标之一，是消除塞拉俱乐部针对该项目提出的诸多批评。迪士尼实现了这一目的。

修建新铁路的提议似乎消除了修建通往矿王谷的新公路的必要，而这正是塞拉俱乐部反对矿王谷项目的主要原因。该提议提出，可以将输电线路埋在铁路的优先通行路线上。迪士尼还承诺打造一个

"无汽车"的矿王谷滑雪场，并限制矿王谷滑雪场内的游客数量，将冬季的游客容量从14000人减少到8000人，进而减少了最初设计的滑雪场升降机的数量。最后，林业局强调，该局有权对矿王谷的游客数量设定上限，并表示在批准新规划前会征求公众的意见。

简而言之，迪士尼的提案和林业局的声明都回应了塞拉俱乐部对该项目的诸多批评，尤其是反复出现的项目规模"太大"的指责。这些变化迫使塞拉俱乐部重新调整自己的立场。

迈克·麦克洛斯基总是随舆论的变化而作出反应，他在这方面和迪士尼很像。当迪士尼宣布改变规划时，他发布了一篇标题为《塞拉俱乐部将继续反对开发矿王谷》的新闻稿。麦克洛斯基说，这些变化表明迪士尼"显然已经认识到之前的项目规模过于庞大了"。他接着说，修改后的项目规模"仍然很大，他们无法保证它不会变得更大"。[58] 不过，塞拉俱乐部的董事将在周末开会，讨论是否继续反对该项目。

俱乐部董事会对此事进行了深入讨论，最根本的问题很快被揭示出来："俱乐部是反对在矿王谷开发任何滑雪项目，还是只反对像华特·迪士尼制作公司那样的大规模开发？"[59]

虽然麦克洛斯基公开表露的立场是塞拉俱乐部将继续反对矿王谷开发项目，但他也承认，俱乐部还在讨论这个问题。他告诉董事会，塞拉俱乐部需要确定一个"明确的政策导向"，即"是否要反对山谷的任何开发项目"。麦克洛斯基指出，该俱乐部过去的主张实际上允许"建设'小型'滑雪开发项目"。的确，在1969年宣布提起诉讼时，麦克洛斯基曾在新闻发布会上表示，俱乐部不会"武断地反对"所有矿王谷的"开发建设项目"。[60] 然而，董事会成员、前主席菲尔·贝里并不认为俱乐部的主张存在任何"空白"，俱乐部的立场是，矿王谷属于红杉国家公园。[61]

最终，针对矿王谷的诉讼迫使董事会作出了决定。正在准备起诉的詹姆斯·摩尔曼告诉董事会，如果俱乐部同意在矿王谷开发滑雪项目，就会与实质性诉讼请求相矛盾。这些指控——包括对双重许可证制度合法性的质疑和对禁猎区的影响——认为，迪士尼在矿王谷中开发滑雪场是非法的。

摩尔曼还强调，"适度开发论在过去几年里有增长的趋势"。迪士尼很可能在未来扩大矿王谷项目的规模，那时再提出反对，就不会像"最初提出完全反对"那样有效。摩尔曼敦促董事会拒绝所有可能会"削弱俱乐部诉讼法律主张"的提议。[62]

最后，董事会通过了一项动议，即"塞拉俱乐部反对迪士尼在矿王谷进行任何滑雪开发项目，包括不符合当前用途的所有开发设施（如公路、铁路等）"。董事会仍然坚持，矿王谷应该被纳入红杉国家公园。[63]

塞拉俱乐部通过起诉将关于矿王谷开发项目的纠纷变成了一场法律战，这一行为的一些后果已经显现。这场诉讼与旨在保护某些利益的政治目标密切相关。如果塞拉俱乐部董事会希望与诉讼中的法律论点保持一致，那么他们也要对迪士尼的新提议作出应对。

在宣布项目变更方案时，迪士尼在报纸上的公告最后提出了一个关于矿王谷未来的问题："谁在真正为矿王谷说话？"塞拉俱乐部回应道："难道会有人相信，如果矿王谷能够回答，它会说'是华特·迪士尼制作公司！'？"[64]

塞拉俱乐部决定继续提起诉讼。然而，尽管该俱乐部在公众面前摆出了一副自信的姿态，但它似乎已经没有多少胜算了。主要问题出在上诉法院作出的判决上。虽然最高法院认为塞拉俱乐部缺乏诉讼资格，但其已经确立了一个不同的诉讼资格标准，而该俱乐部刚好能够满足这一标准。然而，如上所述，上诉法院果断地驳回了塞拉俱乐部对林业局和公园管理局提出的实质性法律请求，例如对双重许可证制度的质疑。塞拉俱乐部需要想办法论证，尽管上诉法院作出了判决，但它可以继续对此提起诉讼。

不过，它必须先向地区法院证明自己受到了损害，这是确立诉讼资格的必要条件。该俱乐部调查了过去使用矿王谷的活动，还整理了一长串与矿王谷有关的清单，并修改了诉状，增加了9个人作为原告，包括马丁·里顿、阿尔伯特·希尔和南加州员工代表拉里·莫斯（Larry Moss）。俱乐部提起诉讼的理由是：

> 塞拉俱乐部多年来一直定期在内华达山脉地区举办户外活动，并将继续下去。俱乐部的几个分会也一直在矿王谷及其周边地区进行户外活动。此外，俱乐部的许多成员还会以个人或非正式的形式，在这里进行徒步旅行，以及开展各种户外娱乐活动，如野餐、登山、摄影、露营和亲子出游等。[65]

值得注意的是，修改后的诉状还指控了一项新的违法行为，即林业局违反了《国家环境政策法》，没有为矿王谷项目准备一份环境影响报告书。[66]

法院很有可能允许塞拉俱乐部修改其诉状并支持其诉讼主体资格，而政府部门会对此表示反对，他们认为塞拉俱乐部本可以更早地提出法律方面的指控，这时递交诉状已经太晚了。[67]塞拉俱乐部轻而易举地驳倒了这一说法，斯图尔特大法官在最高法院判决书的补充说明中指出，塞拉俱乐部可以尝试修改其诉状，因此塞拉俱乐部只是行使了这一权利。[68]

斯威格特法官同意这一观点，认为"修改后的诉状完全符合最高法院关于诉讼资格的要求"。然而，斯威格特接着指出，该俱乐部可能难以推翻上诉法院早先作出的判决，该判决驳回了塞拉俱乐部在诉状中的实质性指控：

应该指出的是，尽管最高法院提出了关于诉讼资格问题和程序问题的补充规则，但它没有处理，甚至没有提到第九巡回法院对实质性指控作出的判决。即便原告有诉讼主体资格，但原告并未回应被告对临时禁令的反对理由。

因此，仅仅因为原告获得了诉讼资格便要求再次审理本案，这是不必要的。[69]

换句话说，即使塞拉俱乐部能够证明它具有诉讼资格，斯威格特法官也不认为其实质性主张会得到新的判决结果。

政府部门从斯威格特法官的警示性言辞中得到了暗示，迅速提交了一份驳回整个案件的提议。它的理由很直接，上诉法院之前的判决已经否决了塞拉俱乐部提出的所有诉求，并以此确立了新的判例。最高法院的判决并没有改变上诉法院这部分的意见。因此，政府部门主张，塞拉俱乐部已经败诉，无须再审理此案。

对于塞拉俱乐部新提出的"政府部门未准备环境影响报告"的指控，政府部门给出了极具说服力的理由，即撰写环境影响报告的时机还不成熟。林业局曾承诺，在作出任何与迪士尼项目有关的新决定之前，他们都会出具一份环境影响报告。因此，在林业局和公园管理局采取行动之前，塞拉俱乐部不能指控它们违规。根据原告在被告行为"完成"之前不能起诉的法律原则，这一论点是有效的。在这一原则下，必须等政府做出具体的行政行为后，塞拉俱乐部才能起诉。

詹姆斯·摩尔曼现在是俱乐部法律团队的负责人，他意识到政府部门的反对意见非常有说服力。他告诉塞拉俱乐部，政府部门从斯威格特法官的言语中"得到了鼓励"，这番言论暗示本案的走向晦暗不明。摩尔曼认为，塞拉俱乐部会赢得这次诉讼，"但政府可能会让我们的一些法律理论受到打击"。[70]

　　针对政府的驳回意见，摩尔曼精心准了一个双重回应。首先，关于实质性诉讼请求的问题，他认为上诉法院仅认定塞拉俱乐部提供的证据不足，所以不足以获得临时禁令。因此，上诉法院并没有直接对实质性诉讼请求作出判决，也不能构成对斯威格持法官的约束。[71] 这种区别很有限。虽然从技术上讲，塞拉俱乐部对上诉法院判决范围的判断可能是准确的，但该法庭已经处理并明确拒绝了俱乐部提出的核心法律诉求。

　　其次，考虑到新宣布的铁路方案，摩尔曼承认"国家公园的土地上可能不会有输电线路或新的道路"。这一变化将使俱乐部的相关诉讼请求丧失基础，但他要求地区法院等待政府部门确认这些事实。[72]

　　摩尔曼还发现，塞拉俱乐部就环境影响报告书提出的诉讼请求并非为时过早。他回应道，政府部门在准备环境影响报告书之前就已经决定批准矿王谷开发项目，这是非法的。[73] 但是在那时，政府还没有向迪士尼发放许可证，因此所谓的"批准"还没有正式生效。鉴于这一系列事实，很多法院都会驳回此案，因为他们知道，如果政府在准备好环境影响报告书之后，发布了该项目的最终批文，塞拉俱乐部可能还会出现在法庭上。

　　双方当事人在斯威格特法官面前口头辩论了很久。斯威格特法官年近72岁，精力已不如以前旺盛了。[74]1972年9月12日，他提出了自己的意见。也许是被上诉法院驳回他授予的禁令激怒，斯威格特法官同意继续审理本案。他接受了塞拉俱乐部的论点，即上诉法院并没有驳回他们的诉讼请求，只是推翻了临时禁令。他认为，就这类禁令作出裁决与对这些问题作出判决是不同的。因此，"尽管上诉法院已经作出不利于原告的判决，原告仍然有权提起诉讼"。[75]

　　斯威格特同样支持塞拉俱乐部关于环境影响报告书的诉讼请求。他援引了原告控诉政府没有遵守《国家环境政策法案》的部分，认为这一赤裸裸的指控足以得到支持。[76]

摩尔曼松了一口气，并告诉他的委托人，"现在情况已经稳定下来"，塞拉俱乐部的律师很快就会开始细致地处理这个案件。[77]不过，从这一刻开始，在矿王谷之争中，这起诉讼将扮演一个非常不同的角色。

塞拉俱乐部第一次提起诉讼时，它似乎是在试图阻止迫在眉睫的迪士尼开发项目和穿越红杉国家公园的扩建道路。现在，这两个项目都不会很快实施，因为政府正在考察这一项目可能对环境造成的影响，尤其是修建铁路带来的变化，并为之准备一份环境影响报告。然而，即便案件进入审判阶段，第九巡回法院先前的判决似乎仍然无法让俱乐部的大部分诉讼请求获得支持。正如塞拉俱乐部的一名律师后来所说，"我们只是侥幸逃脱了"案件被驳回的命运。[78]至于环境影响报告书，其是否能够通过要等到写出来才能确定。

但是塞拉俱乐部继续推进这项诉讼还有另外两个目的。首先，这表明了该俱乐部坚决反对迪士尼开发项目的态度。其次，俱乐部可以通过"证据公示"程序，从政府和迪士尼那里获取证词和文件。这些程序将增加政府的压力，进而影响它对修改后的迪士尼提案的考量。

最高法院的判决带来的另一重大影响是，加利福尼亚州州长罗纳德·里根受到了关注。修建矿王谷公路的资金是从南加州蓬勃发展的其他高速公路项目中转移的。然而，迪士尼出人意料地宣布，它现在更倾向于修建铁路，这使得用于修建新公路的大部分资金变得没有必要了。于是，矿王谷开发项目的反对者纷纷对此进行指责。

矿王谷项目的主要反对者、加利福尼亚州议员埃德温·泽伯格（Edwin Z'berg）大力推动立法，要求从加利福尼亚州高速公路系统中移除铁路将要覆盖的路段，此举将阻止该州修建这一段公路。1972年5月18日，尽管遭到加利福尼亚州公共工程部和林业局的反对，议会委员会还是通过了一项与之相关的法案。值得注意的是，华特·迪士尼制作公司似乎并没有反对这项法案。[79] 不到两周，该法案——被议员称为"不中用的家伙"——在加利福尼亚州议会通过。[80] 随后，这项法案在州参议院以微弱优势通过。这项法案和这条道路的命运掌握在了里根州长手中。

里根和他的顾问很纠结。里根曾强烈支持迪士尼的发展，这一立场与他的私人关系有关，里根与已故的华特·迪士尼以及该项目的狂热支持者乔治·墨菲私交甚好。与此同时，作为政治家的里根一直在鼓吹财政保守主义，节省修路资金的前景吸引了他。他的资源局秘书艾克·利弗莫尔（Ike Livermore）现在成了影响里根决定的核心人物。

利弗莫尔试图说服里根采取一种更注重环境保护的立场，并取得了一些进展。例如，在带热爱户外运动的里根进行了一次背包旅行之后，利弗莫尔说服他否决了一条横跨内华达山脉的有争议的新道路。他还对矿王谷"了如指掌"，年轻时他曾在那里经营过一家货物包装公司。[81]

尽管利弗莫尔本人与塞拉俱乐部有着长期的联系，但他并不反对所有的矿王谷开发项目。他给华特·迪士尼制作公司的唐·塔图姆打了电话，确认迪士尼已经放弃了旧方案。随后他又写了一封回信。利弗莫尔证实了迪士尼的立场，如果后来的研究表明，拟议中的铁路"出于某种原因"不能落地，迪士尼"也不想重新开放汽车使用"。因此，利弗莫尔总结道，迪士尼"不会执着于修建一条通往矿王谷的州高速公路"。[82]

利弗莫尔的助手福特（Ford B. Ford）与国家公园管理局局长乔治·哈佐格进行了交谈，哈佐格告诉福特，如果放弃修建这条公路，他会"很高兴"。当然，长期以来，这条公路一直让公园管理局感到困扰。哈佐格说，这样的决定"将为州长带来荣誉"。[83] 然而，林业局就完全是另一回事了。当斯利姆·戴维斯听说州长可能会同意放弃这条公路时，他"痛苦地"给利弗莫尔打电话，提出抗议。利弗莫尔是戴维斯的好朋友，也是曾经与戴维斯一起滑雪的人。[84]

随后，里根内阁内部爆发了一场争议，因为商业运输局希望保留这条路，作为迪士尼项目的后备方案。让艾克·利弗莫尔非常恼火的是，该机构的负责人弗兰克·沃尔顿（Frank Walton）在里根另一名助手的饯行晚宴上，创作了一首关于矿王谷的歌。出人意料的是，利弗莫尔唱了一首塞拉俱乐部的老歌作为回应。[85] 最后，在内阁成员和州长进行了一番"激烈而彻底的讨论"后，[86] 大多数内阁成员建议签署法案，将这条公路从州公路系统中移除。里根确实这样做了。

至此，关于改善道路的长期争议告一段落。里根在新闻稿上解释说，他仍然"坚决支持开发矿王谷"，并表示开发项目"不会因为高速公路而受阻"。[87] 美国滑雪协会对此有不同的看法。该协会警告道，"移除这条公路后"，"矿王谷开发项目将会存在一段不确定的时间，甚至可能永远停滞"。[88]

事件的发展很快就会证明，罗纳德·里根和滑雪协会谁的预言会更加准确。

第十二章 "公园拨款"法案

迪士尼宣布修建铁路的规划尘埃落定，随之而来的是滑雪项目的监管方面发生了根本变化。权力已经转移。在诉讼之前，对于提案中的所有主要决定，林业局都听从了迪士尼的意见，对其监管也并不严格。现在，为了回应外界批评其管理松懈，林业局加强了监管。有两个问题很快被提上了议程：准备环境影响报告书的流程，以及敲定迪士尼新铁路提案的细节。

林业局在准备环境影响报告书时很快遇到了麻烦。为了分析该项目对环境的影响，林业局需要迪士尼提供更细致的滑雪场建设规划。[1]然而，迪士尼的态度是，它已经提出了修建铁路的方案，只需等待公共机构批准。公司不想花费额外的资源来协助林业局完成环境影响报告书。

与此相关的一个问题是，根据法律规定，环境影响报告书需要包括减轻该项目环境影响的替代方案。然而，更小规模的替代方案引起了迪士尼的注意，因为该项目规模必须足够大才能证明其投资是合理的。罗伯特·希克斯在一份内部备忘录中指出了这个问题。他强调，环境影响报告书提出的替代方案是建造一个用于除雪的小站点，并将现有道路改造成公交车道。他告诉皮特·威科夫，迪士尼"对这种规划不感兴趣"。随后，他在备忘录中指出，迪士尼不愿公开声明这一点，因为"一些人会积极支持这一替代方案，这将招致更多的反对意见"。[2]

环境影响报告书的准备工作很复杂。林业局将完成日期定在1974年7月，然而，该机构的许多人认为没那么乐观。[3]事实证明，他们的看法是正确的。

拟议的铁路同样存在很多难题。第一个问题是，国家公园管理局是否拥有允许铁路穿越国家公园的权力。林业局认为，该项目落地的第一步应该是获得国家公园管理局的路权批准，以及"解决有关通行的问题"。[4] 具有讽刺意味的是，这一立场让林业局陷入了1967年到1969年曾遭遇的尴尬境地——等待公园管理局决定道路问题。

拖了很长时间后，这个问题最终得以解决。1972年12月，农业部部长厄尔·布茨（Earl Butz）致信内政部部长罗杰斯·莫顿，称如果公园管理局有权批准，布茨会协调各机构一起起草一份"合适的协议"。[5] 莫顿的部长助理纳撒尼尔·里德（Nathaniel Reed）在2个月后给出了回信。根据内政部首席律师的建议，与高速公路相关的"法律概念同样也适用于铁路"，这表明公园管理局有权批准建设铁路。[6]

但里德接着指出，在塞拉俱乐部的诉讼中，这种许可证的有效性仍然是一个问题。因此如果没有司法部的明确同意，内政部也"不愿意颁发这样的许可证"。否则，"内政部的单方面行动可能会对未决诉讼产生重大影响"。[7] 因此，塞拉俱乐部的诉讼会继续影响政府的抉择。6个月后，里德回复道，尼克松政府并不支持建设任何穿越公园的道路，"国务卿已经在很多场合向我表明了这一点"。[8]

穿过红杉国家公园的铁路不会像林业局所希望的那样很快得到批准。1973年7月，迪士尼被告知内政部不会授予一条穿越红杉国家公园的铁路通行权。此时，迪士尼认为林业局会建议采取公共汽车的方式进入矿王谷。[9]

除了路权问题，还有一个更大的现实问题亟待解决，即齿轨铁路真的可行吗？林业局不再只是接受迪士尼的说法，它需要回答这个问题，但林业局不具备评估这一问题的技术能力。该机构聘请了一名外部顾问——艾伦·沃里斯联合公司（Alan Voorhees and

Associates），来分析齿轨铁路的可行性和其他可替代交通工具。

1973 年 1 月，沃里斯公司完成了一份报告草案，林业局的斯利姆·戴维斯将报告寄给迪士尼以征求其意见。迪士尼方反应不一，沃里斯公司估算的齿轨铁路成本比迪士尼给出的数字要高得多。尽管迪士尼此前曾认为，沃里斯的成本计算存在"基本错误"，但最后仍得出了这些数字。

一向内敛的罗伯特·希克斯给斯利姆·戴维斯写了一封信，表达了自己的愤怒。在详细阐述了迪士尼对报告中的数字的质疑后，希克斯指控该报告"从一开始就对齿轨铁路有偏见"。他认为这份报告有可能导致整个项目失败：

> 当这份报告公开时，我们认为它将为反对派在法庭上进一步攻击环境影响报告书的准确性和充分性提供理由。此外，从经济角度来看，图莱里县监事会完全不能证明，出售收益债券来为初始资本投资过高的齿轨铁路提供资金是合理的。[10]

希克斯威胁道："如果该报告向公众公开，我们别无选择，只能声明我们不支持这个调查结果，并指出具体的不准确之处。"[11]

斯利姆·戴维斯只是含糊其词地向希克斯承诺，林业局会在定稿前让顾问做进一步修改，并"继续与之保持密切联系"。[12]这场纠纷表明，迪士尼和林业局之间的关系发生了变化。此前，林业局和迪士尼一直步调一致，林业局通常会遵从迪士尼的意见。而现在，林业局变成了一个主动的监管者。

1973 年 6 月，林业局发布了沃里斯报告的定稿，[13]但并没有过多修改草稿的结论。报告推荐了 4 种备选方案：全天候高速公路、公共汽车、齿轮辅助铁路和空中有轨电车系统。在此基础上，林业局准备了一份内部文件予以回应，声称将"在沃里斯报告提出的备选方案中寻找替代方案"，[14] 并很快为之提供了论证。

此时的迪士尼已经冷静下来，对这份报告做出了切实的回应。迪士尼仍然主张修建齿轨铁路，但它表示，如果允许将现有道路的可通行速度提升至每小时 35 至 40 英里，那么新道路也能承载矿王谷的游客容量。它拒绝了公共汽车，也拒绝了空中有轨电车，因为公众"不愿意长时间乘坐悬浮在空中的交通工具"。[15]

交通运输问题的解决方案很快变得更加混乱。图莱里县得出的结论是，如果为修建铁路发行债券，就需要加利福尼亚州立法机关新的授权。正如《洛杉矶时报》在 1973 年 10 月一篇题为《规划中的矿王谷项目似乎注定要失败》的文章中所写的那样，立法机关"可能不会像 60 年代中期那样接受这个项目了"。[16] 最后，公园管理局在阅读了沃里斯的报告后，开始质疑该县是否拥有路基的路权。[17]

简而言之，经过一年的研究，矿王谷开发项目应采取何种交通方案仍悬而未决。提出建设齿轨铁路以推动项目进程的迪士尼，也在交通问题上失去了控制权。

在混乱中，争夺矿王谷未来发展方向的各方却以一种意想不到的方式达成了某种和解。红杉国家森林的主管吉米·詹姆斯原定于 1973 年 5 月底退休。在此之前，他抛开了职业生涯中的官僚主义束缚，决定发泄自己对塞拉俱乐部酝酿已久的不满——"为了给纳税人省几块钱，我们浪费了无数个小时的精力"。他向塞拉俱乐部主席提出了一系列问题，包括俱乐部对在公共土地上建设滑雪场的立场。最重要的是，詹姆斯想知道俱乐部是否会支持在两个备选地点——位于红杉国家森林的板岩山（Slate Mountain）和谢尔曼峰（Sherman Peak）——建设滑雪场。他问道："在这样一个拟议的开发项目中，究竟必须满足哪些标准？"[18] 詹姆斯将这封信的副本寄给了众多感兴趣的社会组织，包括滑雪协会和两个备选地点的塞拉俱乐部分会。

人们原本以为塞拉俱乐部会拒收这封信。但迈克·麦克洛斯基明白，塞拉俱乐部在矿王谷案的斗争中获得全面胜利的可能性很小，所以他非常重视这封信。麦克洛斯基和塞拉俱乐部的 3 位关键人员同意在詹姆斯位于波特维尔的办公室与他会面，这让詹姆斯非常惊讶。詹姆斯告诉参加会议的人，他"真的只是希望塞拉俱乐部给他写封回信"。[19]

麦克洛斯基表达了对替代方案的兴趣。他说，如果把矿王谷滑雪场搁置一边，俱乐部将投入"资源"来重点考察詹姆斯提到的两个地点，即板岩山和谢尔曼峰。[20]但詹姆斯拒绝了这一提议，他认为"板岩山或谢尔曼峰的开发不应该以矿王谷为条件"。然而，替代方案带来了一些希望。塞拉俱乐部保护矿王谷的诉求将获得满足，林业局的滑雪开发项目也能获得该俱乐部的支持。滑雪协会无疑更青睐矿王谷，但他们可能认为，一个确定能够开发的新项目好于充满了不确定性的矿王谷项目。当然，迪士尼会遭受损失。但是，该公司可能会很高兴能有一个理由退出这一旷日持久的"战斗"，继续专注于公司的其他项目。[21]

1974 年，迪士尼开始研究在加利福尼亚州独立湖（Independence Lake）建造滑雪场的可能性。独立湖位于太浩湖之上的内华达山脉，远没有矿王谷那么壮观，但它是一个人工湖，因此不存在与矿王谷相似的环境问题。虽然塞拉俱乐部承诺会在一定程度上与迪士尼合作，[22]但迪士尼开发独立湖的尝试失败了，二者的合作也在一堆相互指责的声音中如泡沫一般破碎了。[23]

最终，这次会面毫无成果。以吉米·詹姆斯的情绪发泄为开端的短暂和解以失败告终，消耗战继续进行。

环境影响报告的准备工作一直持续到 1974 年。皮特·威科夫绞尽脑汁地整理这份报告，他清楚，这份报告必须通过司法审查。林业局的一名员工说，威科夫"每一次受到批评后，都会去找塞拉俱乐部的律师"。[24]

林业局现在致力于让公众广泛参与到环境影响报告书的准备工作中来。1974 年 5 月底，它向感兴趣的各方（包括迪士尼和塞拉俱乐部）分发了一份报告书草案。[25] 这份草案之后得到了一些重要的回应。

首先，由于有了齿轨铁路，这个项目的规划现在更像一个旅游景点，而它的早期版本强调的是日间使用。乘坐铁路的旅客更有可能在这里过夜，而不是白天开车来。[26]

其次，塞拉俱乐部评论道，这份草案没有充分定义矿王谷的开发项目，因为"无论是在书面上还是在地图上，都没有显示或标注建筑设施的具体位置"。[27] 前一年，作为诉讼请求的一部分，塞拉俱乐部要求迪士尼提供矿王谷建造规划的复印件，上面标明每座拟建建筑的具体位置。迪士尼的律师回应道，"建筑的位置从来不是固定的，在最终建好之前都是可更改的"。[28] 一年过去了，什么都没有改变，迪士尼不会花钱制订标注具体设施位置的规划。塞拉俱乐部抗议道，如果没有明确标注的地点，就无法准确分析该项目对环境的影响。

迪士尼也对环境影响报告书草案表示担忧。迪士尼称，草案中的某些内容将"使得华特·迪士尼制作公司难以实现该项目的目标"。迪士尼提出，草案中对项目规模的限制将对其财务规划产生不利影响。林业局不应该再假设迪士尼会在前 5 年投资 3500 万美元，这一数字长期以来被称为迪士尼的初始投资。迪士尼悲观地回应："我们发现，这份报告中的许多经济预测结果与公司的预算存在冲突，在过去的 18 个月里，我们一直在利用一切机会向林业局传达这一情况。"[29]

1974 年年底，迪士尼对矿王谷项目的评估结论为，该项目能否完成取决于几个不确定的事件。卡德·沃克的主要副手吉姆·斯图尔特（Jim Stewart）在迪士尼承担了矿王谷项目越来越多的建设责任。1974 年 10 月，在林业局即将正式发布其环境影响报告书前，它向迪士尼发送了一份预发布的副本。斯图尔特利用这个机会起草了一份备忘录，认真审视了该项目目前面临的困难。这份备忘录在迪士尼内部广为传阅，迪士尼此时面临的情况很严峻。[30]

长期以来，通往矿王谷的交通规划是这些困难的核心。斯图尔特说，林业局采用了沃里斯研究中有关铁路的数据，使得"迪士尼看起来似乎在倡导建设一个非常昂贵的交通系统，这不是普通游客所能享受的"。沃里斯的报告"为攻击该项目的反对理由提供了一个所谓的权威来源，给迪士尼造成了巨大的公关压力"。[31]

但这并不是唯一的困难。斯图尔特指出，一般情况下，内政部没有权力批准通过红杉国家公园的铁路通行权限，因此需要国会立法。斯图尔特说，这项立法"在短期内"似乎不太可能实现。同样，图莱里县也无权为运输系统发行税收债券，因此加利福尼亚州也需要立法。最后，斯图尔特认为迪士尼很可能被要求为齿轨铁路的债券提供担保，[32] 这是迪士尼坚决反对的一项财务承诺。

林业局在环境影响报告书中提出，作为铁路的替代方案，游客可以开车到奥克格罗夫（Oak Grove），换乘前往银城的公共汽车，然后从那里乘坐齿轨铁路。斯图尔特的结论毫无疑问是正确的，这种组合式的交通方式"不符合迪士尼的目标，即为白天和过夜的游客提供方便又低廉的交通"。组合式交通还容易引发一些可能长期存在的问题，即穿过公园的交通通行权，以及能在多大程度上拓宽或重新调整现有的道路。最后，谁来提供从银城出发的火车资金？斯图尔特说道："他们显然认为迪士尼会资助并运营这趟列车。"[33]

斯图尔特的备忘录还指出了其他困难。斯图尔特援引了迪士尼内部律师的观点，称由于缺乏具体规划，环境影响报告书在法律上可能是不充分的。这种情况"将使迪士尼处于不利地位",但如果迪士尼"不保证项目会继续推进,就不会花钱做如此详细的规划"。[34]

斯图尔特还担心双重许可证的合法性问题,即林业局将定期许可证与年度许可证结合起来的法律效力。一项涉及跨阿拉斯加输油管道的法院判决指出,政府在该案中授予的年度许可证实际上是不可撤销的。当然,同样的问题在矿王谷案中也被提出过,滑雪项目的年度许可证真的能被撤销吗?[35] 对于诉讼本身,斯图尔特直言不讳地总结道:"既然华特·迪士尼制作公司永远无法实现其为矿王谷项目设定的最初目标,我们为什么要忍受漫长的审判所带来的负面影响呢?"[36]

斯图尔特没有说迪士尼会放弃矿王谷项目,只是建议迪士尼宣布,"我们确信,迪士尼永远不会支持环境影响报告书中提及的其他替代性交通方式"。尽管斯图尔特在备忘录中得出的一些结论存在争议,比如内政部是否已经确认不能批准通过红杉国家公园的铁路。但备忘中提出的困难是真实存在的,该公司几乎没有能力解决这些问题。

尽管如此,以卡德·沃克为首的迪士尼最高管理层决定,公司将继续推进矿王谷项目。沃克忠于华特·迪士尼的判断,对他来说,华特·迪士尼的梦想压倒了所有令人生畏的不利事实。

与此同时,林业局也在艰难前行。1975 年 1 月,环境影响报告书草案发布,向公众征求意见。文件中描述的拟开发项目仍然规模巨大,这里每年预计接待游客 280 万人,高峰期每天接待 1 万人,可为 6000 人提供住宿,还将建设 18 座滑雪缆车和 10 家餐厅。[37] 林业局发言人向公众保证,这一项目规模"符合政府对矿王谷游客承载量的合理估计"。[38] 游客可乘坐齿轨铁路从奥克格罗夫前往拟建的矿王谷度假村。

大约有 2150 封来信对环境影响报告书草案提出了建议。[39] 加利福尼亚州及其他地区的重要评论人士抱怨，这份文件存在缺陷，因为"开发规划缺乏针对性"。[40] 内政部建议，环境影响报告书可以将矿王谷并入红杉国家公园作为替代方案，这对林业局来说是个坏消息。[41] 就连这一开发项目的支持者也建议修改环境影响报告书草案。图莱里县希望报告书能提供一个只在冬季开放的度假村替代方案，但迪士尼完全不能接受这一提议。[42]

迪士尼也对环境影响报告书草案不满意。迪士尼指出，草案中描述的齿轨铁路"可能无法真正建造"，因为通行权和许可证存在不确定性，这将导致"私人融资难以实现"。迪士尼还指出，环境影响报告书草案没有写明进入矿王谷的"最佳方案"，即将现有道路的限速提高到每小时 35 英里。[43]

简而言之，各方对于矿王谷开发项目没有达成共识，许多人对林业局的环境影响报告书草案提出了质疑。

为了推进项目，林业局必须就矿王谷的交通运输问题作出明确答复。意识到这一点后，1975 年 5 月，林业局召集相关人员开了一次会，并提出了修改建议。修建一条通往矿王谷的铁路原本是推动该项目的救星，但被草率地放弃了。现在，该项目将重建一条穿过红杉国家公园并通往银城的道路，为游客提供全天候通道。

银城将建设大型基础设施，为 1500 人提供住宿，并为 4000 名日间滑雪者提供配套设施。下坡滑雪设施将在银城下方开发，与矿王谷的距离更加遥远。道路改善后，这些娱乐设施可以扩展到矿王谷。[44] 换句话说，林业局提议彻底重新布局该项目，将滑雪场中心设在银城而不是矿王谷。

林业局安排了一次与迪士尼的会议，"希望获得许可证持有者——迪士尼对新规划的支持，并同意提供时间和资金予以协助"。[45]

不出所料，迪士尼拒绝了银城方案，因为银城和华特·迪士尼预想的矿王谷度假村完全不一样。他们又进行了更多的讨论。1975 年年底，林业局大致确定了另一个项目方案，其核心是一条重新调整的双车道道路。这条路会沿着矿王谷的现有道路通往位于山谷入口处的住宿区。届时，电动巴士将把乘客运送到山谷，那里的基础设施能为 8000 名滑雪者和 6000 名在夏季前来游玩的游客提供服务。[46]

此时，迪士尼完全懵了。1975 年 12 月 10 日，吉姆·斯图尔特在和塞拉俱乐部的迈克·麦克洛斯基的一次谈话中，表达了公司的沮丧情绪。根据斯图尔特的说法，新的规划只是一个模糊的想法，迪士尼"不知道什么样的具体规划"会出现在最终的环境影响报告书中，现在距离环境影响报告书正式发布还有 2 个月。斯图尔特告诉麦克洛斯基，他"非常怀疑迪士尼是否会就矿王谷项目与林业局协商一致"。尽管如此，麦克洛斯基指出，迪士尼最高管理层"仍然致力于'坚持推进该项目'……只要迪士尼有可能在矿王谷实现'符合他们标准'的项目"。[47]

1976 年 2 月 26 日，美国林业局宣布，矿王谷项目的开发规划修改完毕，最终的环境影响报告书也完成了。该局决定在矿王谷入口附近修建一条通往住宿区的双车道公路，游客可在那里乘坐电动巴士到达矿王谷度假村。同时，住宿区将建造一个可停放 1000 辆汽车的停车场。

林业局提议在矿王谷建立一个全年可容纳 8000 人和夏季可容纳 6000 人的综合设施。它强调，这一人数比早先规划的冬季可承载人数减少了 20%，夏季可承载人数比环境影响报告书草案中提议的数量减少了 40%。山谷里的矿王谷度假村、山谷入口旁的住宿区，以及银城将会有 18 个滑雪缆车和充足的住宿设施。[48]

完成了环境影响报告书后，林业局在 1976 年正式批准了矿王谷开发项目。罗伯特·希克斯表示，尽管迪士尼缩小了矿王谷度假区的规模，降低了道路标准，但它仍愿意继续推进这个项目。[49] 塞拉俱乐部谴责修改后的项目"过于粗暴"，声称该度假村将"严重损害"红杉国家公园和禁猎区的自然环境。[50]

但林业局现在面临着一个新的问题——对该项目的政治支持正在瓦解。

环境影响报告书的拖延使得政治局势发生了根本性变化。虽然参议员乔治·墨菲坚定不移地支持这一项目，但他的政治生涯只持续了一个任期。在 1970 年的选举中，他输给了 36 岁的民主党候选人约翰·图尼（John V. Tunney）。这位新参议员是前重量级拳击冠军吉恩·图尼（Gene Tunney）的儿子，他的母亲波莉·兰黛（Polly Lauder）是卡内基钢铁公司的继承人，也是国家奥杜邦协会和野生动物联合会的支持者。[51] 图尼对环境问题很感兴趣，[52] 自然不会倾向于支持矿王谷项目。

另一位来自加利福尼亚州的参议员、民主党人艾伦·克兰斯顿（Alan Cranston）已于 1968 年上任。克兰斯顿赞成把矿王谷划归红杉国家公园，并尽可能缩小休闲滑雪设施的规模。[53]

该项目的另一个关键支持者——罗纳德·里根州长，其职位在 1975 年由前州长帕特·布朗的儿子、民主党人埃德蒙·布朗接替。新的布朗政府开始重新评估矿王谷项目。1976 年 9 月，布朗政府的资源局局长克莱尔·戴德瑞克（Claire Dedrick）致信地区林业员道格·雷兹，称该州与美国林业局在矿王谷项目的开发问题上存在"意见分歧"，他请求州总检察长"参与"到塞拉俱乐部提起的矿王谷案中来。[54]

然而，最大的政治损失是当地国会议员鲍勃·马赛厄斯（Bob Mathias）的失败。作为一名共和党人，马赛厄斯曾向联邦官员施压，要求他们积极作为，有所发展。然而，1974 年水门事件后，在国会选举中，马赛厄斯被对方以压倒性优势赶下台，接替他的约翰·克雷布斯（John Krebs）是来自弗雷斯诺的民主党人。

克雷布斯有着出色的背景。1926 年，他出生于德国柏林。1930 年，克雷布斯举家迁往特拉维夫（Tel Aviv）。第二次世界大战期间，克雷布斯是犹太军事组织哈加纳（Haganah）的成员。之后，他在特拉维夫做钻石切割工，直到 1946 年移民到美国上大学。在美国陆军服役一段时间后，他进入法学院学习，最后在弗雷斯诺从事法律工作。在弗雷斯诺工作期间，他对政治的兴趣最终促使他当选为县监事会成员。1974 年，克雷布斯在重新分配的国会选区击败了鲍勃·马赛厄斯。

当地报纸和矿王谷开发项目的支持者敦促克雷布斯表明他在这个问题上的立场。克雷布斯拖延了很长时间，他说他想先了解下这个项目，审查相关文件，并听取选民的意见。最终，在 1976 年 3 月 15 日，克雷布斯发布了一份新闻稿，称环境影响报告书中提出的开发方案"不符合"他所在选区的"最大利益"。他总结道："拟议的开发项目所造成的环境损失将远远超过它可能给图莱里县带来的短期经济利益。"[55] 克雷布斯宣布，他将提议立法，将矿王谷并入红杉国家公园。[56]

克雷布斯的声明表明，矿王谷开发项目的主要政治支持力量已经瓦解。他对矿王谷表明的立场引发了当地官员的严厉抨击，他们明白这是对迪士尼的威胁。图莱里县监事会主席表示，如果克雷布斯提出将矿王谷纳入红杉国家公园的提案，那么"就可以准备戴上黑色臂章为矿王谷哀悼了"。[57] 克雷布斯在 1978 年 11 月的选举中失去了他在国会的位置，部分原因是他在矿王谷项目上的立场。

越来越多的政治力量对迪士尼矿王谷项目进行抵制。国家公园管理局从来没有彻底支持过修建一条穿越红杉国家公园并通往矿王谷的公路或铁路。现在，该局采取了更进一步的措施。

1975 年 8 月，国家公园管理局第一次建议议会推迟关于矿王谷项目的提案审议，直到该机构完成将山谷划归到红杉国家公园的调研。1976 年 3 月 1 日，国家公园管理局将完整的报告交给了纳撒尼尔·里德（Nathaniel Reed），他是杰拉尔德·福特（Gerald Ford）总统领导下的内政部鱼类、野生动物和公园事务助理部长。[58] 这份长达 54 页的研究报告发现，"在矿王谷建设滑雪场，将不可避免地对公园造成严重的负面影响"。[59] 根据这项研究，美国国家公园管理局得出结论："我们认为，确保矿王谷开发项目不会产生负面影响的最佳方式是将其纳入到公园中。"[60]

林业局意识到，由于该项目的交通运输路线不可避免地会穿越公园，国家公园管理局将妨碍其进展。正如其内部律师在与塞拉俱乐部法律辩护基金会的詹姆斯·摩尔曼讨论此事时所承认的那样，"如果内政部不批准建设这条通道，这个项目就会夭折"。[61] 尽管已经完成了环境影响报告书，但林业局推迟了对该项目的最终批准。

从 1977 年到 1978 年，这项批准一直处于不确定的状态。但另一个惊人的转折很快发生了，斯威格特法官驳回了塞拉俱乐部的诉讼申请。

这位法官在 1973 年年底担任"高级"法官，当时已处于半退休状态，但他仍然对矿王谷一案保持关注。斯威格特法官的驳回裁决完全出人意料，该案的所有律师都对此感到震惊。斯威格特法官当时正在对案件进行"梳理"，得出的结论是塞拉俱乐部"不能提起诉讼"，也就是说，塞拉俱乐部提出的理由不足以将案件推向审判流程。[62]

法院的裁决颇具讽刺意味。当塞拉俱乐部在 1972 年试图修改其诉状，声称在最高法院判决后仍有起诉资格时，政府部门辩称，在环境影响报告书完成之前，项目不会得到最终批准，因此该俱乐部提出的法律挑战为时过早。随后，政府的主张被斯威格特法官驳回。然而，随着环境影响报告书的拖延，斯威格特法官认为这起诉讼停滞太久，于是驳回了塞拉俱乐部的诉讼申请。

从塞拉俱乐部的立场来看，关键的法律问题是驳回裁决的类型。如果是"对实体权利的驳回起诉"，那么在林业局最终批准该项目后，该俱乐部可能会被禁止提起新的诉讼。塞拉俱乐部的律师忙着应对法官出人意料的裁决。他们向第九巡回法院提交了对该裁决的上诉申请，与此同时，他们向斯威格特法官提交了一份动议，请求他撤销驳回裁决，他们认为政府拖延最终决定是该案未开庭审理的主要原因。与此同时，法官的裁定书被公之于众，各利益相关方都在努力塑造对自己有利的公众舆论。[63]

最终，司法部［此时由更主张保护生态环境的吉米·卡特（Jimmy Carter）领导］同意，该案不属于不可再诉的驳回起诉。因此，塞拉俱乐部可以在之后重新提起诉讼。

迈克·麦克洛斯基对这一意外情况的反应有些不合常理。他认为此时可能是撤销此案的好时机，因为国会似乎要开始立法，把矿王谷纳入红杉国家公园。麦克洛斯基认为，如果诉讼不再被记录在案，就不会"转移注意力"，阻止立法行动。[64]

斯威格特法官接受了双方的提议，并"公平公正地"签署了驳回此案的裁定书。[65] 这一裁定结束了始于 1969 年的一场具有里程碑意义的法律斗争，这场斗争导致最高法院作出了一个开创性的判决。虽然矿王谷案就这样草草收场，而且永远不会再提起诉讼，但它改变了法律的历史进程，也改变了矿王谷的命运。

另一件意想不到的事情又发生了。新的农业部助理部长鲁伯特·卡特勒（Rupert Cutler）正在努力促成一项迪士尼和塞拉俱乐部都能接受的妥协方案。

　　卡特勒深谙矿王谷之争。他在密歇根州立大学（Michigan State University）攻读博士学位的论文中，就对矿王谷争议的早期部分作出了分析。作为负责保护、研究和教育事务的新任农业部助理部长，他认为即使到了这个时候，妥协也是可能达成的，前提是如此大规模的开发不会损害矿王谷及其周围的环境。1977年一整年，他与迪士尼公司的工作人员、内政部的官员以及一些国会议员进行了多次非正式会晤。[66]

　　有关双方可能达成妥协的传言出现在媒体上。《洛杉矶时报》9月的一篇文章认为，建立矿王谷滑雪区的提案"复活了"，并引用了卡特勒的话："我们正在尝试寻找完美方案，但这并不容易。"[67] 相关各方都不确定发生了什么。塞拉俱乐部的工作人员埃德·佩尔（Ed Pell）与吉姆·斯图尔特谈到了迪士尼，佩尔称迪士尼"不知道接下来会发生什么，一切取决于政府"。在卡特勒的要求下，迪士尼花了3个月的时间重新评估矿王谷项目的规划和成本。[68]

　　卡特勒最终确定了修改后的项目安排。矿王谷滑雪场在冬季每天接待6000人，游客从银城乘坐大巴前往矿王谷，由林业局承担1500万美元的道路修复费用，让滑雪者能够到达银城。然而，在1977年11月下旬，事情有了新变化。很明显，内政部不同意卡特勒的提议。相反，负责鱼类、野生动物和公园事务的助理部长罗伯特·赫布斯特（Robert L. Herbst）公开表示，虽然尚未作出最终决定，但内政部可能会同意公园管理局的立场，支持克雷布斯的提议，将山谷的管辖权移交给公园管理局。[69] 此外，当卡特勒在1978年1月公布他的最终规划时，迪士尼冷静地回应道，缩减后的规划"可能过于有限，在经济上不可行"。克雷布斯对此不予理会，称其"与之前的规划相比，没有太大的变化"。[70]

一切都太晚了，卡特勒无法制订出各方都能接受的妥协方案。这场关于矿王谷的大戏的最后一幕已经准备就绪。至于矿王谷的未来，人们的注意力第一次转移到了议会。

早在 1967 年，议会就提出了将矿王谷纳入红杉国家公园的提议，但从未举行过相应的听证会。然而，随着时间的推移，支持该提议的声音越来越多。1973 年，加利福尼亚州有 17 名议员支持这一提案，其他州也有同样数量的议员表示支持。[71]

1977 年，支持的呼声变得更强烈了。最重要的是，矿王谷地区的当地议会议员约翰·克雷布斯（John krebs）提出了将矿王谷并入红杉国家公园的提案。同年，参议员艾伦·克兰斯顿（Alan Cranston）也在参议院提出了一项类似的提案。那时，克兰斯顿刚刚当选为参议院多数党党鞭，并对参议院施加了相当大的影响。众议院和参议院的委员会负责人也发生了重要变化。就该议案举行听证会的呼声越来越高。

在 1977 年的大部分时间里，利益相关方都在为了获得政治影响力而不择手段。1977 年 10 月，事态开始加速发展。

10 年前，旧金山的国会议员菲尔·伯顿（Phil Burton）首先提出了一项议案，主张让矿王谷成为红杉国家公园的一部分，此后他一直致力于实现这一目标。伯顿代表着旧金山的一个中产阶级选区，是最不可能在矿王谷徒步的人之一。他体重超重，是一个兴趣匮乏的城市居民，经常一根接一根地吸着没有过滤嘴的香烟。比起在山里徒步旅行，他更喜欢在家里和政治盟友喝伏特加。伯顿曾对一位立法助理说，他做过的最接近户外的活动，就是走到 50 码外的森林里去解手。[72] 对他来说，"户外体验就是看看盆栽里的树"。[73]

然而，伯顿之所以关注国家公园，是因为它们对社会各阶层开放。正如他的一位助手所说，伯顿致力于环境保护，是因为"这是为人民做事情，是应该做的"。[74] 他带头通过立法，极大地扩大了红杉国家公园的规模。伯顿也是最早反对迪士尼开发项目的人之一。作为一名自由主义者，他认为开发矿王谷是政府对私人利益的馈赠。

伯顿是立法策略大师，精力充沛，性格强硬。在用来描述他的词语中，经常会出现"粗鲁""恐吓者""恃强凌弱"等字眼[75]。此外，他还是议会民主党的重要人物。1976 年，大多数政治观察人士将他列为众议院新多数党领袖竞选的领跑者。在第一次投票领先之后，伯顿以 147 票对 148 票的微弱劣势输给了得克萨斯州的众议员吉姆·赖特（Jim Wright）。[76]

伯顿仍然为将矿王谷并入红杉国家公园而努力。他把注意力转移到了另一个目标上——强化国家的公园系统。他利用了自己在众议院内部公园问题小组委员会和岛屿事务委员会的地位，与委员会主席斯图尔特·尤德尔的弟弟莫里斯·尤德尔（Morris Udall）密切合作，尤德尔在担任内政部部长期间，为反对批准通往矿王谷的道路发挥了突出作用。1977 年 10 月，伯顿在他的小组委员会会议前安排了一场听证会，讨论将矿王谷纳入红杉国家公园的议案。

形形色色的听证人列队入场，在伯顿的小组委员会面前进行听证。南希·英加尔斯比（Nancy Ingalsbee）是一位单身母亲，有 3 个十几岁的孩子，她代表南加州的滑雪者，在皱皱巴巴的纸上[77] 写了一份请愿书，上面包含滑雪者手写的个人信息。她在请愿书中自问自答："我们想要什么？我们只想要理所应当属于我们的东西——公共土地的公平分配。"[78] 塞拉俱乐部的玛丽·安·埃里克森（Mary Ann Eriksen）指出，批准一条通往矿王谷的更高承载量的道路"将会肢解红杉国家公园"。[79]

木匠协会也参加了听证会，他们强调迪士尼开发项目将带来就业岗位数量和当地税收的增加。[80] 环保组织"地球之友"的代表——

也是前议会议员——杰罗姆·瓦尔迪（Jerome Waldie）谴责了林业局的新规划，他声称："仅仅缩小规模还不够，原有规划的所有方面都要相应地缩减。"[81] 美国滑雪协会指出，全国对林地滑雪的需求不断增加，从 1970 年到 1990 年，这一需求预计将增长 37%。[82]1969 年冬天，滑雪专家戴夫·贝奇曾为迪士尼在矿王谷测量积雪，他在提交的报告中声明，矿王谷地区属于红杉国家公园。[83] 现已从林业局退休的斯利姆·戴维斯则代表美国滑雪协会出场。[84]

国会议员克雷布斯也出席了听证会。他认为矿王谷"在功能上是红杉国家公园的一部分"，[85] 密集的娱乐性使用"将对山谷的审美价值造成不可弥补的伤害"。[86] 克兰斯顿参议员提交了一份支持克雷布斯提案的书面声明，他宣称自己"不反对开发矿王谷"，但国家公园管理局是"管理该项目的最佳机构"。[87]

最后，吉姆·斯图尔特站在迪士尼的立场上进行回应，尽管他需要面对铺天盖地的反对意见。他强调迪士尼已经"真诚地回应了林业局开发矿王谷的邀约"，虽然"我们从未打算卷入公共土地使用的纠纷……但我们会继续支持林业局的安排，使矿王谷能够满足娱乐方面的需求"。[88] 后来，他提出了一个新问题，迪士尼的宪法权利可能受到侵犯。他指出："我们公司已经在该项目的规划、设计和环境研究方面投资了 150 多万美元，这项立法将在没有正当程序、没有任何补偿的情况下剥夺我们在矿王谷的权利。"[89]

第二天，《旧金山纪事报》（San Francisco Chronicle）的头条文章准确地捕捉到了这场听证会的关键特征，给文章命名为《关于矿王谷命运的尖锐辩论》。[90] 将矿王谷划归红杉国家公园的提案得到了 63 名议员的支持，其中包括 21 名来自加利福尼亚州的议员。然而，一位重要的政界人士改变了立场。共和党人塞缪尔·早川（S. I. Hayakawa）在 1976 年加利福尼亚州参议院竞选中击败了约翰·图尼，他对开发矿王谷表示支持。早川是一个幽默的人，喜欢穿色彩鲜艳的衣服，曾经是旧金山州立大学校长，但声名狼藉。1968 年，在被任命为临时校长不到一周的时间里，他就在一次学生抗议活动中跳上了一辆带音响的卡车，粗暴地扯断了扩音器的电线。这件事让他格外出名。[91]

伯顿在 1978 年 1 月底安排了另一场关于矿王谷的听证会，这一安排使得事态有了重大进展。吉米·卡特总统领导下的政府需要在国家公园管理局和林业局之间作出选择，这与 1969 年需要解决斯图尔特·尤德尔和奥维尔·弗里曼之间的分歧极为相似。国家公园管理局主张通过议案，将矿王谷纳入红杉国家公园。林业局则致力于推动鲁伯特·卡特勒制订的折中方案。[92]

卡特政府最终决定将矿王谷并入红杉国家公园。[93]失望的卡特勒在伯顿的小组委员会中证实了这一消息，但他仍然认为，"经济上可行的发展方案会给矿王谷带来重大转机"。[94]

国家公园管理局局长也在伯顿的小组委员会面前表态。他表示，如果矿王谷成为红杉国家公园的一部分，国家公园管理局将为山谷制订专门的规划。[95]当然，该规划不包括建造大型滑雪场。林业局发布的关于卡特政府新立场的新闻稿也表达了同样的观点，承认将这片土地纳入公园"将会停止建设任何滑雪设施"。[96]

迪士尼反应强烈。卡德·沃克在给吉米·卡特总统的信中称："非常不幸的是，一小群有组织、有影响力的保护主义者，竟然说服国会和政府支持他们狭隘的公共土地管理观点。"[97]迪士尼还要求补偿其在规划矿王谷开发项目上的损失。

卡特政府宣布这一决定不到 3 周，加利福尼亚州政府也加入了进来。州长杰里·布朗给约翰·克雷布斯写信说："我支持将矿王谷并入红杉国家公园，它将为国家公园体系增添耀眼的一笔。"[98]

1969 年，迪士尼的政治支持力量几乎达到了顶峰，而现在基本上已经荡然无存了。

菲尔·伯顿拥有通过复杂立法所需的政治眼光和投票技巧，他看到了为国家公园增建项目的机会。多年来，众议院公共工程委员会通过了多个涉及不同国会选区的公共工程项目的综合法案，伯顿决定借鉴这一经验。他构想了一项综合性的公园提案，通过在全国各地新建或扩建公园来吸引政治支持。他的理念最终被命名为"公园拨款"提案（"park-barrel" bill），以纪念传统上由公共工程委员会通过的"政府拨款"立法（"pork-barrel" legislation）。

1978 年 5 月，伯顿提出了他的第一版综合提案。该提案全长 157 页，包括 100 个项目，总资金高达 18 亿美元。该提案涉及的范围和成本是前所未有的，新增的公园位于 44 个州的 200 多个国会选区，包括：明尼苏达州的边界水域独木舟区（Boundary Waters Canoe Area）、新泽西州的松林国家保护区（Pine Barrens National Reserve）和旧金山附近的金门国家休闲区（Golden Gate National Recreation Area）。另外，该提案将扩展 8 条风景优美的原始河流流域，创建几十个历史和文化遗址，并将矿王谷纳入红杉国家公园。[99]

经过几天的辩论，该议案于 1978 年 7 月在众议院以 341 票对 61 票通过。[100] 然而，这项议案在参议院面临着极其不确定的未来，主要是因为年底休会之前的时间已经所剩无几。尤其是该议案中关于矿王谷的部分，其面临着新的反对意见。

来自加利福尼亚州但资历尚浅的参议员塞缪尔·早川继续反对将矿王谷纳入红杉国家公园，而情绪激动的滑雪产业则对其表示支持。反对派在《华盛顿邮报》上刊登了面向国会的整版文章，矛头直指约翰·克雷布斯。"当现任国会议员克雷布斯反对在矿王谷开发全年开放的娱乐胜地时，他并没有代表我们发言"。文章列出了数百人的签名。[101] 来自加利福尼亚州的资深参议员艾伦·克兰斯顿一直支持将矿王谷纳入红杉国家公园，但在参议院一个小组委员会的会议上，他说自己更希望能在矿王谷中滑雪。[102]

1978 年 10 月，由于没有时间来消除众议院和参议院关于公园议案的分歧，菲尔·伯顿直接推动了立法。《华盛顿星报》（*Washington Star*）的一篇文章称他为"解决公园问题的一人委员会"。[103] 他在众议院和参议院议员之间来回游说，协商议案的修正案并推动众议院制订达成一致同意的新版本。[104] 随着时间的流逝，该议案面临着参议院的最终审议。

参议员早川提出了一项修正案，希望将矿王谷从议案中剔除，并要求进行为期一年的调研，并且他希望迪士尼能够得到补偿。早川利用了参议院的程序惯例，即参议院会尊重来自同一个州的两位参议员提出的请求。[105] 滑雪协会的代表们认为他们已经获得了艾伦·克兰斯顿同意延期的许可，[106] 然而，在参议院对早川提出的修正案进行表决时，克兰斯顿却从参议院会场消失了。虽然克兰斯顿将自己的缺席归因于其他业务的需要，但滑雪协会指责他"背信弃义"，[107] 并给他发了一封电报，说滑雪爱好者永远不会忘记这"耻辱的一天"。[108]

修正案被否决，议案得以通过，伯顿还拒绝对迪士尼进行出任何赔偿。随后，伯顿的议案又回到了众议院。这是伯顿第 5 次，也是最后一次，希望该议案能够获得一致同意并通过，然而，来自路易斯安那州的一名国会议员反对伯顿的提案，因为路易斯安那州在制糖方面获得了可观的联邦补贴。据报道，当这位国会议员提出反对的时候，怒火中烧的伯顿朝他大喊："再也不会有 5 分钱的糖了！我保证！"那位国会议员因此退缩，伯顿的议案最终通过。[109]

1978 年 11 月 10 日，吉米·卡特总统签署了包含多个项目的《1978 年国家公园和娱乐法案》，[110] 矿王谷成为红杉国家公园的一部分。

漫长的战斗结束了。

结语 转折点

矿王谷之争反映了美国人对环境问题的态度和保护环境的方法发生了巨大变化。从 1965 年林业局公布矿王谷开发的招标公告到 1978 年争端结束，美国社会发生了翻天覆地的变化。法律有所更新，政府机构、企业和环境组织也随着新情况发生了转变。这是一个非同一般的动荡时期，在此期间，美丽壮观的矿王谷的命运悬而未决。

最高法院的判决是法律上的里程碑，标志着环境法发展的转折点。它"将公民资格锁定在美国法理学和美国环境法的日常运作中"，[1] 从而标志着诉讼成为提出环境问题和挑战政府机构决策的重要手段。三四十年后，环境从业者和学术专家将该案列为有史以来最重要的环境法判决之一。[2]

虽然法院驳回了俱乐部基于广泛利益的诉讼资格主张，但它承认环境损害可以作为诉讼资格的基础，明确了如何认定"事实上的损害"，并允许组织代表受损害的成员提起诉讼。该判决的影响是立竿见影的。在法院宣判后的两年内，许多案件引用塞拉俱乐部诉莫顿案，论证环境诉讼原告的起诉资格，其诉讼资格不再受到质疑。很少有判决会否认原告的诉讼资格。[3]

虽然该案的基本判决保持不变，但后来由安东宁·斯卡利亚（Antonin Scalia）大法官领导的更为保守的最高法院确实收紧了诉讼资格的要求。在 1993 年的鲁坚诉野生生物保护者（Lujan v. Defenders of Wildlife）一案中，斯卡利亚大法官阐述了确定诉讼资格的三重标准。首先，必须存在"事实上的损害"，也包括环境损害，这是塞拉俱乐部诉莫顿案的基本结论。但是，损害必须是"具体的、特殊的"，并且是"现实的或迫在眉睫的"，而不是"推测的"或"假设的"。其次，损害必须由政府的非法行为造成，损害必须可追溯至被告的受质疑行为，而不是第三方。最后，与"假设的"损害不同，必须"有可能"作出有利于原告的判决，以弥补损害。[4]

这些要求需要更多的证据来确立诉讼资格。在某些情况下，它们会妨碍原告提起诉讼，例如损害可能在很长一段时间前发生，原告与损害发生的地点之间没有密切的地理联系，或者非法行为的影响不明确。在鲁坚案之后，法院在一些案件中似乎略有退让，尤其是马萨诸塞州诉美国环保局案。在 2007 年的案例中，马萨诸塞州证明自己有资格质疑美国环保局未能对温室气体进行监管。尽管所谓的损害很广泛，而且寻求的补救措施对减轻损害收效甚微。[5] 但是，塞拉俱乐部诉莫顿案之后的案件表明，最高法院拥有广泛的自由裁量权来阐明诉讼资格原则，并且可能会出现保守派法院对诉讼资格进行进一步限制。

后来的环境案件对诉讼资格的严格把控也凸显了矿王谷案所缺失的部分，原告能够起诉并防止环境损害的想法，应该完全基于法律保护的公共利益。对原告造成的损害不只是环境损害，该案驳回的"利益理论"将在某种程度上有助于认定没有具体损害的诉讼资格。

尽管如此，塞拉俱乐部诉莫顿案的基本判决仍然具有巨大的影响力。它为现代环境诉讼打开了大门。在 20 世纪七八十年代，环保组织的数量呈指数级增长，其中许多组织将诉讼作为进一步推动工作的手段。[6] 在这样做的过程中，它们通常能够满足更严格的诉讼资格要求。[7] 塞拉俱乐部诉莫顿案所确立的指导原则近 50 年来一直保持不变。

矿王谷之争所反映的变化远远超出了有关诉讼资格的法律问题。当与环境相关的新情形和新观念开始改变政府决策时，争论就出现了。例如，关于环境如何受到影响的科学研究变多了，污染会对健康造成什么长期影响的认知不断扩展，以及致力于保护环境的大型公民运动的出现。将法律用作环境保护的工具与这些发展相互交织，并扩大了它们的影响。

回想起来，矿王谷之争最令人惊讶的地方在于，在塞拉俱乐部提起诉讼前，林业局似乎对其受到的法律约束漠不关心。相对可以理解的是，迪士尼公司似乎也不关心法律问题，例如使用双重许可证是否合规。在塞拉俱乐部诉莫顿案之后，法律在一个规模更大、更复杂的政府环境决策体系中占据重要地位。法律标准将被整合到公共机构和企业的决策过程中，相关人员在作出决策时必须多加注意这些要求。

这一变化还促使公众意见被纳入逐渐拓展的机构程序中。正如一项关于矿王谷之争的研究所观察到的，当林业局在 1965 年作出最初的决定时，它"没有预见到几年后公众会醒悟"。[8] 从这个意义上说，该机构对这一变化措手不及。林业局坚决拒绝就开发矿王谷举行听证会，而只有听证会才能让公众参与的机会大大增加。法律程序将使机构的行为更加正规，并向公众开放。

更加强调法律约束的另一个影响是，机构在决策过程中的自由裁量权发生了变化。在整个矿王谷案的斗争中，林业局认为自己是唯一有资格基于其假定的专业知识来决定矿王谷未来用途的机构。正如其律师所说："林业局认为，对林业局有利的事情就对国家有利。"他们确信林业局能够比非专业组织更好地作出关于公共土地的决定。[9] 然而，这种态度与越来越多的"政府机构没有保护环境"的看法相矛盾。林业局的"专业知识"也越来越受到公众的怀疑，这在一定程度上源于公众对越南战争决策体系的不满。[10]

在塞拉俱乐部诉莫顿案之后，各政府机构必须在法庭上证明其决定是正确的。他们需要汇编行政记录，其中包含作出决策的依据、程序记录，并解释决定背后的原因。反过来，这些发生改变的决策方法会影响行政机构行使自由裁量权。提交司法机构审议的证据也将约束其实质性选择。

在矿王谷案中，显而易见的是，诉讼还带来了另一个显著的后果——案件在法院审理过程中有所迟延。行政机构和许可证持有者发现，实施面临法律质疑的项目既困难又有风险。延迟审理将成为法院审理环境案件不可避免的成本。

矿王谷之争所引发的社会和文化动荡是独一无二的。当华特·迪士尼在1965年向林业局提交投标书时，他没有预料到矿王谷开发项目会成为无休止的头条新闻，也没想到迪士尼公司会受到无情的攻击。同样，林业局当时也没有意识到，其长期以来单方面作出决定和强调最大限度利用森林资源的工作方式会受到质疑。在这场争端中，塞拉俱乐部也发生了重大变化，从一个专注于户外活动的小型环保组织转变为一个全国性的环保组织。

随着争议的发展和变化的发生，每个组织都面临着不可逃避的困难。塞拉俱乐部最大的问题带有道德色彩，它支持在矿王谷中建造一个滑雪场，后来又改变了立场。此外，塞拉俱乐部是在反对建设圣戈尔戈尼奥滑雪场之后这样做的，并将矿王谷作为替代方案。俱乐部认为其改变对矿王谷的立场有着充分理由，但它无法逃避这样的指控：往轻了说是行为不一致，往重了说是不道德。它的解释是，最初的滑雪场比迪士尼将要建造的滑雪场小得多，但这种解释并不具有充分的说服力。俱乐部改变了立场，也付出了声誉上的代价。

然而，在对该项目的支持似乎势不可挡的时候，塞拉俱乐部决定反对矿王谷。该俱乐部已经展示了它如何在很长一段时间内改变公众舆论，并揭露林业局决策过程中的缺陷。如果没有约翰·哈珀对保护矿王谷的热情倡导，以及迈克·麦克洛斯基拥有的发起反对运动的经验，塞拉俱乐部永远不会取得成功。

至于迪士尼，它在该项目上的工作非常出色。罗伯特·希克斯是一位能干的经理，迪士尼项目是其能力和迪士尼组织性的体现。此外，迪士尼经常为其项目辩护，理由是它只是对林业局的招标公告作出了回应。这种说法基本上是正确的，林业局才是该项目的主要发起人。

然而，迪士尼的工作人员无法理解，为什么所有人都觉得这个比林业局最初设想的规模要大得多的项目会对环境造成破坏。迪士尼还希望继续开发矿王谷，尽管它已经没有任何实现这一梦想的机会了。迪士尼坚定不移的原因当然是对华特·迪士尼的忠诚，这是可以理解且值得褒奖的。但时代变了，谁知道华特·迪士尼在这种情况下是否会依然坚定地推行矿王谷项目呢？

事实上，华特·迪士尼本人也很可能低估了在政府监管下建设项目的限制力度。罗伯特·希克斯描述的一个事件也表明了这一点。华特·迪士尼在去世前最后一次拜访矿王谷时，曾指着山脊上的一块土地说："我希望第二年这里能建成第一条滑雪缆车。"林业局人员立即向罗伯特·希克斯强调这是不可能的，因为该局尚未颁发定期许可证。希克斯回答道，"华特会处理好"，[11] 后就继续推进该项目。但希克斯实际上并不这么想，他当然知道迪士尼的想法无法实现。

环保运动从根本上挑战了林业局的运作方式。在此期间的大部分时间里，该机构甚至不承认有必要就矿王谷项目举行公开听证会，而是企图用 1953 年的那次商会会议搪塞过去。虽然上诉法院接受了这一说法，但其结论并不令人信服。行政机构的职能观念——该机构知道什么公共土地决策是最好的——根深蒂固，这也解释了该机构的固执。林业局根本不觉得听证会有什么意义。在最高法院于1972 年对塞拉俱乐部诉莫顿案作出判决后，林业局的态度确实发生了变化，向公众开放了其决策程序。但这种变化来得太晚了。

更重要的是，林业局一再声称，在发布招标公告前，它已经对矿王谷进行了广泛的规划。然而，相关记录并不支持这种说法。从记录来看，它的规划是事后的。该局只是简单地确定矿王谷适合滑雪，之后固执地贯彻了这个想法。而且，在"越大越好"的理念下，它热情地同意了迪士尼提出的超大规模项目。

矿王谷之争的最终结果如何？究竟是把矿王谷作为为国家公园的一部分，还是把它用作世界级的滑雪场？这一抉择的本质是在相互竞争的价值观之间进行选择。这是一个政治决定。某些因素影响了这一决定，并表明最终结果是适当的。

第一个因素是矿王谷的地理条件。1965年，矿王谷三面被红杉国家公园包围，"像弯曲的拇指一样刺入国家公园的土地"。[12] 由于这种地理布局，在矿王谷进行大规模的开发必然会对公园产生影响。

影响最大也是最具争议的，是需要穿过公园运送滑雪者到矿王谷，以及由此产生的其他连带问题。例如，矿王谷开发项目中的一些滑雪缆车的锚点可能位于公园边界内。简而言之，鉴于红杉国家公园当前的位置，建造一个大规模的滑雪项目将不可避免地影响公园——根据法律规定，该区域应当受到保护。

同样重要的是现有的地理安排。仅仅因为古老的采矿权，矿王谷被排除在红杉国家公园之外。然而，这些权利早已无迹可寻，即使它曾经是真实的，采矿权的经济价值也为零。因此，矿王谷被排除在红杉国家公园之外的历史原因已不复存在。1965年，这种排除原因似乎建立在错误的对山谷矿藏的假设之上。

鉴于这段历史，一个合乎逻辑的结论是，应该通过将矿王谷并入红杉国家公园来纠正这一历史"错误"。就连滑雪者也承认，矿王谷的地理位置"不太幸运"，"如果它没有插入红杉国家公园，对所有相关人员来说，由其引发的问题都会更好解决"。[13]

第二个因素与道路有关。正如塞拉俱乐部经常强调的那样，华特·迪士尼说过"矿王谷的开发永无止境"。[14] 公园管理局担心，在发展到一定程度时，新道路会变得太窄，无法为滑雪项目服务。例如，公园管理局受人尊敬的道路顾问约翰·克拉克森在 1968 年给出的报告中说，他"怀疑他们（加利福尼亚州公路局）正在设计这条道路，并打算很快将其扩展为四车道"。他还提到"自己与迪士尼员工的讨论证明了这一点"。[15] 如果滑雪项目后来发展起来（这是很可能的），扩建穿过公园的道路将变得势不可挡。因此，公园管理局认为，这条路基本上会变成一条穿过红杉国家公园的高速公路。

这种可能性意味着，公园管理局和内政部必然会对此非常不满，因为一条穿过国家公园的大路与公园的核心目的相矛盾。他们的反对从一开始就可以预见。

最后，产生重大影响的第三个因素是更深层的，即迪士尼提议的开发项目如何"保护"矿王谷。迪士尼公司一再承诺，它可以在保护矿王谷的同时建造滑雪场。事实上，该公司将开发矿王谷视为其保护工作的最高成就：

> 迪士尼最伟大的环保篇章正在书写。通过矿王谷项目，我们将比以往任何时候都更加有力地证明，保护自然美景和资源不需要以牺牲许多人享受这些美景为代价。[16]

迪士尼承诺，人与自然将融为一体。

与此同时，华特·迪士尼同样强调了为迅速增长的加利福尼亚州人口服务的必要性。正如他当时在接受采访时所说的那样，"加上游客，加州约有 2800 万人口，迪士尼不得不把滑雪场建造得足够大，以满足他们的需求"。[17]

这个项目的规模之大，让人怀疑它能否建成，并实现保护矿王谷自然生态的承诺。大规模的开发将不可避免地改变矿王谷，并破坏它的自然属性和美丽景观。迪士尼和林业局从未直面这一现实，他们与塞拉俱乐部看待问题的视角截然不同，坚持认为"保护"是要实现山脉和度假村之间的兼容。

如果规划中的开发项目规模较小，塞拉俱乐部的反对理由就会大大削弱，而且很可能会有妥协的余地。但是林业局的决策倾向于更大的规模，当罗伯特·勃兰特和华特·迪士尼发现他们处于激烈竞争时，获胜的方法便是提供一个更大规模的规划方案。然而，庞大的规模意味着更难证明该项目将"保护"矿王谷。

这些因素表明，建造滑雪场的提议从一开始就面临着相当大的障碍，尽管这些问题在当时并没有完全显现出来。随着时间的推移，彻底解决问题的难度变得越来越大。它们在很大程度上解释了开发矿王谷的提议最终为什么会失败，以及将矿王谷纳入红杉国家公园的原因。

与这些因素交织在一起的是塞拉俱乐部对迪士尼开发项目和道路批准提起的诉讼。这一诉讼遏制了该项目的发展势头，并迫使人们从一个新的角度审视林业局决策的合法性。如果没有塞拉俱乐部提起诉讼，矿王谷的命运肯定会有所不同。

一个新的时代开始了。

致谢

就在塞拉俱乐部诉莫顿案向公众公开后，我在法学院读到了它。出于好奇，2年后我去了趟矿王谷，之后又去了一次。在超过45年的法律实践和教学期间，我曾在不同的文章中提到过塞拉俱乐部。在一篇文章中，诉讼资格是一个核心问题，它重新点燃了我写塞拉俱乐部诉莫顿案的兴趣。

我没有意识到，这个项目会收到如此多的善良和慷慨。如果没有下面提到的这些人的帮助，这本书就不可能完成。

美国洛约拉大学法学院院长维克多·戈尔德（Deans Victor Gold）和迈克尔·沃特斯通（Michael Waterstone）为这项研究提供了资金支持。我也受到了弗里茨·伯恩斯基金会（Fritz B. Burns Foundation）的资助。丹·马丁（Dan Martin）领导的洛约拉图书馆为我提供了巨大的帮助，特别是图书馆管理员凯特琳·亨特（Caitlin Hunter），她帮我检索了大量与矿王谷相关的其他作品和背景信息，我对她感激不尽。随后，劳拉·卡德拉（Laura Cadra）加入进来，即便是在时间很紧张的情况下，她也毫无怨言地为我寻找照片和问题的答案。蒂凡尼·威利斯（Tiffani Willis）、托比·利伯特（Tobe Liebert）、安布尔·玛多尔（Amber Madole）和丽莎·舒尔茨（Lisa Schultz）在研究特定问题时也展现出了极大的热忱。

法学院的其他人也非常乐于助人。帕姆·巴克尔斯（Pam Buckles）找到了把采访转录下来的方法。科琳娜·圣克莱尔（Corinne St. Claire）耐心地帮我保存了数千份文件的照片。梅尔·巴内斯（Mel Banez）、塞尔玛·王·特尔（Thelma Wong Terre）、布丽吉特·克林克（Bridget Klink）和丽兹·陆（Liz Luk）妥善处理了各种具有挑战性的文字问题。

251

卡莱布·波尔巴（Caleb Borba）、艾莉森·哈姆（Alison Hahm）、卡珊德拉·维拉斯奎兹（Kassandra Velasquez）、安德烈亚斯·布赫（Andreas Booher）和史丹佛·费金（Stanford Faigin）做了杰出的科研辅助工作。

我的同事萨姆·皮尔斯伯里（Sam Pillsbury）鼓励我去找出版社。另一位同事鲍勃·布莱恩（Bob Brain）也很支持我，并把我介绍给他的朋友保拉·艾伦（Paula Allen）。艾伦提出了非常有用的建议。

我的朋友丽莎·赫顿（Lisa Hutton）帮我联系了加州大学戴维斯分校的雪莱·奥尔登·布鲁克斯（Shelley Alden Brooks），他帮助我更好地理解历史学家的观点。科罗拉多大学的克雷格·琼斯（Craig Jones）分享了他对内华达山脉的了解。

在撰写这本书的过程中，其他人的帮助至关重要。路易丝·杰克逊（Louise Jackson）是"矿王谷保护协会"的前任会长，她对矿王谷有着百科全书式的了解，并忠实地保留着矿王谷的历史。她不遗余力地帮助我，带我到矿王谷，阅读本书草稿，帮助我制作图片，并让我与罗伯特·希克斯和皮特·威科夫取得联系，他们俩都亲切地与我见面。路易丝还保存了罗伯特·希克斯的文稿，这对本书至关重要。她的朋友简娜·波特金（Jana Botkin）又一次带我参观了矿王谷，莱拉·迪·西尔维斯特罗（Laile Di Silvestro）帮我找到了希克斯的文件。我也非常感谢红杉国家公园的历史学家沃德·埃尔德里奇（Ward Eldridge），他带领我找到并浏览了公园所保留的关于矿王谷的大量文献。苏珊·迪林（Susan Dearing）费尽心思地找到了她的父亲约翰·哈珀留下的一张照片．

塞拉俱乐部的迈克·麦克洛斯基忍受了两次漫长的采访，并乐于回复我的电子邮件。俱乐部的律师李·塞尔纳和詹姆斯·摩尔曼腾出时间和我见面。上诉法院的首席政府律师杰克·格林在他家招待了我一天，并帮助我通过电话联系其他人。我还见了乔·方丹、约翰·霍夫曼、哈里·吉斯纳（Harry Gesner）、道格·雷兹、詹姆斯·摩尔曼、路易斯·里德、吉姆·斯图尔特、彼得·施特劳斯（Peter Strauss）、布鲁斯·特里斯和汤姆·特纳。关于电话采访，我要感谢唐·艾伦（Don Allen）、格雷格·阿奇博尔德、迈克尔·鲍恩费得（Michael Bauernfeind）、特里·布雷、玛丽·安·伯特（Mary Ann Burtt）、珍妮·尼纳贝尔·克拉克（Jeanne Nienaber Clark）、杰克·考克斯（Jack Cox）、凯利·柯蒂斯（Kelly Curtis）、鲁珀特·卡特勒、玛丽露·埃弗雷特（MaryLu Everett）、迈克尔·弗里思（Michael Frith）、约翰·弗莱（John Fry）、艾伯特·希尔、南希·英加尔斯比、威廉·杰弗里斯（William Jeffress）、斯科特·克鲁斯（Scott Kruse）、吉姆·莱克（Jim Lake）、保罗·洛克、拉尔夫·麦肯（Ralph Mikan）、马修·米切尔（Mathew Mitchell）、查克·莫尔斯（Chuck Morse）、巴德·佩尔（Bud Pell）、桑迪·奎因、约翰·雷滕梅尔、托尼·拉克尔（Tony Ruckel）、约翰·施瓦茨（John Schwartz）、拉里·西尔弗（Larry Silver）、弗兰克·乌豪斯（Frank Ubhaus）、约翰·沃森（John Watson）、大卫·沃茨（David Watts）、辛西娅·威伯恩（Cynthia Wayburn）、哈罗德·韦克斯勒（Harold Wexler）、英格丽德·威肯（Ingrid Wicken）和罗莎琳德·怀曼（Rosalind Wyman）。

我很快就意识到，如果没有档案管理员的帮助，就不可能在档案库中找到相关文件。对我帮助最大的有艾米·雷塔尔（Amy Reytar）、查尔斯·米勒（Charles Miller）、比尔·格林（Bill Greene）、詹妮弗·曼德尔（Jennifer Mandel）、克里斯·利文斯顿（Chris Livingston）、凯文·克恩（Kevin Kern）、乔纳森·沃尔特迈尔（Jonathan Waltmire）、亚当·华莱士（Adam Wallace）、杰奎琳·桑德斯特兰德（Jacqueline Sundstrand）、杰夫·莱希（Jeff Leich）、凯伦·米勒（Karen Miller）、肖恩·埃文斯（Sean Evans）、莫娜·阿蒙（Mona Ammon）、杰森·霍华德（Jason Howard）和劳拉·鲁索（Laura Russo）。塞拉俱乐部奥克兰分部的科尔比（Colby）、图书馆的艾伦·伯恩（Ellen Byrne）和特丽丝·邓恩（Therese Dunn）不遗余力地帮助我。当我在班克罗夫特图书馆花费了大量时间研究文献时，玛丽亚·勃兰特（Maria Brandt）有效地完成了研究任务，里奇·阿尔皮（Rich Arpi）则在明尼苏达州历史学会审查文献。其他帮助我寻找信息的人包括迈克·特雷纳（Mike Traynor）、比尔·特威德（Bill Tweed）、艾伦·伯科维茨（Ellen Berkowitz）、苏珊娜·威尔逊（Suzanne Wilson）、鲍勃·安东诺普利斯（Bob Antonoplis）、托尼·霍普（Toni Hope）、贝琪·赖夫斯奈德（Betsy Reifsnider）、艾伦·伊舍伍德（Aaron Isherwood）和萨拉·卢（Sarah Lu）。

　　一些人愿意阅读我的手稿，并给我提出了修改建议。瑞秋·胡珀（Rachel Hooper）便是其中的一位，她是一位才华横溢的环境法律师和作家，多年来我有幸与她密切合作。瑞秋把我介绍给了她的朋友萨德·卡哈特（Thad Carhart），卡哈特鼓励我与鲍勃·华莱士（Bob Wallace）取得联系。鲍勃有着四十多年的出版经验，他阅读了我的手稿，并对其提出修改意见，鼓励我继续写下去。布莱恩·亨巴彻（Brian Hembacher）多年来一直在加州司法部部长办公室担任环境法律师，他也很热心地审阅了这份文稿。最后也是最重要的是，肯·马纳斯特（Ken Manaster），我的导师和长期合著者，在我没有要求的情况下，主动提出阅读我的手稿，并提出了非常有益的建议。希望所有作者都能像我一样幸运地得到这些帮助。

　　芝加哥大学出版社的查尔斯·迈尔斯（Charles Myers）负责这个选题，他的编辑工作非常杰出。卡特琳娜·麦克莱恩（Caterina MacLean）高效地监督了这本书的创作，克里斯汀·拉达兹（Kristen Raddatz）则是一个营销奇才。苏珊·奥林（Susan Olin）是一位出色的编辑。也要感谢艾莉西亚·斯帕罗（Alicia Sparrow）和米凯拉·勒基（Michaela Luckey），他们为人幽默，为这本书提供了行政协助。波尼·麦克劳林（Bonny McLaughlin）负责本书的索引工作。

　　最后，我的妻子安帮助我阅读手稿，和我讨论问题，为这本书提出建议、增补脚注，为这本书的顺利出版作出了不可或缺的贡献。

注释

概述

1. "Ecology: The New Jeremiahs," *Time* (Aug.15, 1969): 38，"污染可能很快就会取代越南战争，成为国家抗议的主要问题"；Gladwin Hill, "Environment May Eclipse Vietnam as College Issue," *New York Times*, Nov. 30, 1969, 1，"对'环境危机'的担忧正在席卷全国的校园"。

2. Kirkpatrick Sale, *The Green Revolution: The American Environmental Movement, 1962–1992* (New York: Hill and Wang, 1993), 19.

3. Thomas R. Wellock, *Preserving the Nation: The Conservation and Environmental Movements, 1870–2000* (Wheeling, IL: Harlan Davidson, 2007), 173.

4. "Issue of the Year: The Environment," *Time* (Jan.4, 1971，"1970 年，这项事业一度只涉及像雷切尔·卡森（Rachel Carson）这样孤独的战士，现在却成了一个全国性的问题，有时甚至接近全民狂热的程度"。

5. "The Environment: A National Mission for the 1970s," *Fortune* (Feb.1970).

6. Wellock, *Preserving the Nation*, 175; Benjamin Kline, *First Along the River: A Brief History of the U.S. Environmental Movement*, 3d ed.(Lanham, MD: Rowman and Littlefield, 2007), 81.

7. See, e.g., "Conservationists Sue to Halt Cross–Florida Canal," *New York Times*, Sept.18, 1969; Harold M. Schmeck Jr., "Strict Ban on DDT Is Sought in Suits," *New York Times*, Dec.30, 1969.

8. "The Scandal of Mineral King," editorial, *New York Times*, June 24, 1969; "Mineral King Folly," editorial, *New York Times*, Feb.2, 1969.

9. Roger Rapoport, "Disney's War Against the Wilderness," *Ramparts* magazine (Nov. 1971): 26.

10. "Obstructionism at Mineral King," editorial, *Los Angeles Times*, Dec.1, 1966.

11. Dave Smith, *Disney A to Z: The Official Encyclopedia*, 5th ed.(Los Angeles: Disney Editions, 2016), 779.

12. "Walt Disney Named Honorary Member," *Sierra Club Bulletin* (Apr.1955): 3.

13. Rapoport, "Disney's War," 29 (quoting the Disney citation).

14. Walt Disney Productions, "Conservation: The Greatest Disney Story," undated, 1; MKPS (citing 37 "major awards and honors" for conservation).

15.Ryan C. Black et al. "Chief Justice Burger and the Bench: How Physically Changing the Shape of the Court's Bench Reduced Interruptions during Oral Argument." 43 J. S. Ct. Hist. 83 (2018).

第一章

1.Pat Alder, *Mineral King Guide* (Glendale, CA: La Siesta Press, 1963), 5.

2.Russ Leadabrand, *A Guidebook to the Southern Sierra Nevada* (Los Angeles: W.Ritchie Press, 1968), 19.

3.Leadabrand, *Guidebook*, 29.

4.William R. Dudley, "Near the Kern's Grand Canyon," *Sierra Club Bulletin* (1903): 301, 302.

5.Mrs.Ray Buckman, "Back Country: Mineral King." *Kaweah Magazine* (Aug.1960): 3; Alder, *Mineral King Guide*, 7 (prison term).

6.Louise A. Jackson, *Mineral King: The Story of Beulah* (Three Rivers, CA: Sequoia Natural History Association, 2006), 10, 16; originally published as *Beulah: A Biography of the Mineral King Valley of California* (Three Rivers, CA: Westernlore Press, 1988).

7. "Mineral King," *Los Tulares*, Tulares County Historical Society (Sept.1965): 1.

8.Buckman, "Back Country: Mineral King," 4.

9. "Mineral King." *Los Tulares*, 4.

10.Id.

11.Buckman, "Back Country: Mineral King" , 4.

12. "Mineral King." *Los Tulares*, 2.

13.Douglas H. Strong, *From Pioneers to Preservationists: A Brief History of Sequoia and Kings Canyon National Parks* (Three Rivers, CA: Sequoia Natural History Association, 2000), 61.

14.Russ Leadabrand, "Let's Explore a Byway: Into Historic Mineral King," *Westways* magazine (Sept.1963): 9.

15.John Muir, *The Yosemite* (New York: Century, 1912; reprint, Eugene, OR: Doublebit Press, 2020).

16.Jackson, *Mineral King*, 99.

17. 红杉国家公园的发展史着重参考以下文献：William C.Tweed and Lary M. Dilsaver, *Challenge of the Big Trees: The History of Sequoia and Kings Canyon National Parks*, rev. ed.(Staunton, VA: George F. Thompson, 2017), 75–76, 70. 从技术上讲，国会首

先创建了一个规模较小的公园，随即扩展了它。

18.Id.at 76–77.

19.Id.at 88, 102.

20.Id.at 116.

21.Id.

22.Walter Wells Jr., transcript, Statement of Walter Wells, *Hearings on Proposed Development of Mineral King Recreational Area*, Tulare County Public Library Records, March 13, 1953, 96，描述了他的家族在银城拥有的私有土地。

23.John Fry, *The Story of Modern Skiing* (Lebanon, NH: University Press of New England 2006), 33.

24.Id.at 46.

25.Id.

26.Emil R. Walter, "Lowell Thomas in Mineral King," *Sequoia Snow-Go*, Sequoia Ski-Club, Mar.18, 1949.

27. "Snow Survey Party Ends Rugged Stay in Sierra," *Los Angeles Times*, May 5, 1948.

28.Forest Service, U.S. Dept. of Agriculture. *Mineral King-Sequoia National Forest—Winter Survey, 1947–1948*, July 1948, 12; Sierra Club Records.

29.Woodrow W. Todd, secretary–manager, letter to Mr. E.T. Scoyen, supervisor, Sequoia and Kings Canyon National Parks, Jan.12, 1949; SNP Files.

30. "The Unbelievable 'Mineral King,'" *Western Ski Magazine* (Dec.1946): 7–8.

31.Hugo Wolfe Frank, transcript, Statement of Hugo Wolfe Frank, *Hearings on Proposed Development of Mineral King Recreational Area*, Tulare County Public Library Records, March 13, 1953, 107 (quoting Friedl Phaifer [sic; Pfeifer]).

32. "Mineral King Is Undeveloped Gold Mine in Tulare County Backyard, Skier Says," *Visalia Times Delta*, May 14, 1947, 3.

33.Sierra Club Board of Directors, *Minutes*, Aug.31, 1947, 9.

34.Lewis F. Clark, "Winter Sports in Mineral King," *Sierra Club Bulletin* (June 1949): 112, 115. 该报告还发现，"这里的地形和雪况似乎非常适合滑雪旅游"。

35.Sierra Club Board of Directors, *Minutes*, Sept.4, 1949, 6.

36.U.S. Forest Service. *Prospectus for a Proposed Resort and Ski Development at Mineral King, In Sequoia National Forest, California*, Nov. 1949; NARA II Forest Service Files.

37.U.S. Forest Service, California Region, press release, "Big Development Proposed for Mineral King Ski Area," Sept.29, 1949, 1.

38.Arthur B. Ferguson Jr., and William P. Bryson, "Mineral King: A Case Study in Forest Service Decision Making," 2 Ecol.L.Q.493, 1972, 503.

39.Earl Bachman, chief, Recreation Section, Division of Recreation and Lands, U.S.

Forest Service, transcript, Statement of Earl Bachman, *Hearings on Proposed Development of Mineral King Recreational Area*, Tulare County Public Library Records, March 13, 1953, 31.See also Ferguson and Bryson, "Mineral King: A Case Study," 503.

40.Congressman Harlan Hagen, transcript, Statement of Harlan Hagen, *Hearings on Proposed Development of Mineral King Recreational Area*, Tulare County Public Library Records, March 13, 1953, 1; Harold Rainwater, transcript, Statement of Harold Rainwater, Id.at 3.

41.Hagen, Id.at 2.

42. "Throng Seen for Mineral King Skiing." *Los Angeles Times*, Mar.15, 1953.

43.E.T.Scoyen, transcript, Statement of E.T. Scoyen, *Hearings on Proposed Development of Mineral King Recreational Area*, Tulare County Public Library Records, March 13, 1953, 198.

44. "Road, Avalanches Are Mineral King Problems," *Fresno Bee*, Feb.3, 1953.

45.O.A.Tomlinson, regional director, memorandum to superintendent, Sequoia Kings Canyon, Dec.18, 1947.

46.Leslie H. Gould, transcript, Statement of Dr. Leslie H. Gould, *Hearings on Proposed Development of Mineral King Recreational Area*, Tulare County Public Library Records, March 13, 1953, 66–67.

第二章

1.Stewart L. Udall, Foreword, *Wild by Law: The Sierra Club Legal Defense Fund and the Places It Has Saved* (San Francisco, CA: Sierra Club Legal Defense Fund, 1990), xi.

2.Neal Gabler, *Walt Disney: The Triumph of the American Imagination* (New York: Alfred A. Knopf, 2006), 276.

3.Id.at 514.

4.Bob Thomas, *Building a Company: Roy O. Disney and the Creation of an Entertainment Empire* (New York: Hyperion, 1998), 243 (指出 "迪士尼乐园的巨大成功").

5.Jeff Pepper, "New Heights: Mount Disney and Sugar Bowl," Walt Disney Museum, 2017.

6.See Ethan Rarick, *Desperate Passage: The Donner Party's Perilous Journey West*(New York: Oxford University Press, 2008).

7.Brian E. Clark, "Sugar Bowl, Ski Slope with Ties to Walt Disney, Turns 75," *San Diego Union-Tribune*, Jan.20, 2015.

8.Pepper, "New Heights: Mount Disney and Sugar Bowl."

9.Id.

10. "Third Man on the Mountain," Internet Movie Data Base.

11.Alexandra K. Vicknair, "Mindsets, Motivations, Mickey Mouse, and the Mountains: The Social, Political, and Intellectual Foundations of the Mineral King Controversy" (2013), 67.

12. "Walt Disney To Be Chief of Olympic Pageantry," *New York Times*, Nov. 5, 1958.

13.Robert Hicks, interview with the author, Monterey, CA, Oct.14, 2014.

14.Harrison "Buzz" Price, *Walt's Revolution! By the Numbers* (Orlando, FL: Ripley Entertainment, 2003), 46.

15.Hicks, interview with the author.

16.John L. Harper, *Mineral King: Public Concern with Government Policy* (Arcata, CA: Pacifica Publishing, 1982), 75n4.

17.Meghan McCarthy McPhail, *A History of Cannon Mountain: Trails, Tales, and Skiing Legends* (Charleston, SC: History Press, 2011).

18.Roy Terell, "The Heroes of Squaw Valley," *Sports Illustrated* (Feb.29, 1960).

19.Douglas Leisz, interview with the author, Placerville, CA, Mar.9, 2017.

20.Robert B. Hicks, "Meeting with W.S. Davis, Assistant Regional Forester, in San Francisco— April 8, 1965." Memorandum to Royal Clark. Apr. 8, 1965, 2; RBH Papers.

21. "Slim" Davis, interview, "'Slim' Davis: The Forest Service View," *Western Ski Time* (Oct.1968): 44; Arapahoe Basin, Colorado.

22.Price, *Walt's Revolution! By the Numbers*, 48.

23.Hicks, interview with the author.

24.Willy J. Schaeffler, *Report on Mineral King Project*, May 1960, 8; RBH Papers.

25.W.S. Davis, letter to Walter E. Disney, Feb.26, 1965; NARA I Forest Service Files.

26.Harrison Price, "WDP Presentation on MK on Whether Studio Should Take Over Project," undated, 3; HP Papers.

27.Deposition of Robert Hicks. June 19, 1973, Sierra Club v. Hickel, No.51,464 (N.D.Cal.1969), 12.

28.Harper, *Mineral King: Public Concern with Government Policy*, 72.

29.Harry Gesner, interview with the author, Malibu, CA, Dec.21, 2016.

30.Aljean Harmetz, "Janet Leigh, 77, Shower Taker of 'Psycho,' Is Dead," *New York Times*, Oct.5, 2004.

31.Rosalind Wyman, telephone interview with the author, Los Angeles, CA, May 8, 2017.

32.Robert Hicks, Notes, "Bidding Considerations," draft, Aug.2, 1965, 6; RBH Papers.

33.American Resort Consultants, Inc., *Development of Mineral King for Winter and Summer Recreation*, Jan.3, 1965, 3, 4.

34.Hicks, Notes, "Bidding Considerations," 5.

35.Charles Wilkinson, "'The Greatest Good of the Greatest Number in the Long Run': TR, Pinchot, and the Origins of Sustainability in America," 26 Colo. Nat. Resources, Energy and Envtl. L. Rev. 69, 2015, 72.

36.W.S. Davis, assistant regional forester, "Plans—Mineral King Recreation Area," memorandum to forest supervisor, Sequoia National Forest, Dec.8, 1964; NARA I Forest Service Files.

37.W.S. Davis, assistant regional forester, letter to Mr. Robert Brandt, president, International Productions, Inc., Jan.22, 1965; NARA II Forest Service Files.

38.W.S. Davis, assistant regional forester, "Plans—Mineral King Recreation Area," memorandum to forest supervisor, Sequoia National Forest, Feb.4, 1965; NARA I Forest Service Files.

39.W.S. Davis, assistant regional forester, letter to Edward A. Hummel, regional director, National Park Service, Feb.5, 1965; NARA II Forest Service Files.

40.James B. Myers, acting regional director, National Park Service, "Proposal of a Winter Sport Area Involving Sequoia National Park," memorandum to director of National Park Service, Feb.5, 1965; SNP Files.

41.W.S. Davis, notation on letter, Warren F. Hamilton, assistant regional director, to Mr. W.S. Davis, assistant regional forester, Feb.18, 1965; NARA I Forest Service Files，"胡梅尔先生打电话说他们不反对发布矿王谷招标公告，信函也会很快送到"。Initialed "W D" with date 2–26–65.

42.Edward A. Hummel, letter to W.S. Davis, assistant regional forester, Mar.3, 1965; NARA II Forest Service Files.

43.Press release, National Forest News, California Region, Forest Service, Feb.27, 1965; NARA II Forest Service Files.

44.Forest Service, U.S. Dept. of Agriculture, California Region, *Prospectus for a Proposed Recreational Development at Mineral King in the Sequoia National Forest*, Feb.1965, 4, 8; NARA II Forest Service Files.

45.Id.at 5, 7.

46.Id.at 1, 5.

47.Sierra Club Board of Directors, *Minutes*, Nov. 12, 1949.

48.Edgar Wayburn, MD, *Your Land and Mine: Evolution of a Conservationist* (San Francisco: Sierra Club Books, 2004), 90.

49.Michael McCloskey, interview with the author, Portland, OR, June 5, 2017.

50.Harold K. Steen, *The U.S. Forest Service*, Centennial ed.(Durham, NC: Forest History Society, 2004), 282.

51.Sierra Club, *Articles of Association, By-Laws, and List of Members* (1892), 5.

52.Michael P. Cohen, *The History of the Sierra Club: 1892–1970* (San Francisco: Sierra Club Books, 1988), 100, 190.

53.Id.at 80.

54.Id.at 339–40, 275; J. Michael McCloskey, *In the Thick of It: My Life in the Sierra Club* (Washington, DC: Island Press/Shearwater Books, 2005), xiii.

55.Wayburn, *Your Land and Mine*, 24, "新入会的成员需要 2 名现有成员为其担保造就了俱乐部的精英性"。

56.Robert Wyss, *The Man Who Built the Sierra Club: A Life of David Brower* (New York: Columbia University Press, 2016), 39, 48.

57.Id.180.

58.Joseph Fontaine, interview with the author, Tehachapi, CA, Mar.3, 2017.

59.Harper, *Mineral King: Public Concern with Government Policy*, 61.

60.Id.(reproducing memorandum to Advanced Planning Sub-Committee from John Harper, Sept.4, 1962).

61.Id.at 64.

62.Conservation Committee, Kern-Kaweah Chapter, Sierra Club, *The Mineral King Basin: A Preliminary Report on the Character and Uses of This Portion of the Sierra Nevada, Tulare County, California*, 1964; Sierra Club Members Papers.

63.Id.at 2.

64.John M. Davis, superintendent, letter to John L. Harper, conservation chairman, Jan.20, 1964; GM Papers.

65.Conservation Committee, Kern-Kaweah Chapter, Sierra Club. *The Mineral King Basin: A Preliminary Report on the Character and Uses of this Portion of the Sierra Nevada, Tulare County, California*, 1964, 12–13; Sierra Club Members Papers.

66.Id.at 13.

67.Harper, *Mineral King: Public Concern with Government Policy*, 71.

68.Id.at 76.

69.William E. Siri, president, "Mineral King Basin— Kern-Kaweah Report," letter to John L. Harper, Nov. 16, 1964; GM Papers.

70.George Marshall, "'The Mineral King Basin' Report," letter to John L. Harper, Dec.3, 1964, 1–2; GM Papers, carton 48.

71.John Harper, letter to L.M. Whitfield, forest supervisor, Jan.12, 1965, 2; NARA I Forest Services Files.

72.Joe Fontaine, interview by Ann Root, *Sierra Club Oral History Project* (1995), 21.

73.Sierra Club Board of Directors, *Minutes*, May 1–2, 1965, 12.

74.Harper, *Mineral King: Public Concern with Government Policy*, 82.

75.Cohen, *History of the Sierra Club*, 342.

76.Will Siri, interview by Ann Lage, 1979, Sierra Club Oral History Project, 80.

77.Bettina Boxall, "Martin Litton Dies at 97; Passionate Wilderness Conservationist," *Los Angeles Times*, Dec.1, 2014.

78.Sierra Club Board of Directors, Minutes, May 1–2, 1965, 13.

79.Siri, interview by Lage, 80–81.

80.Sierra Club Board of Directors, *Minutes*, May 1–2, 1965, 11, 13 (summarizing the "major points" on both sides).

81.Cohen, *History of the Sierra Club*, 343.

82.Wallace Stegner, interview by Ann Lage, 1982, Sierra Club Oral History Project, 28.

83.Mary Ann Burtt, telephone interview with the author, Los Angeles, CA, Feb.15, 2019.

84.Siri, interview by Lage, 87.

85.David Brower, introduction, interview with Martin S. Litton, Sierra Club Leaders I, 1950s–1970s, 1982,iii.

86.Sierra Club Board of Directors, *Minutes*, May 1–2, 1965, 14.

87.Edgar Wayburn, interview by Ann Lage and Susan Schrepfer, Sierra Club History Series, 1976–81, 43.

88.Sierra Club Board of Directors, *Minutes*, June 12, 1965.

89.Harper, *Mineral King: Public Concern with Government Policy*, 84.

90.McCloskey, interview with the author, Portland, OR, June 5, 2017.

91.John L. Harper, letter to the directors, Sierra Club, May 12, 1965, 1; Sierra Club Members Papers, carton 190.

92.John L. Harper, letter to Dr. William Siri, president, July 18, 1965, 1; Sierra Club Members Papers, carton 107.

93.William E. Siri, president, letter to John L. Harper, July 27, 1965, 1–2; Sierra Club Members Papers.

94.David Brower, letter to John L. Harper, May 20, 1965; Sierra Club Members Papers.

95.Ansel Adams, letter to John L. Harper, May 20, 1965; Sierra Club Members Papers.

96.John L. Harper, letter to Michael McCloskey, July 28, 1965, 1; Sierra Club Members Papers. See also Joe Fontaine, interview by Ann Root, 1995, *Sierra Club Oral History Project*, 21.

97.Michael J. McCloskey, memo to Will Siri, June 9, 1965, 1; Sierra Club Members Papers.

98.Robert Marshall, "Mineral King," memorandum to directors of the Sierra Club, Sept.2, 1965, 1–2; GM Papers.

99.Frederick Eissler, *Report on Mineral King*, July 24, 1965, 1; Sierra Club Members Papers.

100.Sierra Club Board of Directors, *Meeting Minutes*, Sept. 11–12, 1965.

101.Id.

102.Sierra Club, press release, Sept. 14, 1964; Sierra Club Members Papers, carton 107.

第三章

1.Omer Crane, "Fabled Mineral King Has Many Wouldbe [*sic*] Developers," *Fresno Bee*, Mar. 5, 1965.

2.Robert Brandt, "Re: Mineral King," letter to Eugene Wyman, Apr. 19, 1965; NARA II Forest Service Files.

3.Eugene L. Wyman, letter to the Honorable Orville Freeman, secretary of agriculture, June 30, 1965; NARA II Secretary of Agriculture Files. Brandt also wrote Freeman, reminding him of their earlier meeting; see Robert Brandt, letter to Orville Freeman, secretary of agriculture, June 28, 1965; NARA I Secretary of Agriculture Files.

4.Orville Freeman, secretary, letter to Robert Brandt, July 19, 1965; NARA II Forest Service Files; Orville L. Freeman, secretary, letter to Mr. Eugene L.Wyman, July 12, 1965; NARA II Forest Service Files.

5.Harry Gesner, interview with the author, Malibu, CA, Dec. 21, 2016.

6.Patrick Sisson, "Harry Gesner: An Architect, Maverick, and Modern Adventurer Riding the Waves," *Curbed*.

7.Gesner, interview with the author.

8.Gesner, interview with the author; Harry Gesner, "The Hall of the Mountain King," personal paper of Harry Gesner.

9.Jeanne Ora Nienaber, "Mineral King: Ideological Battleground for Land Use Disputes" (PhD diss., University of California, Berkeley, 1973), 41.

10.Robert Hicks, "Mineral King Bids," memorandum to Royal Clark, Mar. 1, 1965; HP Papers.

11.W.S. Davis, assistant regional forester, letter to Walter E. Disney, Feb. 26, 1965; NARA II Forest Service Files.

12.Robert Hicks, letter to Margaret A. Seaborn, Mar. 19, 1965; RBH Papers.

13.Mel Lieurance, recreation staff assistant, "Plans—Mineral King Recreation Area," memorandum to file, Apr. 1, 1965, 1–2; NARA II Forest Service Files; R. B. Hicks, "Meeting— Lawrence Whitfield and Mel Lieurance at U.S. Forest Service Office in Porterville—April 1, 1965," memorandum to Royal Clark, Apr. 1, 1965; HP Papers. Bob Hicks, "Bidding Considerations," memo to file (draft), Feb. 8, 1965, 8; RBH Papers.

14.H. A. Price and R. B. Hicks, "Preparation for the Application for Permit at Mineral King," memorandum to Royal Clark (draft), Apr. 7,1965, 1, 3; HP Papers.

15.Robert B. Hicks, memorandum to Royal Clark, Apr. 8, 1965, 1, 3; RBH Papers.

16.Robert B. Hicks, letter to Willy Schaeffler, ski coach, University of Denver, Apr. 14, 1965; HP Papers.

17.Pierluigi Serraino, "On the Work of Ladd and Kelsey, Architects," *Architecture for Sale Quarterly* (Spring 2015) .

18.Robert B. Hicks, "Types and Estimated Size of Physical Facilities at Mineral King," memorandum to Thornton Ladd (Ladd and Kelsey), May 27, 1965, 3; HP Papers. See also Robert B. Hicks, letter to Thornton Ladd, Ladd and Kelsey, Architects, May 27,1965 (giving further instructions); HP Papers.

19.John M. Davis, superintendent, letter to Lawrence M. Whitfield, forest supervisor, Apr. 9, 1965; NARA I Files.

20.J. Michael McCloskey, *In the Thick of It: My Life in the Sierra Club* (Washington, DC: Island Press/Shearwater Books, 2005), 23–25.

21.Id.at 22.

22.Michael McCloskey, interview with the author, Portland, OR, June 5, 2017.

23.William E. Siri, president, letter to Mr. Charles Connaughton, regional forester, June 7, 1965, 1–2; NARA I Forest Service Files.

24.Sierra Club, press release, "Sierra Club Urges Hearing on Mineral King Area," June 10, 1965; Sierra Club Members Papers.

25.Chas. A. Connaughton, regional forester, letter to Dr. William E. Siri, July 1, 1965; Sierra Club Members Papers.

26.Rupert Cutler, "Sierra Club v. Hickel: Mineral King Valley" (PhD diss., part 1, Michigan State University, 1972), 247; Philip Burton Papers.

27.Michael McCloskey, assistant to the president for the president, letter to Mr. Edward Cliff, chief, Forest Service, Aug. 7, 1965, 3 (emphasis in original), 4; GM Papers.

28.Id.at 1.

29.Federal Highway Administration, "History of Scenic Road Programs," *Highway History*.The Department of Commerce then housed the Bureau of Public Roads.

30.The President's Council on Recreation and Natural Beauty, *A Proposed Program for Scenic Roads and Highways*, 1966, Library of Congress Catalog Card Number 66–61527, iv–v.

31.Robert Brandt, "Re: Mineral King," letter to Eugene Wyman, Apr. 19, 1965, 2; NARA II Forest Service Files.

32.D. J. Steele, Division Engineer, Bureau of Public Roads, U.S. Department of Commerce, letter to William R. Bergren, June 15, 1965; GM Papers.

33.Bob Hicks, "Meeting with J. A. Legarra, Deputy State Highway Engineer,

Sacramento—April 9, 1965," memorandum to Royal Clark, 2; HP Papers.

34.Harrison A. Price, letter to Honorable Hugh M. Burns, Oct. 30, 1963; HP Papers.

35.Hugh M. Burns, letter to Harrison A.Price, Apr. 28, 1964; HP Papers.

36.Hugh [unidentified last name], memo to Mike [McCloskey], July 16, 1965; RJ Papers. 备忘录称，塞拉俱乐部的董事会成员乔治·马歇尔（George Marshall）听说，州长办公桌上的一项法案"将把县道改为国道，大概是为了达到更高的标准"。

37.Michael McCloskey, assistant to the president, letter to Governor Edmund Brown, July 19, 1965; GM Papers.

38.John L. Harper, letter to Dr. William Siri, president, Aug. 18, 1965, 1; RJ Papers.

39.Walt Disney Productions, press release, "Disney to Submit Plans for Recreational Development of Mineral King," Aug. 18, 1965; RBH Papers.

40.W.S. Davis, assistant regional forester, "Plans— Mineral King," memorandum to Richard J. Costley, acting director, Recreation and Land, Aug. 24, 1965, 1; NARA II Forest Service Files.

41. "Sierra Nevada Resort Is Planned by Disney," *New York Times*, Aug. 23, 1965.

42. "Disney Plans Development in Sequoia National Park," *Los Angeles Times*, Aug. 20, 1965.

43. "Disney's Mineral King Proposal Challenged," *Los Angeles Times*, Aug. 31, 1965. 这篇文章把提案中提到的滑雪场错误地表述为建在红杉国家公园。

44.Dan Winston, "Mineral King Response Termed Greatest Ever"; SNP Files. 报纸无法确认来源。

45. "Ski Resort of the Future," *Ski magazine* (Jan.1966): 50，引用"一个观察者"。

46.Walt Disney Productions, "Mineral King Project: Timetable for Events in Porterville, California, August 31, 1965"; HP Papers.

47.R.W. Feuchter, Forest Service, "Special Use Plans—Mineral King," memorandum to files, July 26, 1965; NARA I Forest Service Files.

48. 希克斯后来给迪士尼高管写信，讲述了与国会议员哈兰·哈根的一次谈话："我告诉他，有人建议我们不要这样做，但勃兰特已经领先了，林业局在他准备好展示后对他说可以。"罗伯特·B. 希克斯，给普莱斯等人的备忘录，"华盛顿特区与图莱里县国会议员哈兰·哈根的电话交谈"。Sept. 23, 1965, 2; HP Papers.

49. "Ski Resort of the Future," 50.

50. "Disney and Others Talk Millions for Resort in an Isolated Valley of the Sierra Nevada," *Business Week* (Sept. 4, 1965): 40.

51.Superintendent, Sequoia and Kings Canyon, memorandum to regional director, Western Region, "Proposed Mineral King Development, Sequoia National Forest," Sept. 3, 1969; SNP Files.

52.Ron Taylor, "Mineral King Bids Overwhelm Officials," *Fresno Bee*, Sept. 1, 1965.

53."Disney and Others Talk Millions," 40.

54.Omer Crane, "Disney's $35 Million Bid Earns Him Favorite's Role," *Fresno Bee*, Sept. 5, 1965.

55.Sequoia National Forest, Forest Service, "Mineral King Proponents," Aug. 31, 1965; NARA I Forest Service Files (listing the six applicants).

56.Dennis McLellan, "Ragnar Qvale, 86; Actor, Led Architectural Firm," *Los Angeles Times*, Oct. 2, 2001.

57.Douglas Martin, "Kjell Qvale Dies at 94; Married U.S. to Sports Cars," *New York Times*, Nov. 12, 2013.

58.Taylor, "Mineral King Bids Overwhelm Officials."

59.Crane, "Disney's $35 Million Bid Earns Him Favorite's Role."

60.Jeanne Ora Nienaber, "Mineral King: Ideological Battleground for Land Use Disputes" (PhD diss., University of California, Berkeley, 1973), 163.

61.John L. Harper, *Mineral King: Public Concern with Government Policy* (Arcata, CA: Pacifica Publishing, 1982), 87.

62.Walt Disney Productions, *A Proposal for the Development of Mineral King*, 1965; RBH Papers. Mineral King Recreational Development Co., *Proposal, Sequoia National Forest*, 1965 (作者拥有原稿).

63.Walt Disney Productions, *A Proposal for the Development of Mineral King*, 14.

64.Id.

65.Id.at 8，原文中强调。

66.Walt Disney Productions, press release, "Walt Disney Submits Application for Mineral King Recreation Development," Aug. 31, 1965; RBH Papers.

67.Mineral King Recreational Development Co., *Proposal, Sequoia National Forest*, 7, 5–6, 34–35, 57, 84.

68.Id., Preface, Planning: Corporate and Finance.

69.Id.at 1–2, 18.

70.Walt Disney Productions, *A Proposal for the Development of Mineral King*, 11, "必须进行仔细的雪地安全计划研究，以控制、避免大规模的雪崩、雪滑和雪移"；RBH Papers.

71.Forest Service, U.S. Dept. of Agriculture, California Region, *Prospectus for a Proposed Recreational Development at Mineral King in the Sequoia National Forest*, Feb.1965, 5; NARA II Forest Service Files.

72.W.S. Davis, assistant regional forester, "Plans— Mineral King Area," memorandum to Richard J. Costly, director, R&LU, WO. Sept. 3, 1965; NARA II.

73.Robert B. Hicks, "Trip to San Joaquin Valley September 8, 1965," memorandum to Walt Disney Productions, Sept. 15, 1965; HP Papers.

74.Richard J. Costley, director, Division of Recreation, letter to Michael McCloskey, Sept. 3, 1965; RJ Papers.

75.Cutler, "Sierra Club v. Hickel," 262.

76.Joe Fontaine, interview by Ann Root, 1995, *Sierra Club Oral History Project*, 21.

77.William R. Bergren, letter to George Marshall, Sept. 10, 1965; GM Papers.

78.Glen O. Robinson, *The Forest Service: A Study in Public Land Management*. (Baltimore: The Johns Hopkins University Press, 1975), 28; Nienaber, "Mineral King: Ideological Battleground," 40 , "林业局是'分散式'组织"。

79.See David Stout, "Orville Freeman, 84, Dies; 60's Secretary of Agriculture," *New York Times*, Feb. 22, 2003; Minnesota Historical Society, Orville L. Freeman biography.

80.A. W. Greeley, memorandum to Thomas R. Hughes, executive assistant to the secretary, "Mineral King"; NARA II. Tom Hughes, "Mineral King," memorandum to Art Greeley, Forest Service, Sept. 13, 1965; NARA II，"在对这个（矿王谷）作出任何最终决定之前，请与我联系"。

81.尼纳伯博士几乎同时期的研究描述了林业局人员喜忧参半的反应。一些人说，将最终决定权移交给华盛顿是合乎逻辑的，因为总有人会将这一决定告知华盛顿。参见："Mineral King: Ideological Battleground," 75. The regional forester, Charles A. Connaughton, later recalled that he had urged Freeman to make the decision; Charles A. Connaughton, interview by Elwood R. Maunder, 1976, "Forty–Three Years in the Field with the U. S. Forest Service," Forest History Society, Santa Cruz, California, 112.

82.A.W. Greeley, deputy chief, "Bids on Proposed Development at Mineral King," memorandum to Lester P. Gordon, inspector general, Sept. 22, 1965; NARA II Forest Service Files.

83.B. H. P., memorandum to Art [Greeley], Sept. 10, 1965; NARA II Forest Service Files.

84.Mary Carter Paint Co., letter to Mineral King Development Co., Sept. 15, 1965, 作者拥有原稿。

85.Notes from telephone call, "Information on Mineral King for Slim Davis," Sept. 30, 1965; NARA II Forest Service Files.

86.W. S. Davis, "Plans—Mineral King," memorandum to files, Sept. 15, 1965; NARA II Forest Service Files.

87.Id.

88.Jeremiah Stettler, "Renowned Avalanche Researcher Dies," *Salt Lake Tribune*, Feb. 4, 2007.

89.Phillip B. Lundstrom, "2310, September 9, 1965, Your Invitation to Meet," letter to U. S. Department of Agriculture, Forest Service, Attention Mr. W. S. Davis, Sept. 21, 1965; NARA II Forest Service Files.

90.W. S. Davis, letter to Phillip B. Lundstrom, director, Sept. 24, 1965; NARA II Forest

Service Files.

91.Edward P. Cliff, chief, "Mineral King Development Proposal," memorandum to Secretary Orville L. Freeman, Sept. 30, 1965, 1; NARA II Forest Service Files.

92.Id.at 3.

93.Robert Hicks, "Bidding Considerations" (draft), Aug. 2, 1965; RBH Papers.

94.See Michael Barrier, "Walt's Goldwater Button: The Last Word, Maybe".

95.Hicks, "Bidding Considerations" (draft), 5.

96.Robert B. Hicks, letter to the Honorable Hugh Burns, California State Senate, Sept. 21, 1965; HP Papers.

97.Hicks, "Trip to San Joaquin Valley September 8, 1965."

98.Herbert Gold, "Nobody's Mad at Murphy," *New York Times Magazine* (Dec. 13, 1964).

99.Duke Norberg, "Senator Murphy," memorandum to Audrey Warren, Oct. 15, 1965; NARA II Forest Service Files.

100. "Brandt Rumored Top Contender," Visalia Times–Delta, Oct. 25, 1965.

101. "Brandt Rumored Top Contender"; Ron Taylor, "Brandt Shows Public His Mineral King Plans," *Fresno Bee*, Oct. 23, 1965.

102.Rosalind Wyman, telephone interview with the author, Los Angeles, CA, May 8, 2017.

103.Michelangelo Capua, *Janet Leigh* (Jefferson, NC: McFarland, 2013), 122.

104.Robert B. Hicks, letter to H.D. Thoreau, Hale Brothers and Associates, Sept. 21, 1965; HP Papers.

105.Ron Taylor, "More Delay Is Seen on Mineral King," *Fresno Bee*, Oct. 21, 1965.

106.Robert B. Hicks, "Mineral King," memorandum to "All Concerned," Oct. 15, 1965; RBH Papers.

107.Robert B. Hicks, "Willy Schaeffler's Telephone Calls," memorandum to "All Concerned," Oct. 18, 1965; RBH Papers.

108.Irvine H. Sprague, deputy director, letter to Thomas R. Hughes, executive assistant to the secretary, Oct. 22, 1965; Harlan Hagen Papers. Tom Hughes, memorandum to the secretary, Dec. 7, 1965, "我和布朗州长的人在华盛顿经常就矿王谷的事联系"; Thomas R. Hughes Papers. Associated Press, "Two Mineral King Bids Picked for Panel Review," *Los Angeles Times*, Oct. 28, 1965.

109.Tom Hughes, memorandum to the secretary, Oct. 25, 1965; Thomas R. Hughes Papers.

110.U.S. Dept. of Agriculture, press release, "Secretary's Committee to Review Recreation Proposals," Oct. 27, 1965; SCLDF Files. Associated Press, "Two Mineral King Bids Picked for Panel Review."

111.U. S. Dept. of Agriculture. telegrams to Chris Kuaisa, Mineral King Development Corporation, Ragnar C. Qvale and Associates, and D. Bollenbacker, Oct. 27, 1965; NARA II Forest Service Files. 第六项提案因不符合招标公告要求而被早早否决。

112.Bob Hicks, "Mineral King," memorandum to Walt Disney et al., Oct. 28, 1965; HP Papers.

113.Robert B. Hicks, "Preparation for Washington Presentation on Mineral King," memorandum to "All Concerned," Oct. 29, 1965; RBH Papers.

114.U.S.Forest Service, "Opening Statement at Conference with Mineral King Proponents" ; NARA II Forest Service Files.

115.[Unidentified author], U.S. Forest Service, notes on conference with Disney. Nov. 5, 1965; NARA II Forest Service Files.

116.Robert Hicks, interview with the author, Carmel Valley, CA, Oct. 16, 2014.

117.Associated Press, "Brandt Tells Mineral King Plans to U.S.," Los Angeles Times, Nov. 9, 1965.

118.Robert B. Hicks, notes, "Subject: Telephone Conversation with Slim Davis on Nov. 10, 1965" ; RBH Papers.

119.Id.at 2.

120.W.S. Davis, assistant regional forester, "Plans— Sequoia (Mineral King Development Proposals)," memorandum to Arthur W. Greeley, deputy chief, Nov. 10, 1965; NARA II Forest Service Files. W. S. Davis, assistant regional forester, "Plans," memorandum to Arthur Greeley, deputy chief, Nov. 15, 1965; NARA II Forest Service Files.

121.Tom Hughes, memorandum to the secretary, Nov. 15, 1965; Thomas R. Hughes Papers.

122.Hicks, interview with the author.

123.Harrison A. Price and R. B. Hicks, "Preliminary Results on Investigations of Robert Brandt," memorandum to Walt Disney, Nov. 30, 1965; HP Papers.

124.Julian R. Blodgett and Associates, "Re: Robert 'Bob' Brandt [and] Mary Carter Paint Company, Inc." Nov. 30, 1965, 2; HP Papers.

125.A.W. Greeley, memorandum to Mr. Baker, Mr. Hughes, and Mr. Cliff, Dec. 1, 1965; NARA II Forest Service Files.

126.A. W. Greeley, deputy chief, "Analysis of Proposals to Develop Mineral King," memorandum to secretary's Review Committee on the Development of Mineral King, Sequoia National Forest, Dec. 1, 1965, 2, 4; NARA II Forest Service Files.

127.Roy O. Disney, president, letter to the Honorable Orville Freeman, Dec. 6, 1965; NARA II Forest Service Files.

128.Orville Freeman, secretary of agriculture, "Weekly Report," report to the president, Dec. 9, 1965, 2; Lyndon B. Johnson Presidential Library.

129.Id.at 3.

130.Id.

131.Robert Brandt, telegram to Harlan Hagen, Dec. 11, 1965; Harlan Hagen Papers.

132.Robert Brandt, telegram to the president, Dec. 15, 1965; Lyndon B. Johnson Presidential Library.

133.Thomas R. Hughes, executive assistant to the secretary, memorandum to Paul M. Popple, assistant to the president, Dec. 16, 1965; Thomas R. Hughes Papers.

134.Review Committee on the Development of Mineral King, Sequoia National Forest, "Analysis of Proposals to Develop Mineral King," memorandum to Orville L. Freeman, secretary, Dec. 15, 1965; NARA II Forest Service Files.

135.Tom Hughes, memorandum to the secretary, Dec. 15, 1965; Thomas R. Hughes Papers.

136.Orville L. Freeman, secretary, letter to Mr. Robert Brandt, president, Dec. 16, 1965; NARA II Files.

137.W. S. Davis, memo to file, July 8, 1960, quoted in M. Rupert Cutler, "A Study of Litigation Related to Management of Forest Service Administered Lands and Its Effects on Policy Decisions. Part Two: 'A Comparison of Four Cases'" (Ph.D. diss., Michigan State University, 1972), 166.

138.Harlan Hagen, letter to Robert Brandt, Dec. 14, 1965; Harlan Hagen Papers.

139.Edward P. Cliff, chief, by A.W. Greeley, "Mineral King. Development," memorandum to Thomas R. Hughes, Oct. 25, 1965, 2; NARA II Forest Service Files.

140.Walt Disney, letter to Orville Freeman; NARA I Secretary of Agriculture Files.

第四章

1.Forest Service, U.S. Dept. of Agriculture, California Region, *Prospectus for a Proposed Recreational Development at Mineral King in the Sequoia National Forest*, Feb. 1965, 1, 3, 5; NARA II Forest Service Files.

2.Robert B. Hicks, "Trip to San Joaquin Valley September 8, 1965," memorandum to Walt Disney Productions, Sept. 15, 1965; HP Papers.

3. "U.S. Chooses Disney to Develop Sequoia Resort," *Los Angeles Times*, Dec. 18, 1965.

4.John McDonald, "Now the Bankers Come to Disney," *Fortune* (May 1966).

5.Robert Hicks, interview with the author, Carmel Valley, CA, Oct. 16, 2014.

6. "Mineral King Development Aide Is Named," *Fresno Bee*, Apr. 9, 1966.

7.U.S. Forest Service, Special Use Permit, para. 17, Jan. 10, 1966; Department of Justice Files.

8.Herbert Gold, "Nobody's Mad at Murphy," *New York Times*, Dec. 13, 1964.

9.Bob Hicks, "Summary of Meeting of Mineral King Committee, December 23, 1965," memorandum to Mineral King Committee, Dec. 24, 1965; HP Papers.

10. "Disney to Start Work on Sierra Ski Resort," *Los Angeles Times*, June. 3, 1966.

11.Robert Hicks, "Discussion of Strategy for Road Commitment," memorandum (draft), Jan. 4, 1965; RBH Papers.

12.United Press International, "State Acts on Road Tie-in to Mineral King," Apr. 25, 1966.

13. "Outlook Seen Brighter for Mineral King Road," *Los Angeles Times*, Mar. 6, 1966.

14.California Highway Commission, agenda for meeting of April 20, 21, 22, 1966; box 31 bin 1742, California State Archives.

15. "State Orders Mineral King Highway Plan," *Fresno Bee*, Apr. 22, 1966.

16.Harlan Hagen, letter to Walt Disney, Feb. 15, 1966; Harlan Hagan Papers. Walt Disney, letter to Congressman Hagen, Feb. 25, 1966; Harlan Hagen Papers.

17.Stanley A. Cain, "Mineral King Development Proposal, Sequoia and Kings Canyon," memorandum, May. 3, 1966; GBH Papers.

18.Howard G. Baker, assistant director, Operations, "Mineral King Development Proposal, Sequoia and Kings Canyon," memorandum to regional director, Western Region, May. 6, 1966; SNP Files，"该隐博士没有意识到，已经存在一条穿过公园的县级公路了"。

19.Frank F. Kowski, superintendent, Sequoia and Kings Canyon, "Mineral King road project," memorandum to regional director, Western Region, May. 17, 1966; SNP Files.

20.Frank F. Kowski, superintendent, Sequoia and Kings Canyons, "Mineral King road," memorandum to regional director, Western Region, July. 22, 1966, 3; SNP Files.

21.Stanley A. Cain, assistant secretary for Fish and Wildlife and Parks, "SequoiaKings Canyon National Park," memorandum to Deputy Assistant Secretary [Clarence] Pautzke, Sept. 2, 1966, 1–2 (emphasis omitted); NARA II Park Service Files.

22.J. C. Womack, state highway engineer, letter to E. A. Hummel, regional director, National Park Service, Sept. 21, 1966, 3–4; SNP Files.

23.Edward A. Hummel, regional director, letter to J. C. Womack, state highway engineer, Oct. 18, 1966; SNP Files.

24. "Disney Seeking Public Backing on Resort Road," *Los Angeles Times*, Jan. 30, 1966.

25.Dan Winston, "Disney Says Operation Possible During 1971," *Visalia Times Delta*,

June. 2, 1966.

26.Walt Disney Productions, *Walt Disney's Plans for Mineral King*, 1966; RBH Papers. 各个版本有不同的颜色，以及一些非常微小的差异。

27.Id.at 2.

28.Id.

29.Office of the Governor, "Mineral King Project, On-Site Review and Visit by Governor Brown," Sept. 19, 1966; Edmund G. Brown Papers.

30.Bob Jackson, "Walt Disney Biography," memorandum to Marty Sklar, Aug. 15, 1968, 4; RBH Papers.

31.Office of the Governor, "Mineral King Project, On-Site Review and Visit by Governor Brown," Sept. 19, 1966, 2; Edmund G. Brown Papers.

32.Office of Governor Edmund G. Brown, press release, Sept. 17, 1966, 2; RBH Papers.

33.Ron Taylor, "Brown Will Ask $25 Million For Road to Mineral King," *Fresno Bee*, Sept. 19, 1966.

34.Mike McCloskey, conservation director, letter to Ruth Shepherd, Jan. 26, 1966; Sierra Club Records Papers.

35.Lambert S. O' Malley, assistant administrator for Public Works, letter to Michael McCloskey, conservation director, May. 2, 1966; Sierra Club Members Papers.

36.Michael McCloskey, conservation director, letter to the Economic Development Administration, U.S. Department of Commerce, Nov. 29, 1966; Sierra Club Members Papers. Lambert S.O' Malley, assistant administrator for Public Works, letter to Michael McCloskey, conservation director, Dec. 8, 1966; John L. Harper Papers.

37.Michael McCloskey, conservation director, letter to John Harper, chairman, Aug. 15, 1966; GM Papers.

38.Mike McCloskey, memo to members of the Mineral King Task Force, Mar. 3, 1966; GM Papers, carton 48 , 在一份 "附注" 中指出，"工作组由 20 多人组成"。

39.R. M. Jali, letter to board of directors, Sierra Club, Feb. 11, 1966; Sierra Club Members Papers.

40.John L. Harper, letter to "Dear Friends," Oct. 18, 1965, 2; SNP Files.

41.Joseph B. Fontaine, conservation chairman, Kern-Kaweah Chapter, Sierra Club, letter to the editor, "Sierra Club Stand," *Bakersfield Californian*, Dec. 10, 1966.

42.National Park Service, U.S. Dept of Interior, press release, "Hearings Scheduled for Wilderness Proposal for Parks"；GM Papers.

43.Chas. A. Connaughton, regional forester, "Wilderness and Primitive Areas (Sequoia and Kings Canyon National Parks)— Sequoia N.F.," memorandum to chief, Nov. 29, 1966; NARA II Forest Service.

44.Stewart M. Brandborg, executive director, "A Special Memorandum to Members and Cooperators: Sequoia and Kings Canyon National Parks Wilderness Hearings at Fresno, California, November 21 and 22, 1966," Nov. 11, 1966, 2; Sierra Club Records, San Diego State University.

45.Sierra Club Conservation Dept., "Hearings on Proposals to Protect the Wilderness of Sequoia and Kings Canyon National Parks on November 21–22, 1966," Nov. 11, 1966, 2–3; Sierra Club Records.

46.National Parks Association, "A Preliminary Wilderness Plan for Sequoia–Kings Canyon National Parks and the Surrounding Region," Nov. 21–22, 1966, 3, 9; GM Papers.

47.Sierra Club, "Statement of the Sierra Club on Proposals for Wilderness Areas within Sequoia and Kings Canyon National Parks," Nov. 21, 1966, 9; Sierra Club Records.

48.Wilderness Society, "Statement by the Wilderness Society in Support of the Establishment of Wilderness Areas within Sequoia and Kings Canyon National Park Presented by George Marshall at Public Hearings in Fresno, California," Nov. 21–22, 1966, 7; GM Papers.

49.Robert B. Hicks, letter to Frank F. Kowski, superintendent, Dec. 10, 1966, 2; Sequoia National Park Papers.

50.W. S. Davis, chief, Division of Recreation, memorandum to files, Nov. 21, 1966; SNP Files.

51.Donn B. Tatum, vice–president and administrative assistant to the president, Walt Disney Productions, statement before Hearing Commissioner John Preston, National Park Service, Fresno, California, Nov. 21, 1966; Phillip Burton Papers.

52.Id.at 2.Tatum stated that no opposition had been registered until after the secretary of agriculture chose Disney in December 1965.The Sierra Club's change in position came about six months earlier. But Tatum's statement was technically correct that the Sierra Club had never specifically advised Disney of the opposition.

53.Id.at 3, 4–5.

54.Id.at 6–7.

55.Id.at 7.See also, supplementing Tatum's testimony, Walt Disney Productions, "Statement of Testimony from Walt Disney Productions to the United States Department of the Interior, National Park Service, Relative to Park Wilderness Proposals Sequoia and Kings Canyon National Parks California," "Exhibits from the Public," Nov. 21, 1966; NARA I Forest Service Files.

56. "Obstructionism at Mineral King," editorial, *Los Angeles Times*, Dec. 1, 1966.

57. "Scorecard," *Sports Illustrated* (Dec. 19, 1966).

58.John L. Harper, letter to Michael McCloskey, conservation director, Dec. 2, 1966; Sierra Club Members Papers.

59.See "Disney Project Has Bearing on Sequoia Plan," *Sacramento Bee*, Nov. 23, 1966;

"Two Groups Fight Proposed Highway to Disney Resort," *Los Angeles Times*, Nov. 22, 1966.

60.See, e.g., "Disney MK Foes Speak," *Tulare Advance-Register*, Nov. 21, 1966.

61.See "Fight over Parks Land Designation," *San Francisco Chronicle*, Nov. 22, 1966; "Mineral King Park Views Widely Split," *San Jose Mercury*, Nov. 22, 1966; "Disney Enterprises Denies Plans for Another Disneyland," *Denver Post*, Nov. 22, 1966; "Mineral King Development," editorial, *Orange County (California) Register*, Nov. 28, 1966; "Park Service Enclosure Hearings End," *Riverside (California) Enterprise*, Nov. 23, 1966.

62. "Walt Disney, 65, Dies on Coast; Founded an Empire on a Mouse," *New York Times*, Dec. 16, 1966.

63.Neal Gabler, *Walt Disney: The Triumph of the American Imagination* (New York: Alfred A. Knopf, 2006), 631.

64. "Disney Aide Vows Push on Mineral King," *Fresno Bee*, Jan. 11, 1967.

65.See, e.g., Keith Schneider and Cornelia Dean, "Stewart L. Udall, Conservationist in Kennedy and Johnson Cabinets, Dies at 90," *New York Times*, Mar. 20, 2010.Thomas G. Smith, *Stewart L. Udall: Steward of the Land* (Albuquerque: University of New Mexico Press, 2017).

66.University of Arizona Library, *Stewart L. Udall: Advocate for Planet Earth*.

67.Stewart Udall, letter to Otis Chandler, Jan. 6, 1967; Stewart Udall Papers.

68.Id.at 2.

69.George B. Hartzog, director, National Park Service, "Mineral King Transportation Studies, Sequoia–Kings Canyon National Park," memorandum to secretary of the interior, Jan. 11, 1967; NARA II National Park Service Files.

70.Stewart L. Udall, secretary of the interior, to Alexander B. Trowbridge, acting secretary of commerce, Feb. 15, 1967; NARA II National Park Services Files.

71.Don Irwin, "Udall Bids for Monorail Route to Mineral King," *Los Angeles Times*, Mar. 12, 1967; Ron Taylor, "Udall Prefers Monorail for Mineral King Access," *Fresno Bee*, Mar. 13, 1967 (subheaded "Misinformed on State Plan?").

72.Walt Disney Productions, *Report on the Feasibility of Alternative Transportation Systems into Mineral King*, Mar. 14, 1967, 3, 8; NARA II Forest Service Files.

73.Donn B. Tatum, vice–president, Walt Disney Productions, letter to Honorable Stewart L. Udall, Mar. 16, 1967; NARA II National Park Service Files.

74.Edward P. Cliff, chief, "Special–Use Permit (Mineral King)," memorandum to Secretary Orville L. Freeman, Mar. 30, 1967; NARA II.

75.Orville L. Freeman, secretary, letter to Honorable Steward L. Udall, Apr. 14, 1967; Lyndon B. Johnson Presidential Library.

76.Kenneth Holum, acting secretary of the interior, letter to Mr. Gordon C. Luce, Apr. 18, 1967; NARA II National Park Service Files.

77.Kenneth Holum, acting secretary of the interior, letter to Donn B. Tatum, vice president, Walt Disney Productions, Apr. 18, 1967; NARA II National Park Service Files.

78.William M. Blair, "Conservationists Fight Disney Resort Plan," *New York Times*, Mar. 13, 1967.

79. "State Board Oks Mineral King Highway," *Los Angeles Times*, Apr. 21, 1967; "State Commits Funds to Build Road to Resort," *Visalia Times-Delta*, Apr. 21, 1967.

80.P. J. Wyckoff, Mineral King staff specialist, "Plans—Mineral King," memorandum to files, Feb. 2, 1967; RBH Papers.

81.Id.at 3.

82.Id.

83.Walt Disney Productions, "World Record Foxtail Pines at Mineral King," *Mineral King News*, Feb. 1, 1967, 2; SNP Files. *See also* "Forest Rangers Find Rare Giant Foxtail Pine Trees in Mineral King," *Bakersfield Californian*, Feb. 2, 1967 (subheaded "Near Proposed Disney Village").

84.P. J. Wyckoff, letter to Robert Hicks, Mar. 17, 1967; SCLDF Papers.

85.Id. at 3.

86.Id.

87.Id. at 2.

88.Michael McCloskey, "Why the Sierra Club Opposes Development of Mineral King," *Sierra Club Bulletin* (Nov. 1967): 7. 该文件最初起草于 1967 年 5 月，然后有选择性地发布。参见：Michael McCloskey, "Why the Sierra Club Opposes Development of Mineral King," May 8, 1967; Sierra Club Members Papers. 随后对其进行了稍加编辑，并在 11 月的《塞拉俱乐部公报》上发表。

89.Id. at 7–8.

90.Id. at 8.

91.Id.

92.Id. at 9.

93.Id. at 10.

94. "Mineral King," editorial, *National Parks* (July 1967): 2.

95.Bestor Robinson, letter to the editor, *National Parks* (Aug. 9, 1967).

96.Edward P. Cliff, chief, letter to Edward C. Crafts, director, May. 16, 1967; George B. Hartzog Papers.

97.U.S. Dept. of Interior, news release, "Udall Establishes Bureau of Outdoor Recreation in the Interior Department," Apr. 2, 1962, pdf.

98.Cliff, letter to Crafts, May. 16, 1967, 3, 5.

99.Edward C. Crafts, director, Bureau of Outdoor Recreation, "Mineral King," letter to the secretary, May. 17, 1967, 4; George B. Hartzog Papers.

100.Edward C. Crafts, director, Bureau of Outdoor Recreation, "Mineral King Road," memorandum to Assistant Secretary Anderson, June. 9, 1967, 2, 3; George B. Hartzog Papers.

101.Stanley C. Cain, assistant secretary for Fish and Wildlife and Parks, "Mineral King," memorandum to the secretary, May. 22, 1967, 3; NARA II National Park Service Files (emphasis omitted).

102.Orville Freeman, secretary, memorandum to John Baker, June. 27, 1967; OLF Papers.

103.Stanley Cain, note to Under-Secretary Block, Nov. 20, 1967; NARA I Department of the Interior Files.

104.Stewart L. Udall, "The Face of Tomorrow," *West magazine, Los Angeles Times, June.* 11, 1967.

105.Id.

106.Id.

107.W. S. Davis, chief, Division of Recreation, "Written Information—Sequoia N.F. Mineral King Road," memorandum to chief, June. 13, 1967; NARA II Forest Service Files.

108.Stewart L. Udall, letter to Orville Freeman, Aug. 10, 1967, 2; NARA I Department of the Interior National Park Service Files.

109.Id. at 3.He suggested a "Selke Committee," which was a committee that Orville Freeman had appointed in 1964 to resolve issues concerning the Boundary Waters Canoe Area.

110.Walt Disney Productions, letter to Secretary Freeman, "Following Are Observations Made by Members of the Staff of Walt Disney Productions Regarding the August. 10, 1967 letter from Secretary of the Interior Stewart L. Udall to Yourself," undated; NARA II Forest Service Files.

111.Richard J. Costley, memorandum to A.W. Greeley, Aug. 25, 1967 (noting also that Disney "will attempt to bring both [California] Senators to the meeting"); NARA II Forest Service Files.

112. "Disney Halts Mineral King Development," *Fresno Bee*, Sept. 29, 1967.

113.Orville L. Freeman, letter to Honorable Stewart L. Udall, Aug. 30, 1967, 2; NARA II Secretary of Agriculture Files.

114.Roy O. Disney, president, letter to the Honorable Stewart Udall, Sept. 21, 1967; NARA II Department of the Interior Files.

115.Roy O. Disney, president, Walt Disney Productions, telegram to the Honorable Stewart L. Udall, Oct. 11, 1967; NARA I Department of the Interior Files.

116.Senator Thomas H. Kuchel, "Mineral King: The Opportunity That Should Not Be Lost," *Western Ski Time* (Oct. 1967): 35.

117.John A. Baker, assistant secretary, memorandum to the secretary, Nov. 28, 1967;

NARA II Secretary of Agriculture Files.

118.Phillip S. Hughes, deputy director, letter to Honorable Orville L. Freeman, Nov. 6, 1967; NARA II Secretary of Agriculture Files.

119.Mike McCloskey, conservation director, letter to members of the Mineral King Task Force, Nov. 22, 1967; GM Papers.

120.William M. Blair, "2 Cabinet Aides Clash Over Park," *New York Times*, Dec. 3, 1967.

121.Phillip Fradkin, "Impasse Stalls Mineral King Road," *Los Angeles Times*, Dec. 6, 1967. 文章称，参议员托马斯·库切尔在一周前举行了一次会议，将尤德尔和弗里曼聚集在一起。然而，弗里曼的助理秘书约翰·贝克的备忘录称，这次只是库切尔和尤德尔之间的会议。参见：John A. Baker, assistant secretary, memorandum to the secretary, Nov. 28, 1967; NARA II Secretary of Agriculture Files.

122.John L. Harper, *Mineral King: Public Concern with Government Policy* (Arcata, CA: Pacifica Publishing, 1982), 135.

123.Jack Hope, "The King Besieged," *Natural History* (Nov. 1968): 53, 81.

124.Jeanne Ora Nienaber, "Mineral King: Ideological Battleground for Land Use Disputes" (PhD diss., University of California, Berkeley, 1973), 101; Michael McCloskey, interview with the author, Portland, OR, June 5, 2017 (noting Udall's uncertain position with Johnson); Thomas G. Smith, *Stewart L. Udall: Steward of the Land* (Albuquerque: University of New Mexico Press, 2017), 268 (detailing Udall's increasing misgivings about the Vietnam War).

125.Orville Freeman, diary entry, Dec. 8, 1967; OLF Papers.

126.Id.

127.Dept. of Agriculture, proposed press release, Dec. 19, 1967; NARA II Secretary of Agriculture Files (with footnote stating "USDA draft with modifications proposed by Secretary Udall").

128.Stewart L. Udall, secretary of the interior, letter to Honorable Orville L. Freeman, secretary of agriculture, Dec. 20, 1967; Stewart Udall Papers.

129.U.S. Department of Agriculture, press release, "Road to Mineral King Approved," Dec. 27, 1967; Stewart Udall Papers.

130.Eric Wentworth, "Disney Resort Project Wins Approval," *Washington Post*, Dec. 28, 1967.

131.William M. Blair, "Udall Yields and Opens the Way for a Resort in Sequoia Forest," *New York Times*, Dec. 28, 1967. See also "Udall Oks Road for Mineral King, Ends Deadlock," *Los Angeles Times*, Dec. 28, 1967.

132.Walt Disney Productions, "Statement from Roy O. Disney. Subject: Mineral King," Dec. 27, 1967; SNP Files.

133.Orville L. Freeman, letter to Roy O. Disney, Dec. 27, 1967, 2; NARA II Secretary of Agriculture Files.

134.Martin Litton, travel editor, letter to Honorable Stewart L. Udall, Dec. 27, 1967; Sierra Club Members Papers.

135.Stewart Udall, letter to Martin Litton, Jan. 2, 1968; Sierra Club Members Papers.

第五章

1.Stanley A. Cain, assistant secretary for Fish and Wildlife, "Road to Mineral King," memorandum to Assistant Secretary Edwards, Director Hartzog, and Solicitor Barry, Jan. 4, 1968; George B. Hartzog Papers.

2.Stanley A. Cain, assistant secretary for Fish and Wildlife and Parks, "Mineral King Road," memorandum to director, National Park Service, Jan. 11, 1968; NARA II National Park Service Files.

3.Orville Freeman, diary entry, Mar. 1, 1968; OLF Papers.

4.Stewart L. Udall, handwritten note to Mr. Browning, Apr. 12, 1971; Sierra Club Members Papers. "Browning" is likely Peter Browning, whose article in *Harper's Magazine* about Mineral King had just appeared.

5.Howard W. Baker, associate director, National Park Service, "Mineral King," memorandum to assistant directors, Operations, Interpretation, and Design and Construction, WSC, Jan. 16, 1968; GBH Papers.

6.Associate solicitor, Parks and Recreation, "Mineral King Road," memorandum to director, National Park Service, Mar. 5, 1968; NARA II National Park Service Files.

7.See, e.g., M. M. Nelson, deputy chief, "Special Use Permits (Mineral King)," memorandum to record, Feb. 27, 1968.

8.P. J. Wyckoff, "Plans— Electricity to Mineral King," memorandum to files, Feb. 2, 1968; NARA I Forest Service Files.

9.John Clarkeson, president, Clarkeson Engineering Co., Inc., *Report on Road to Mineral King in Sequoia National Park, Three Rivers, California*, July 31, 1968; GBH Papers.

10.John Clarkeson, president, Clarkeson Engineering Co., Inc., Supplement to Review of Proposed Mineral King Highway in Sequoia National Park, undated [1968]; NARA II National Park Service Files.

11.M. M. Nelson, deputy chief, "Special Use Permits (Mineral King Road)," memorandum to record, Sept. 17, 1968; NARA II National Park Service Files.

12. "What Price Road?," editorial, *New York Times*, Jan. 24, 1968.

13.Alfred A. Knopf, letter to the president, Jan. 26, 1969; NARA II National Park Service Files.

14.Gary Soucie, telegram to Mike McCloskey, Jan. 3, 1968; SCLDF Files.

15.Orville Freeman, memorandum to John Baker, Feb. 21, 1968; OLF Papers.

16.John A. Baker, assistant secretary, memorandum to the secretary, Feb. 29, 1968; NARA II Secretary of Agriculture Files.

17.Ron Taylor, "Mineral King Faces New Attack," *Fresno Bee*, July. 14, 1968.

18.John Rettenmayer, interview with the author, December. 31, 2018.

19.Marilyn Senese, "Pickets March at Disney Studio," *Burbank Daily Review*, Mar. 5, 1969.

20.Tom Turner, *Sierra Club: 100 Years of Protecting Nature* (New York: Harry N. Abrams, 1991), 189.

21.Jack Hope, "The King Besieged," *Natural History* (Nov. 1968): 82.

22.John Rettenmayer and Albert Hill, "Summary of Mineral King Development," 2; RJ Papers.

23.Orville Freeman, letter to Stewart L. Udall, Sept. 27, 1968; NARA II Secretary of Agriculture Files.

24.Stewart Udall, letter to Orville Freeman, Oct. 16, 1968; NARA II Secretary of Agriculture Files.

25.Ray Hebert, "$710.4 Million Budget Adopted by State Highway Commission," *Los Angeles Times*, Oct. 23, 1968, 3.

26. "Road May Bear Disney Name," *Fresno Bee*, Sept. 25, 1968.

27.Superintendent McLaughlin to William Bowen, memorandum of telephone call, Sequoia and Kings Canyon National Parks, Dec. 20, 1968; SNP Files.

28.Hope, "The King Besieged," 52.

29.Jack Hope, letter to Mike McCloskey, Nov. 9, 1968, 1–2; RJ Papers.

30.*Natural History*, magazine press release, "Long Live the King!" Nov. 8, 1968; SCLDF Papers.

31.Robert B. Hicks, letter to Jack Hope, Nov. 1, 1968; NARA I Forest Service Files. 希克斯还给霍普发了一封附信，信中写道："期待你下次来访加州。"

32.Hope, "The King Besieged," 53.

33.Id. at 53, 74.

34.Jeanne Ora Nienaber, "Mineral King: Ideological Battleground for Land Use Disputes" (PhD diss., University of California, Berkeley, 1973), 4.

35.Richard J. Costley, "F.S. & Disney Enterprises Meeting in L.A. re Mineral King," memorandum to deputy chief, Forest Service, Dec. 27, 1968, 4; NARA I Forest Service Files.

36.M. R. James, forest supervisor, "Term and Terminable Permits as Related to Mineral King Area," memorandum to regional forester, Feb. 4, 1969 (附土地占用数字); SCLDF Files.

37.Costley, "F.S. & Disney Enterprises Meeting," 4–5.

38.Id.at 5.

39.Walt Disney Productions, *Master Plan Presentation of Walt Disney Productions' Mineral King Project*, Jan. 8, 1969; Sierra Club Members Papers.

40.Walt Disney Productions, Fact Sheet, "Walt Disney Productions' Master Plan for the Development of Mineral King in Sequoia National Forest," *DisneyNews*, apparently Jan. 27, 1969; SCLDF Files.

41.Walt Disney Productions, Fact Sheet, "Walt Disney Productions' Master Plan."

42.Walt Disney Productions, "Walt Disney Productions Outlines Master Plan for Mineral King," *DisneyNews*, Jan. 27, 1969, 2–3; RBH Papers.

43.Walt Disney Productions, "Mineral King Offers Recreational Potential Equal to Any in the United States," *DisneyNews*, Jan. 27, 1969, 2; RBH Papers.

44.Id. at 3.

45.Id.

46.Walt Disney Productions, "Mineral King Project: Example of Cooperation between Government and Private Enterprise," *DisneyNews*, Jan. 27, 1969, 4; RBH Papers.

47.Walt Disney Productions, Fact Sheet, "Walt Disney Productions' Master Plan," 8.

48. "Mineral King Public Recreation Area, Background Material—Basis for Master Plan Approval," 1969, 1; Sierra Club Members Papers. 虽然这份文件表面上没有注明作者，但它的标题和内容是从林业局的角度写的。

49.W. S. Davis, chief, Division of Recreation, "Mineral King Master Plan," memorandum to Richard Costley, director, Division of Recreation, Jan. 9, 1969; NARA II Forest Service Files.

50.R. Lesler, "Mineral King Proposal," memorandum to R. J. Costley, Ray Housely, Jan. 16, 1969; NARA I Forest Service Files.

51.R. J. Costley, director of recreation, "Approval of the Plans Submitted by Disney Prod. for Development of Mineral King on the Sequoia N.F.," memorandum to the record, Jan. 27, 1968, 1–2; NARA II Forest Service Files.

52.M. R. James, forest supervisor, letter to E. Cardon Walker, executive vice president, Jan. 21, 1969; NARA II Forest Service Files.

53.Jim Stewart, "Mineral King Press Conference," memorandum to "Those Concerned," Jan. 22, 1969; RBH Papers.

54.See, e.g., Walt Disney Productions, "Walt Disney Productions Outlines Master Plan" ;

U.S. Forest Service, "Mineral King Project Master Plan Approved," *Forest Service News*, Jan. 27, 1969; RBH Papers.

55.Walt Disney Productions, "Mineral King Project: Example of Cooperation," 5.

56. "Disneyland in the Snow," *People (Australia)* (Apr. 23, 1969): 27.

57. "Mineral King Folly," editorial, *New York Times*, Feb. 2, 1969.

58.See, e.g., "Does the Sierra Club Own the Mountains?" *Watsonville [California] Register–Pajaronian*, Feb. 19, 1969.

59. "To Guard and Preserve? Or Open and Enjoy?" *Time* (Feb. 7, 1969): 17.

60.Forest Service, U.S. Dept. of Agriculture, *Mineral King: A Planned Recreation Development*, Feb. 1969, 7; RBH Papers.

61.Id. at 1, 10, 7.

62.Id. at 6, 10.

63.Id. at 2.

64.Id. at 5, 9.

65.Id. at 12.

66.Id. at 5.

67.Sierra Club, *Mineral King at the Crossroads*, 1969, 3; Sierra Club Members Papers. 虽然小册子没有注明日期，但在单独的文件中发现的书面文本的日期是 1969 年 4 月 29 日。See Sierra Club, *Mineral King at the Crossroads: Will It Be Protected as Parkland? Or Become Another Over–developed Yosemite Valley?*; SCLDF Papers.

68.Id. at 1.

69.Id.

70.Id. at 7, 3.

71.Id. at 5.

72.Id. at 7–8.

73.Walter Ballenger, "Avalanche! A Memoir of Survival in Mineral King, California," *Quest magazine* (Feb.–Mar. 1979): 49, 50–51.

74.Id. at 51.

75.Bob Hicks, interview by Louise Jackson, July. 31, 2013; MKPS.

76.Bob Hicks, "Mineral King Evacuation," memorandum to "All Concerned," Mar. 3, 1969, 2, 4; RBH Papers.

77.Ballenger, "Avalanche!" 49, 54.

78.David Beck, "Mineral King Accident," memorandum to Bob Hicks, Feb. 28, 1969, 5; RBH Papers.

79.Id. at 6.

80.Ron Taylor, "Record Snows, Avalanches Ruin Mineral King Buildings," *Fresno Bee*, Feb. 27, 1969.

81.Id.

82. "Slide Buries M-K Cabins," *Porterville Recorder*, Feb. 26, 1969.

第六章

1.Jules Witcover, *The Year the Dream Died* (New York: Warner Bros. Books, 1997), 505.

2.Samuel P. Hays, *Beauty, Health, and Permanence: Environmental Politics in the United States*, 1955–1985 (New York: Cambridge University Press, 1987), 54.

3.Terry H. Anderson, "The New American Revolution," in *The Sixties*, ed. David Farber (Chapel Hill: University of North Carolina Press, 1994), 184.

4.J. Michael McCloskey, *In the Thick of It: My Life in the Sierra* Club (Washington, DC: Island Press/Shearwater Books, 2005), xiii, 101.

5.Kirkpatrick Sale, *The Green Revolution: The American Environmental Movement*, 1962–1992 (New York: Hill and Wang, 1993), 17.

6.McCloskey, *In the Thick of It: My Life in the Sierra Club*, xiii, 97–98.

7.Maurice Isserman and Michael Kazin, *American Divided: The Civil War of the 1960s* (New York: Oxford University Press, 2000), 120.

8.Phillip Shabecoff, *A Fierce Green Fire: The American Environmental Movement*, rev. ed.(Washington, DC: Island Press, 2003), 113.

9.Michael P. Cohen, *The History of the Sierra Club*: 1892–1970 (San Francisco: Sierra Club Books, 1988), 436.

10.Michael McCloskey, interview with the author, Portland, OR, June 5, 2017.

11.Robert Wyss, *The Man Who Built the Sierra Club: A Life of David Brower* (New York: Columbia University Press, 2016), 260–61; Tom Turner, *David Brower: The Making of the Environmental Movement* (Oakland: University of California Press, 2015), 141.

12.Wyss, *The Man Who Built the Sierra Club*, 270–71.

13.Edgar Wayburn, MD, *Your Land and Mine: Evolution of a Conservationist* (San Francisco: Sierra Club Books, 2004), 125.

14.*Cohen, History of the Sierra Club*, 436 ，"麦克洛斯基认为，保护环境需要政治专家，需要律师和专家来实践公共政策"。

15.John Henry Auran, "Special Report: Defend Your Right to Ski," *Skiing* (Oct. 1969): 62, 70.

16.Richard Leonard, interview by Susan R. Schrepfer, Sierra Club Oral History Series, vol.1, 1975, 98.

17.Edgar Wayburn, interview by Ann Lage and Susan Schrepfer, Sierra Club History Series, 1985, 41.

18.Michael McCloskey, interview by Susan Schrepfer, Sierra Club Oral History Series, 1981, 176, See also Michael McCloskey, conservation director, letter to Kurt Bomke, Mar. 21, 1969; SCLDF Papers. "你可能是对的，俱乐部没有像我们所希望的那样努力与迪士尼的开发项目进行斗争，但我们现在正在尽我们所能。"

19. "Walter J. Hickel," Center of the American West, Oct. 15, 2003, Dennis Hevesi, "Walter Hickel, Nixon Interior Secretary, Dies at 90," *New York Times*, May. 8, 2010.

20.McCloskey, interview with the author. 这起诉讼显然是为了"推迟"矿王谷项目的进度。这也是为了"争取时间，为国会的行动争取支持，并利用随之而来的宣传"。

21.McCloskey, interview with the author.

22.See, e.g., L. M. Whitfield, forest supervisor, letter to the editor, *Sierra Club Bulletin* (Jan. 2, 1968); SCLDF Papers.

23.Wyss, *The Man Who Built the Sierra Club*, 271.

24.Tom Turner, *Sierra Club*: 100 *Years of Protecting Nature* (New York: Harry N. Abrams, 1991), 186.

25.Cohen, *History of the Sierra Club*, 240 (terming the case the Sierra Club's "first legal suit").

26.National Parks Association, et al. v. Udall, __ F. Supp.___, Civ. No. 3904–62 (D.D.C. 1963).

27.The history of the controversy over the Storm King facility is recounted in depth in Robert D. Lifset, *Power on the Hudson: Storm King Mountain and the Emergence of Modern American Environmentalism* (Pittsburgh: University of Pittsburgh Press, 2014).

28.Scenic Hudson Preservation Conference v. Federal Power Commission, 354 F.2d 608, 612 (2d Cir.1965).

29.Tom Turner, *Wild by Law: The Sierra Club Legal Defense Fund and the Places It Has Saved* (San Francisco: Sierra Club Legal Defense Fund, 1990), 13.

30.Walter V. Hays, letter to Michael McCloskey, Mar. 10, 1967; SCLDF Papers.

31.Michael McCloskey, letter to John Harper, Jan. 22, 1968, quoted in John L. Harper, *Mineral King: Public Concern with Government Policy* (Arcata, CA: Pacifica Publishing, 1982), 137n20.

32.Conservation Law Society of America, Summary of Activities, 1967–1968; RJ Papers.

33.Robert Jasperson, letter to Michael McCloskey, Apr. 22, 1968; RJ Papers.

34.Robert Jasperson, letter to Phillip S. Berry, Feb. 5, 1969; SCLDF Papers.

35.McCloskey, interview with the author.

36.Leland Selna, interview with the author, Oakland, CA, July. 2, 2015.

37.Id.

38.Wayburn, *Your Land and Mine*, 111.

39.Thomas R. Wellock, *Critical Masses: Opposition to Nuclear Power in California*, 1958–1978 Madison: University of Wisconsin Press, 1998), 57–58.

40.Russ Leadabrand, "Mineral King: Go or No Go," *American Forests* (Oct. 1969): 35, 46.

41.The phrase apparently originated with Richard McArdle, the chief of the Forest Service between 1954and1962.See, "国家森林是多用途、多用户的土地"。

42.United States v. Midwest Oil Co., 236 U.S. 459 (1915).

43.W.S. Davis, chief, Division of Recreation, "Mineral King," memorandum to regional attorney, Feb. 13, 1969; NARA II Forest Service Files.

44.16 U.S.C. § 1 (repealed).

45.16 U.S.C. §§ 41 and 43.

46.16 U.S.C. § 8 (repealed).

47.16 U.S.C. 45(c) (transferred).

48.Jesse R. Farr, regional attorney, "Special Use Permit—Walt Disney Productions: Mineral King—Sequoia National Forest," memorandum to L.M. Adams, director, Forestry and Soil Conservation Div., OGC, Nov. 6, 1967; NARA I Forest Service Files.

49.Jesse R. Farr, regional attorney, "Special Use Permit— Walt Disney Productions: Mineral King—Sequoia National Forest," memorandum to regional forester, Attn: W. S. Davis, Dec. 11, 1967; NARA II Forest Service Files.

50.M. R. James, forest supervisor, "Sequoia National Game Refuge (Mineral King)," memorandum to regional forester, Feb. 4, 1969; SCLDF Papers.

51.Reorganization Plan No. II of 1939, 5 U.S.C. App. 1, 4 F.R. 2731, 53 Stat. 1431, Ch. 193 § 4; 53 Stat. 813.

52. 在1941年6月10日的一份意见中，农业部的律师得出结论，该法案只向内政部移交了与野生动物保护、狩猎和候鸟有关的职能，这些职能以前由一个被称为生物调查局的子机构行使。Opinion No.3380, June. 10, 1941.

53.16 U.S.C. § 497.

54.Office of the Secretary, Dept. of Interior, "Roadbuilding in National Parks: Adoption of Procedures," 34 Fed. Reg.1405, Jan. 29, 1969.

55.Office of the Secretary, Dept. of Interior, "Roadbuilding in National Parks: Revocation of Procedures," 34 Fed. Reg. 6985, Apr. 26, 1969.

56.Commonwealth of Massachusetts v. Mellon, 262 U.S. 447, 488 (1923).

57.354 F.2d 608, 615 (2d Cir. 1965).

58.McCloskey, interview with the author.

59.Robert W. Jasperson, letter to Phillip S. Berry, Feb. 5, 1969, 5; SCLDF Papers.

60.Phillip S. Berry, interview by Ann Lage, 1988, Sierra Club Oral History Series（"[p] leading the case in that manner was the choice of the trial counsel"）, 77, William G. Siri, interview by Ann Lage, 1979, Sierra Club Oral History Series，"我记得我们中的一些人感到困惑和不信任，但我们觉得我们必须服从律师的判断", 88.

61.McCloskey, interview with the author，"我想在某种程度上，他（塞尔纳）被给予了很大的回旋余地"，"我显然是作为客户而不是律师"。

62.Berry, interview, Sierra Club Oral History Series, 1997, 77, 建立一个关于起诉资格的先例"在一开始不是我们的主要目标"。

63.Robert Jasperson, letter to Phillip S. Berry, Feb. 5, 1969; SCLDF Papers.

64.Hon. Robert B.(Bob) Mathias, House of Representative. Cong.Record., Jan. 22, 1970 (quoting Bill Duncan, "Mineral King: A Resort in Limbo," *Long Beach Independent Press-Telegram*, Dec. 14, 1969), 20, 22.

65.Harold Wexler, interview with the author, February. 17, 2017.

66.Robert W. Jasperson, general counsel, letter to Jack Hope, *Natural History*(June. 11, 1969): RJ Papers.

67.Don Harris, "Mineral King: Breaking Down the Courthouse Door," 注意到塞尔纳同意 "以大幅下降的费用" 受理此案。

68.McCloskey, interview, Sierra Club Oral History Series, 1981, 176. See also McCloskey, letter to Kurt Bomke.

69.Selna, interview with the author.

70. "Sierra Club Files Suit in Bid to Block Disney's Mineral King Development," *Wall Street Journal*, June. 6, 1969.

71.Transcript, *CBS Evening News with Roger Mudd*, Apr. 12, 1969, 1; RJ Papers.

72.Edward P. Cliff, chief, Forest Service, "Mineral King Status Report," memorandum to the secretary, Feb. 12, 1969, 1–2; NARA II Forest Service Files.

73. "Disney Head 'Puzzled' at Sierra Uproar," *Anaheim Bulletin* (May. 2, 1969).

74.Donn B. Tatum, "Mineral King #1," editorial rebuttal, KABC–TV Los Angeles, June. 2 and 3, 1969.

75.E. Cardon Walker, executive vice–president, Walt Disney Productions, open letter, Apr. 25, 1969; NARA I Forest Service Files. 信中有手写的注释，称 "已发给所有迪士尼员工"。

76. "Bad Publicity on Mineral King Irritates Disney Official," *Santa Ana Evening Register*, May. 2, 1969, 2.

77.Joe Rosato, "Disney Firm Awaits Word on Roadway," *Visalia Times–Delta*, Apr. 6, 1969.

78.Sierra Club, transcript, Sierra Club press conference, June. 6, 1969 (original in Bancroft Library; copy in author's possession).

79.Peter J. Wyckoff, letter to Robert Hicks, Feb. 12, 1969, 3; NARA II Forest Service Files.

80.W. S. Davis, chief, Division of Recreation, "Impact—Mineral King, Stage I," memorandum to forest supervisor, Sequoia National Forest, Apr. 25, 1969; NARA II Forest Service Files.

81.Sierra Club, press release, "Sierra Club Files Suit to Block Mineral King Development," June. 5, 1969; Sierra Club Members Papers.

82.Gladwin Hill, "Suit Seeks to Bar Disney Forest Resort," *New York Times*, June. 6, 1969; Philip Hager, "Sierra Club Suit Seeks to Block Mineral King," *Los Angeles Times*, June. 6, 1969; "Sierra Club Files Suit to Block Disney's Mineral King Development Plan," *Wall Street Journal*, June. 6, 1969.

第七章

1.Wolfgang Saxon, "Alfonso Zirpoli, Federal Judge, Is Dead at 90," *New York Times*, July. 13, 1995.

2.United Press International, "William T. Sweigert: A U.S. Judge Since '59," *New York Times*, Feb. 18, 1983.

3.Robert Greenfield, *Bear: The Life and Times of August Owsley Stanley III* (Old Saybrook, CT: Tantor Media, 2017).

4.Ed Cray, *Chief Justice: A Biography of Earl Warren* (New York: Simon and Schuster, 1997), 138.

5.Mottola v. Nixon, 318 F. Supp. 538 (N.D. Cal. 1970) rev'd on other grounds 464 F.2d 178 (9th Cir. 1972).

6.Kapp v. National Football League, 390 F. Supp. 73 (N.D. Cal. 1974), vacated in part 1975 WL 959 (N.D. Cal. 1977), aff'd 586 F.2d 64 (9th Cir. 1978), cert. denied 441 U.S. 907 (1979).

7.W. S. Davis, chief, Division of Recreation, "Mineral King," memorandum to regional attorney, Feb. 13, 1969; NARA II Forest Service Files.

8.Pub. Law No. 465 § 6.

9.Id.

10.Davis, "Mineral King," 2.

11.Clarence W. Brazee, "Mineral King Recreational Development," legal memorandum, 1969, 4; NARA II Forest Service Files.

12.U.S. Attorney General, opinion, "Permit to Construct Railroad Line Across Benecia Arsenal Military Reservation," 35 Op. Atty.Gen. 483, Nov. 27, 1928.

13.Bernard R. Meyer, associate solicitor, National Park Service, "Sierra Club v. Hickel et al.," memorandum to associate solicitor, Parks and Recreation, June. 20, 1969, 2–3; SNP Files.

14.Id. at 3.

15.Id. at 5.

16.Brazee, "Mineral King Recreational Development," 10.

17.Untitled memorandum prepared by Disney lawyers, Mar. 12, 1969; NARA II Forest Service Files (列举与案件有关的法律权威)。

18.Robert Hicks, oral history, June. 17, 2013, MKPS.

19.Robert Hicks, oral history, Tulare County Treasures video, June. 6, 2014.

20. "Mom v. Apple Pie," *Newsweek* (Feb. 10, 1969) . "当苹果派与母亲相冲突时，这显然是关系到所有人的事。"

21.David L. Warner, chief, General Litigation Section, unsent letter to Rodney W. Hamblin, assistant U.S. attorney, June. 19, 1969, Dept. of Justice Files, 2. 这封信上标有 "未寄出"。

22.Advertisement, "Hike-in to Mineral King" ; Sierra Club Members Files.

23.Bob Ketchum, "Sierra Club Fights to Preserve Wilderness," *Western Outdoor News*, July. 4, 1969.

24.Philip Fradkin, "Mineral King: Head-on Clash of Big Names," *Los Angeles Times*, July. 7, 1969.

25. "Mineral King—a 'Boon to Many,'" editorial, *Bakersfield Californian*, July. 3, 1969.

26. "Disney in the Middle," editorial, *Santa Ana Register*, July. 28, 1969.

27.Ansel Adams, letter to Phil Berry, Aug. 27, 1969; Sierra Club Members Papers.

28.Bob Hicks, "Mineral King Planning," memorandum to Donn Tatum, Card Walker, and Ron Miller, July. 7, 1969; RBH Papers.

29.John Wise, "Mineral King Planning," memorandum to Dick Irvine, July. 17, 1969; RBH Papers.

30.Bob Hicks, "Revision of Mineral King Planning Memo Dated July. 7, 1969," memorandum to Donn Tatum, Card Walker, and Ron Miller, July. 23, 1969; RBH Papers.

31. "Board Okays Letter to Nixon on Road Delay," *Visalia Times-Delta*, July. 1, 1969.

32.Daryl Lembke, "Sierra Club Attempts to Bar Mineral King Resort Permit," *Los Angeles Times*, July. 2, 1969.

33. "Jurisdiction Key to Mineral King," *San Francisco Examiner*, July. 2, 1969.

34.Id.

35.Lembke, "Sierra Club Attempts to Bar Mineral King Resort Permit."

36.Associated Press, "Sierra Club Attorney Claims Mineral King Has Green Light," *Bakersfield Californian*, July. 2, 1969.

37. "The Mineral King Fight Begins," *San Francisco Chronicle*, July. 2, 1969.

38.Associated Press, "Sierra Club Attorney Claims Mineral King Has Green Light."

39. "Jurisdiction Key to Mineral King."

40.Lembke, "Sierra Club Attempts to Bar Mineral King Resort Permit."

41.Thos. L. McKevitt, attorney, General Litigation Section, letter to Mitchell Melich, Esquire, solicitor, July. 7, 1969; NARA I National Park Service Files; Bernard M. Meyer, associate solicitor, Parks and Recreation, Sierra Club v. Hickel, Civil No. 51464, memorandum to director, National Park Service, July. 10, 1969; NARA II National Park Service Files.

42.Frank Ubhaus, interview with the author, Los Angeles, CA, Nov. 17, 2014.

43.Memorandum of Decision, Sierra Club v. Hickel, No.51,464 (N.D.Cal.1969), 1.

44.16 U.S.C. § 497.

45.Memorandum of Decision, Sierra Club v. Hickel, No. 51,464 (N.D.Cal. 1969) 4, citing 1948 U.S. Code Cong. & Ad. News, pp. 1337–1338; 1956 U.S. Code Cong. & Ad. News, 3334–36.

46.Id. at 5.

47.Id. at 6–7.

48.Id. at 7.

49.Id. at 8, 9.

50. 奇怪的是，塞拉俱乐部的诉状并没有直接提出输电线路的权力问题。但是这个问题在塞拉俱乐部的辩论意见中讨论过。Plaintiff's Memorandum of Points and Authorities, Sierra Club v. Hickel, No. 51,464 (N.D.Cal. 1969), 30.

51.16 U.S.C. § 45(c).

52.Memorandum of Decision, Sierra Club v. Hickel, No. 51,464 (N.D.Cal. 1969), 10.

53.Id. at 11.

54.Id.

55.Complaint, Sierra Club v. Hickel, No.51,464 (N.D.Cal. 1969), paragraph 3.

56.Memorandum of Decision, Sierra Club v. Hickel, No. 51,464 (N.D.Cal. 1969), 12.

57.Id.

58.Id. at 13.

59.Id.

60.Ubhaus, interview with the author.

61.Mike McCloskey, memorandum, Aug. 5, 1969; Richard Sills Papers, 指出 "政府要求俱乐部缴纳 7.5 万美元的保证金"。

62.Associated Press, "No Bond Required in Mineral King Suit," *Bakersfield Californian*,

Aug. 5, 1969; "Sierra Club Wins Again in US Court," *Visalia Times–Delta*, Aug. 5, 1969.

63.Leland R. Selna Jr., letter to J. Michael McCloskey, Esq., Aug. 5, 1969; Sierra Club Members Papers.

64.Preliminary Injunction, Sierra Club v. Walter J. Hickel, Civil No. 5164 (N. D. Cal.).

第八章

1.Gladwin Hill, "Sierra Club Wins a Round in Disney Resort Fight," *New York Times*, July. 27, 1969. See also Associated Press, "U.S. Court Injunction Holds Up Mineral King Resort Permits," *Los Angeles Times*, July. 24, 1969, 3.

2.Walt Disney Productions, *DisneyNews*, July. 30, 1969; NARA I Forest Service Files.

3.Id. at 2.

4.Id.

5."Disney Won't Drop MK Resort Project." *Tulare Advance–Register*, July. 26, 1969, 1.

6.United Press International, "Resort Plan Foes Weigh Costs If Beaten in Court," *Fresno Bee*, Aug. 1, 1969.

7.Hill, "Sierra Club Wins a Round."

8.Walt Disney Productions, "'What's Up at Mineral King,' a Presentation by Robert B. Hicks at the California State Chamber of Commerce Panel Meeting on Natural Resources— Travel and Recreation," Dec. 7, 1967, 6; RBH Papers.

9.Walt Disney Productions, *DisneyNews*, "Nationally Recognized Conservationists To Advise Walt Disney Productions on Mineral King," Nov. 6, 1969, 1–3; NARA I Forest Service Files.

10. 俱乐部内部对罗宾逊的态度褒贬不一。例如，一些人认为他在恐龙国家纪念碑的争夺战中是一个"自愿的妥协者"。see Michael P. Cohen, *The History of the Sierra Club*: 1892–1970 (San Francisco: Sierra Club Books, 1988), 181.With respect to Mineral King Valley, he supported the Forest Service's aims (Cohen, *History of the Sierra Club*, 249–50).

11.Walt Disney Productions, *DisneyNews*, Nov. 1969; NARA I Forest Service Files, 向编辑发送的"华特·迪士尼制作公司最近宣布成立的保护咨询委员会成员霍勒斯·奥尔布赖特以前发表的声明"，最初发表在1969年7月26日的《纽约时报》上。

12.Walt Disney Productions, Fact Sheet, "Walt Disney Productions' Master Plan for the Development of Mineral King in Sequoia National Forest," undated; SCLDF Papers.

13.Burton Peterson, note to Michael McCloskey, Nov. 6, 1969.

14.Doug Pfeiffer, "Memo from the Editor," *Skiing* (Sept. 1969).

15. "Mineral King: Court Action Threatens All Recreation Development on Public Lands," *Western Ski Time* (Oct. 1969): 14, 15.

16.John Henry Auran, "Defend Your Right to Ski," *Skiing* (Oct. 1969): 62, 64.

17.Id. at 80.

18.E. Lewis Reid, interview with the author, San Francisco, CA, 2017.

19.Russ Leadabrand, "Mineral King: Go or No Go," *American Forests* (Oct. 1969): 35, 44.

20.Donald Harris, memorandum to Sierra Club Legal Committee Members, July. 25, 1969; RJ Papers.

21."Club Wins More Than Injunction in N.Y. Court," *Sierra Club Bulletin* (Aug. 1969): 3.

22. "President's Message: A Report to the Members and a Plea for Help," *Sierra Club Bulletin* (Sept. 1969): 22.

23.Leland R. Selna Jr., "Mineral King," letter to J. Michael McCloskey, chief of staff, Sept. 26, 1969; Sierra Club Members Papers.

24.R.Frederic Fisher, "Legal Fees/Mineral King," letter to J. Michael McCloskey, chief of staff, Oct. 9, 1969, 2; Sierra Club Members Papers.

25.Dick Leonard, "Mineral King Litigation," letter to Phillip S. Berry, president, Nov. 5, 1969, 3; RJ Papers.

26.Paul Locke, "Sierra Club v. Walter J. Hickel, et al. Civil No.51464—Mineral King," letter to Department of Justice, Attn. David R. Warner, chief, July 28, 1969; Dept. of Justice Files.

27.See, e.g., Robert H. Whaley, attorney, "Sierra Club v. Walter J. Hickel, et al.," memorandum to Thomas McKevitt, attorney, July. 25, 1969; Dept. of Justice Files.

28.Raymond C. Coulter, acting solicitor, Dept. of Interior, letter to Honorable Shiro Kashiwa, assistant attorney general, Aug. 12, 1969; Dept. of Justice Files.

29.Howard V. Campbell, "Sierra Club v. Walter J. Hickel, individually and as Secretary of the Interior, et al., Civil No. 51464, N.D. California," memorandum to Neil Brooks, assistant general counsel, Aug. 22, 1969, 3, 20; Dept. of Justice Files.

30.Shiro Kashiwa, assistant attorney general, "Appeal of Citizens Committee, et al. v. Volpe, et al., 69 Civ. 295, S.D.N.Y., and Sierra Club v. Hickel, Civ. No. 51464, N.D. Cal.," memorandum to Erwin N. Griswold, solicitor, Sept. 11, 1969; Dept. of Justice Files, 请注意，在所附的详细分析中，"一般诉讼科、内政部和农业部都建议上诉"。

31.Peter L. Strauss, "Sierra Club v. Hickel—Appeal Recommendation," memorandum to the solicitor general, Sept. 19, 1969, 3; Dept. of Justice Files.

32.Id.

33.Erwin N. Griswold, solicitor general, "Re: Sierra Club v. Walter J. Hickel, et al.," memorandum: Appeal Authorized as to Standing, Sept. 24, 1969; Dept. of Justice Files.

34.Donn B. Tatum, letter to Honorable Clifford M. Hardin, Sept. 22, 1969; NARA II Secretary of Agriculture Files.

35.Id. at 2.

36.Id.

37.Id.

38.Id. at 3.

39.Janet Wasco, *Understanding Disney* (Malden, MA: Polity Press, 2001), 145–51.

40.Robert DeRoos, "The Magic Worlds of Walt Disney," *National Geographic* (Aug. 1963): 159.

41. "Walt Disney Named Honorary Member," *Sierra Club Bulletin* (Apr. 1955): 3.

42.A.W. Greeley, associate chief, letter to Donn B. Tatum, president, Oct. 3, 1969; NARA II Forest Service Files.

43.Shiro Kashiwa, assistant attorney general, "Requesting a Conference Concerning the Limitations on Appeal Authorized in Sierra Club v. Walter J. Hickel, et al., No. 51464, N.C. Cal.," memorandum to Mr. Erwin N. Griswold, solicitor general, Sept. 29, 1969; Dept. of Justice Files.

44.Erwin N. Griswold, solicitor general, "Re: Sierra Club v. Walter J. Hickel," memorandum: Appeal Authorized on All Issues, Sept. 30, 1969; Dept. of Justice Files. 格里斯沃尔德在底部手写了"取代早先授权的上诉决定"。

45.Clifford M. Hardin, secretary of agriculture, letter to Donn B. Tatum, president, Nov. 13, 1969; NARA I Secretary of Agriculture Files.

46.Donn B. Tatum, president, letter to Clifford M. Hardin, secretary, Dec. 1, 1969; NARA I Secretary of Agriculture Files.

47. "Mineral King Not a Private Preserve," editorial, *Los Angeles Times*, June. 11, 1969.

48.Clifford M. Hardin, letter to Mrs. Otis Chandler, Nov. 28, 1969; NARA I Secretary of Agriculture Files.

49.For the full text, see the *Frank McGee Report*, National Broadcasting Company, Aug. 24, 1969; Sierra Club Members Papers.

50. "Mineral King Project Shouldn't Be Blocked," *Visalia Times–Delta*, June. 19, 1969.

51. "The Scandal of Mineral King," editorial, *New York Times*, June. 24, 1969.

52. "Saving Natureland," editorial, *Christian Science Monitor*, June. 11, 1969.

53."Hollywood in Sequoia," editorial, *St. Louis Post–Dispatch*, June. 9, 1969; "Enlarged Threats to the Sequoias," editorial, *Kansas City (Mo.) Star*, June. 16, 1969.

54.Arnold Hano, "Protectionists vs. Recreationists—The Battle of Mineral King," *New York Times Magazine* (Aug. 17, 1969).

55.Id. (emphasis in original).

56.Id. (emphasis added).

57.Jacques Gelin, interview with the author, Rockville, MD, Mar. 17, 2015.

58.Brief for the Appellants, Sierra Club v. Walter J. Hickel (No. 24966), U.S. Court of Appeals for the Ninth Circuit, filed Dec. 1, 1969.

59.Id. at 6.

60.Id. at 16.

61.Id. at 19.

62.Id. at 8, citing Massachusetts v. Mellon, 262 U.S. 447, 488 (1923).

63.Id. at 9–10.

64.Id. at 17.

65.Motion to Accelerate Oral Argument of Appeal, Sierra Club v. Walter J. Hickel (No. 24966), U.S. Court of Appeals for the Ninth Circuit, filed Dec.1, 1969; NARA II. 它附上了林业局局长爱德华·P. 克利夫的声明，概述了该项目的背景。

66.Order Granting County of Tulare Leave to File Amicus Curiae Brief, Sierra Club v. Walter J. Hickel (No. 24966), U.S. Court of Appeals for the Ninth Circuit, filed Dec. 15, 1969; note of court personnel indicating that order was filed December 2 "granting Far West Ski Assn. leave to file amicus curiae brief on behalf of appellant"; NARA II.

67.Brief for Appellee, Sierra Club v. Walter J. Hickel (No. 24966), U.S. Court of Appeals for the Ninth Circuit, filed Jan. 19, 1970, 48.

68.Id. at 8, 9, 54.

69.Brief of Amicus Curiae on Behalf of United States Ski Association and Far West Ski Association Urging Reversal, Sierra Club v. Walter J. Hickel (No. 24966), U.S. Court of Appeals for the Ninth Circuit, filed Dec. 29, 1969, 2.

70.Id. Appendix: U.S. Forest Service, Tabulation of Term–Revocable Permits, May. 5, 1969.

71.Id.

72.Reply Brief for Walter J. Hickel, Secretary of the Interior, et al., Appellants, Sierra Club v. Walter J. Hickel (No. 24966), U.S. Court of Appeals for the Ninth Circuit, filed Feb. 6, 1970, 1.

73.Federal Judicial Center, biography of Frederick George Hamley.

74.Obituary, "John F. Kilkenny, 83, Retired Federal Judge," *Seattle Times*, Feb. 21, 1995; Personnel of the Court, Jan. 1993.

75.Federal Judicial Center, biography of Ozell Miller Trask.

76.Gus Muehlenhaupt, acting assistant regional director, Cooperative Programs, "Sierra Club Injunction Against Mineral King Developments," memorandum to acting regional director, Feb. 9, 1970; SNP Files (公园管理处雇员的备忘录，总结他所参加的口头辩论内容)。See also Philip Fradkin, "U.S. Appeals Mineral King Ban," *Los Angeles Times*, Feb.

15, 1970.

77.Leland Selna, interview with the author, Oakland, CA, July. 2, 2015.

78.Leland Selna Jr., "Sierra Club—Mineral King," letter to H. Donald Harris, Esq., Mar. 17, 1970; SCLDF Papers.

79.McClatchy Newspaper Service, "Disney: No Plans to Drop Mineral King," *Fresno Bee*, Feb. 4, 1970.

第九章

1.Sierra Club v. Hickel, 433 F.2d 24 (9th Cir.1970).

2.Id. at 29, 30.

3.Id. at 30–31, distinguishing Scenic Hudson Preservation Conference v. Federal Power Commission, 354 F.2d 608 (2d Cir. 1965), cert. denied, Consolidated Edison Co. of New York, Inc. v. Scenic Hudson Preservation Conference, 384 U.S. 941, 86 S.Ct. 1462, 16 L.Ed.2d 540 (1966); Office of Communication of United Church of Christ v. F.C.C., 123 U.S.App.D.C. 328, 359 F.2d 994 (1966); and Road Review League v. Boyd, 270 F. Supp.650 (S.D.N.Y. 1967).

4. "受到损害" 或 "受到不利影响" 的措辞可追溯到《行政序法》，该法规定，在符合这一要求的情况下可以进行司法审查；5 U.S.C. § 702.

5.Association of Data Processing Service Organizations, Inc. v. Camp, 397 U.S.150, 90 S.Ct. 827, 25 L.Ed.2d 184 (1970).

6.Sierra Club, 433 F.2d at 33.

7.433 F.2d at 35, 36.

8.Id. at 36.

9.Id. at 37.

10.Id. at 38 (Hamley, Circuit Judge, concurring).

11.Id.

12. "U.S. Court Upsets Order Blocking Mineral King Bid," *Los Angeles Times*, Sept. 18, 1970.

13. "Disney Firm Asks Sierra Club Cooperation," *Visalia Times–Delta*, Sept. 18, 1970.

14. "Sierra Club Will Appeal Ruling on Disney Project," *New York Times*, Sept. 20, 1970.

15.Peter Browning, "Mickey Mouse in the Mountains," *Harper's Magazine* (Mar. 1972): 65, 68.

16.I.William Berry and Robert Lochner, "Mineral King Scores an Upset," *Ski Holiday*

(Dec. 1970): p. 15.

17.Walt Disney Productions, "Statement by Donn B. Tatum, President, Walt Disney Productions," Sept. 17, 1970; SNP Files.

18.M. M. Nelson, "Mineral King," memorandum to Mr. Cliff, Jan. 14, 1970; NARA II Forest Service Files.

19.Ricard Bergholz, "Murphy Reaffirms His Support for Mineral King Plan," *Los Angeles Times*, Oct. 18, 1970.

20. 公共土地法修订委员会最近完成了对公共土地所有权的全面审查。联邦政府拥有全国三分之一的土地，其中 75% 以上的土地属于第九巡回法院的管辖范围。Public Land Law Review Commission, *One Third of the Nation's Land: A Report to the President and the Congress*, June 1970, 327.

21.H.Donald Harris Jr. and R. Frederick Fisher, cochairmen for the legal committee, "Report of Legal Committee on Litigation," letter to Phillip S. Berry, Esq., president, July. 23, 1969, 3; Sierra Club Members Papers.

22.Gladwin Hill, "Conservationists See Gains in U.S. Courts," *New York Times*, Oct. 19, 1970.

23.Hill, "Conservationists See Gains."

24.R. Frederic Fisher, "Environmental Law," *Sierra Club Bulletin* (Jan. 1971): 24, 28.

25.Stanley R. Harsh, assistant general counsel, letter to Shiro Kashiwa, assistant attorney general, Oct. 7, 1970; Dept. of Justice Files . 建议反对暂缓令，如果准予暂缓令，则应以"提供担保"为条件。

26.James W. Howell, "Service Approval of New Road to Mineral King," memorandum to Acting Superintendent Raftery, Oct. 5, 1970; SNP Files.

27.Report of the Study Group on the Caseload of the Supreme Court, 57 F.R.D. 573, 580 (1972).

28.See, e.g., Russell E. Butcher, "Environmentalists Go To Court," *American Forests*(June 1971): 29, 30.

29.425 F.2d 97 (2d Cir.1970).

30.Sierra Club v. Hickel, 433 F.2d 24, 33 fn. 9 (9th Cir.1970).

31.Petition for a Writ of Certiorari, Sierra Club v. Walter J. Hickel, U.S. Supreme Court No.70–34, filed Nov. 5, 1970, 10.

32.Petition for a Writ of Certiorari, 11.

33.Leland Selna, interview with the author, Oakland, CA, July. 2, 2015.

34.Petition for a Writ of Certiorari, 22–35.

35.Dennis Hevesi, "Walter Hickel, Nixon Interior Secretary, Dies at 90," *New York Times*, May. 8, 2010.

36.Ron Taylor, "Mineral King Faces Further Legal Delays," *Fresno Bee*, Feb. 23, 1971.

37.Walt Disney Productions, *DisneyNews*, Feb. 22, 1973; RBH Papers.

38. "Soaring Cost for Mineral King Road," *San Francisco Chronicle*, Feb. 24, 1971.

39.Bill Stall, "Mineral King Highway Cost Hits $38 Million," *Sacramento Bee*, Feb. 23, 1971.

40.Fred A. Strauss, letter to Jim Stearns, director, California Department of Conservation, Feb. 25, 1971; SNP Files.

41.Art. III § 2 U.S. Constitution.

42.See Laurence H. Tribe, *American Constitutional Law*, 3d ed.(New York: Foundation Press, 2000), 1:386，"资格问题……也许最常出现在个人原告对政府行为的质疑中"。

43.Louis L. Jaffe, *Judicial Control of Administrative Action* (Boston: Little, Brown, 1965), 459.

44.397 U.S. 150, 154 (1970).

45.See, e.g., William C. Tweed and Lary M. Dilsaver, *Challenge of the Big Trees: The History of Sequoia and Kings Canyon National Parks*, rev. ed.(Staunton, VA: George F.Thompson, 2017), 95 (the club's second outing in 1902 into the Sierra Nevadas was into Kings Canyon, where a permanent camp was established) and 199–205 (the club's work in the development of Kings Canyon); Tom Turner, Sierra Club: 100 Years of Protecting Nature (New York: Harry N. Abrams, 1991), 120; Michael McCloskey, memorandum to Lee Selna, Oct. 28, 1970; SCLDF Papers.

46.Complaint, Sierra Club vs. Walter J. Hickel, No. 51464 (N.D. Cal.) paragraph 3.

47.Brief for Petitioners, Sierra Club v. Rogers C. B. Morton et al., U.S. Supreme Court No.70–34, filed May 8, 1971, 8.

48.Edward Lee Rogers, "Re: Sierra Club v. Hickel, 9th Cir., No. 24966," letter to Leland R. Selna Jr., Oct. 8, 1970; SCLDF Papers.

49.Bruce Terris, interview with the author, Washington, DC, Mar. 18, 2015.

50.James Moorman, interview with the author, Washington, DC, Mar. 18, 2015.

51.Brief for the Wilderness Society, Izaak Walton League of America, and Friends of the Earth as Amicus Curiae. Sierra Club v. Rogers C. B. Morton et al. U.S. Supreme Court No.70–34, filed 14 June 1971, p.63.

52.Tom Turner, "Who Speaks for the Future?," *Sierra Magazine* (July/Aug. 1990): 30, 67, 摩尔曼呼吁李·塞尔纳接受"法庭之友"意见中阐述的诉讼资格论点，但塞尔纳坚定地选择最初的方案。

53.Selna, interview with the author.

54.H. Donald Harris, cochairman, Sierra Club Legal Committee, "Re: Sierra Club v. Hardin (Disney)," letter to James Moorman, Esq., Center for Law and Social Policy, Apr. 21, 1971, 2; SCLDF Papers.

55.Jacques Gelin, interview with the author, Rockville, MD, Mar. 17, 2015.

56.42 U.S.C. § 4342 (establishing the three-person council).

57.Erwin N. Griswold, solicitor general, "Re: Sierra Club v. Morton No. 939, October Term, 1970," letter to Russell E. Train, Esq., chairman, May. 26, 1971; Dept. of Justice Files.

58.Morton Hollander, chief, Appellate Section, Civil Division, "Re: Sierra Club v. Morton (S. Ct. No. 939, Oct. T. 1970)," memorandum to Edmund B. Clark, chief, Appellate Section, Land and Natural Resources Division, June. 1, 1971; Dept. of Justice Files.

59.Shiro Kashiwa, assistant attorney general, Land and Natural Resources Division, "Sierra Club v. Morton (S. Ct .No. 939, Oct. T. 1970)," memorandum to the solicitor general, June. 4, 1971; Dept. of Justice Files.

60.Erwin N. Griswold, solicitor general, "Re: Sierra Club v. Morton No. 939, October Term, 1970," letter to Russell E. Train, Esq., chairman, June. 7, 1971, 1–2; Dept. of Justice Files.

61.David Watts, telephone interview with the author, Los Angeles, CA, Apr. 10, 2015, 甚至在上诉法院对此案作出判决之前，"每个人都说，如果他们在这个案件中有诉讼资格，那么美国各地都有类似于塞拉俱乐部的组织。所以在那个关头，有关资格问题的立场变得非常非常关键"。

62.Brief for Respondent, Sierra Club v. Rogers C. B. Morton et al., U.S. Supreme Court No.70–34, filed Aug. 27, 1971, p.9.

63.Id. at 10.

64.Id. at 9, 17 (citing brief for the Wilderness Society, Izaak Walton League of America, and Friends of the Earth as *amicus curiae*, 54–57, 62–63).

65.Id. at 31.

66.Id. at 23–24, 24.

67.Scenic Hudson Preservation Conf. v. Federal Power Commission, 354 F.2d 608 (2d Cir.1965).

68.Brief of the County of Tulare as Amicus Curiae, Sierra Club v. Rogers C. B. Morton et al., U.S. Supreme Court No. 70–34, filed Aug. 23, 1971, 10.

69.Id. at 6.

70.Id. at 6.

71.Id. at 2.

72. "Nader Joins Mineral King Critics," *Fresno Bee*, Aug. 26, 1971.

73.Roger Rapoport, "Disney's War Against the Wilderness," *Ramparts* (Nov. 1971): 27, 33.

74.Peter Browning, "Mickey Mouse in the Mountains," *Harper's Magazine* (Mar. 1972): 65, 69.

75.Bob Hicks, "Extending a Train to Mineral King," interOffice communication, April. 8, 1971; RBH Papers.

76.Bob Hicks, "Train Access to Mineral King," interOffice communication, Dec. 30, 1971, 1; RBH Papers.

77.Michael McCloskey and Albert Hill, Mineral King: *Mass Recreation Versus Park Protection in the Sierra* (San Francisco: Sierra Club, 1971).The brochure text was included in *Patient Earth, ed.* John Harte and Robert H. Socolow (New York: Holt, Rinehart and Winston, 1971).

78.Id. at 8, 5, 10.

79.Id. at 3.

80.Tom Turner, *Wild by Law: The Sierra Club Legal Defense Fund and the Places It Has Saved* (San Francisco: Sierra Club Legal Defense Fund, 1990), 19.

81.Sierra Club Legal Defense Fund, "Active Docket," Oct. 26, 1971; RJ Papers.

82.Edward P. Cliff, chief, letter to Honorable Don R. Clausen, Nov. 19, 1971; Ronald Reagan Law Library Files.

83.United Press International, "Justice Hugo Black Dies at 85; Served on Court 34 Years," Sept. 25, 1971.

84.Lesley Oelsner, "Harlan Dies at 72; On Court 16 Years," *New York Times*, Dec. 30, 1971.

85.Leo Rennert, "Mineral King Fate Is Up to Two New Justices," *Fresno Bee*, Oct. 17, 1971.

86.Leland R. Selna Jr., letter to H.Donald Harris, Esq., Oct. 19, 1971; SCLDF Papers.

第十章

1.Quotes used in this chapter have been corrected, where necessary, to more accurately reflect the actual words used.

2.See, e.g., "A Dam in Kentucky Opposed by Douglas Delayed 6 Months," *New York Times*, Jan. 21, 1968.

3.M. Margaret McKeown, "Supreme Court Justice William O. Douglas Was Not Just a Legal Giant, But Also a Powerful Environmentalist," *Seattle Times*, Aug. 16, 2018. See also Adam M. Sowards, "Protecting American Lands with Justice William O. Douglas," *George Wright Forum* 32, no. 2 (2015): 165.

4.William O. Douglas, *A Wilderness Bill of Rights* (Boston: Little, Brown, 1965).

5.See, generally, Adam M. Sowards, *The Environmental Justice: William O. Douglas and American Conservation* (Corvallis: Oregon State University Press, 2009).

6. "Memo on WOD and the Sierra Club," Jan. 27, 1971; William O. Douglas Papers, Library of Congress.

7.Id.

8.Id.

9.Bob Woodward and Scott Armstrong, *The Brethren: Inside the Supreme Court*(New York: Simon and Schuster, 1979), 174.

10.Transcript, Sierra Club v. Morton (No. 70–34) (Nov. 17, 1971), 4–5.

11.Id. at 6–7.

12.Id. at 10–11.

13.Id. at 11.

14.425 F.2d 543 (D. C. Cir.1969).

15.Id.

16.Id. at 12.

17.Id. at 13.

18.Id. at 15.

19.Id. at 16.

20.Id. at 19–20.

21.Id. at 21, 22.

22.Ira E. Stoll, "Ginsburg Blasts Harvard Law," *Harvard Crimson*, July 23, 1993; "At the Supreme Court: A Conversation with Justice Ruth Bader Ginsburg," *Stanford Lawyer*, Nov. 11, 2013.

23.Transcript, Sierra Club v. Morton (No.70–34) (Nov. 17, 1971), 23.

24.Id. at 25.

25.Id.

26.Id. at 26.

27.Id. at 27.

28.Id. at 29.

29.Id.

30.Id.

31.Id. at 33, 34–35.

32.Id. at 36.

33.Id. at 37.

34.Id.

35.Id. at 39. See J. Rafferty, memorandum of telephone call, Nov. 11, 1971; SNP Files, 可能是大卫·瓦茨（David Watts）律师打来的电话，"希望这条路能给公园带来好处"，并提出"除了更容易、更快地应对森林火灾外，没有其他好处"。

36.Id. at 40.

37.Id. at 42.

38.Id. at 44.

39.Id. at 44, 45.

40.William O. Douglas, conference notes, Sierra Club v. Morton, No.70–34, Nov. 19, 1971; William O. Douglas Papers.

41.Harry Blackmun, conference notes, Sierra Club v. Morton, No.70–34, undated; Harry A. Blackmun Papers.

42.Douglas, conference notes, Sierra Club v. Morton.

43.Id.

44.Blackmun, conference notes, Sierra Club v. Morton.

45.Douglas, conference notes, Sierra Club v. Morton.

46.Harry A. Blackmun, pre–argument memorandum on Sierra Club v. Morton, Secretary. No. 70–34, 2.

47.Douglas, conference notes, Sierra Club v. Morton.

48.401 U.S. 402, 404 (1971).

49.See Roger Goldman and David Gallen, *Thurgood Marshall* (New York: Carroll and Graf, 1992), 80，讨论了国家执行限制性种族公约所涉及的诉讼资格的复杂性。

50.Memorandum re Sierra Club v. Morton, 70–34; Thurgood Marshall Papers. See also Robert B. Percival, "Environmental Law in the Supreme Court: Highlights from the Marshall Papers," 23 Envtl. L. Rptr. 10606 (1993)，法官助理的内部会议备忘录。

51.Douglas, conference notes, Sierra Club v. Morton.

52.Potter Stewart, First Draft Opinion, Sierra Club v. Morton, No.70–34, circulated Feb. 14, 1972, 1, 3–4; Potter Stewart Papers.

53.Id. at 4, 5.

54.5 U.S.C. § 702.

55.Association of Data Processing Service Organizations, Inc. v. Camp, 397 U.S. 150, 152–53 (1970).

56.Stewart, First Draft Opinion, Sierra Club v. Morton, 7.

57.Id. at 7–8.

58.Id. at 8.

59.Id. at 12, citing NAACP v. Button, 371 U.S. 415, 428 (1963).

60.Id. 12–13 and n.16（"the 'trap' does not exist"）.

61.Id. at 12n15.

62.Charles F. Wilkinson, "Justice Douglas and the Public Lands," in "*He Shall Not Pass This Way Again*": *The Legacy of William O. Douglas*, ed. Stephen L. Wasby (Pittsburgh: University of Pittsburgh Press, 1990), 244，塞拉俱乐部诉莫顿案中的不同意见对诉讼资格的确认毫无影响。

63.William O. Douglas, Eighth Draft Dissent, Sierra Club v. Morton, No.70-34, circulated Feb. 14, 1972; William O. Douglas Papers.

64.Christopher Stone, "Should Trees Have Standing? Towards Legal Rights for Natural Objects," 45 So. Cal. L. Rev. 450 (1972).See M. Margaret McKeown, "The Trees are Still Standing: The Backstory of *Sierra Club v. Morton*," 44 J. Sup. Ct. History 189 (2019).

65.Douglas, Eighth Draft Dissent, Sierra Club v. Morton, 2-3.

66.Id. at 4.

67.Id. at 5.

68.Id. at 7.

69.Id. 8-9.

70.Id. at 11.

71.Thurgood Marshall, "Re: No.74-34—Sierra Club v. Morton," memorandum to Justice Potter Stewart, Sierra Club v. Morton, No.70-34, Feb.17, 1972; Thurgood Marshall Papers.

72. "Sierra Club Effort to Bar Disney Complex at Mineral King Is Set Back by High Court," *Wall Street Journal*, April 20, 1972.

73.William J. Brennan Jr., "Re: No.74-34—Sierra Club v. Morton," memorandum to Justice Potter Stewart, Feb. 15, 1972; William J. Brennan Jr. Papers.

74.William J. Brennan Jr., Second Draft Dissent, No. 74-34—Sierra Club v. Morton, circulated Mar. 30, 1972; William J. Brennan Jr. Papers. The first draft was kept as an internal document and not circulated to the court.

75.Id. at 3.

76.William J. Brennan Jr., Third Draft Dissent, No.74-34—Sierra Club v. Morton, circulated Mar. 31, 1972; William J. Brennan Jr. Papers.

77.Byron White, memorandum re: No. 70-34 Sierra Club v. Morton, April. 1, 1972; Byron R.White Papers.

78.Woodward and Armstrong, *The Brethren*, 164n*.

79.See, generally, Peter Manus, "The Blackbird Whistling—The Silence Just After: Evaluating the Environmental Legacy of Justice Blackmun," 85 Iowa L. Rev. 429 (2000).

80.Linda Greenhouse, *Becoming Justice Blackmun* (New York: Times Books, 2005), 31.

81.Harry A. Blackmun, H.A.B. memorandum re No. 70-34—Sierra Club v. Morton, Secretary, Nov. 15, 1971; Harry A. Blackmun Papers.

82.Harry A. Blackmun, First Draft Dissent.No. 74-34—Sierra Club v. Morton, circulated Mar. 30, 1972, 1; Harry A. Blackmun Papers.

83.Id.

84.Id. at 2 (quoting majority opinion).

85.Id. at 3.

86.Id.

87.Id. at 5.

88.Id. at 5.

89.Harry A. Blackmun, letter to Professor Scot Powe, Apr. 28, 1972; Harry A. Blackmun Papers. 首席大法官伯格在另一个案件中警告他"不要过于坦率"；see Greenhouse, *Becoming Justice Blackmun*, 114.

90.William J. Brennan Jr., Fourth Draft Dissent, No. 74–34—Sierra Club v. Morton, circulated Apr. 11, 1972; William J. Brennan Jr. Papers.

91.William Jeffress, telephone interview with the author, Los Angeles, Nov. 7, 2014. 当时，杰弗里斯先生是斯图尔特法官的法官助理，也是处理此案的主要书记员。

92.Potter Stewart, Fourth Draft Opinion, Sierra Club v. Morton, No. 70–34, circulated Apr. 11, 1972, 8; Potter Stewart Papers.

93.Id. at 14.

第十一章

1.Louise Nichols, Conservation Dept., Sierra Club, letter to John W. Rettenmayer, Jan. 24, 1972，塞尔纳"从华盛顿回来时对法院的判决相当乐观"。

2.John P. MacKenzie, "Sierra Club Asks Wider Power to Sue," *Washington Post*, Nov. 18, 1971.

3.Ron Taylor, "Sierra Club Vows to Continue Fight Against Mineral Kings [*sic*]." *Fresno Bee*, Apr. 20, 1972.

4.Sierra Club, press release, "Sierra Club Sees Mineral King Decision as a Technical Rebuff, Not the Final Chapter," Apr. 19, 1972; Sierra Club Members Papers.

5.Taylor, "Sierra Club Vows to Continue Fight."

6.United Press International, "Club Eyes New Mineral King," *Bakersfield Californian*, Apr. 21, 1972.

7.Taylor, "Sierra Club Vows to Continue Fight."

8.U.S. Forest Service, press release, "Supreme Court Decision on Mineral King," April. 19, 1972; SNP Files.

9. "Club Sees Invitation by Court to Refile Its Plea," *Los Angeles Times*, Apr. 20, 1972.

10.Thomas J. Foley, "Sierra Club Loses High Court Bid to Block Ski Resort," *Los Angeles Times*, Apr. 20, 1972.

11. "The Sierra Club Loses on Mineral King," *San Francisco Examiner*, Apr. 19, 1972. See also United Press International, "Sierra Club Loses Suit on Disney Plan," *Los Angeles*

Herald Examiner, Apr. 19, 1972.

12.John P. MacKenzie, "Ecologists Lose Suit but Win," *Washington Post*, Apr. 20, 1972.

13.Foley, "Sierra Club Loses High Court Bid."

14.William M. Blair, "Supreme Court Sets Aside Suit of Sierra Club to Block Resort," *New York Times*, Apr. 20, 1972.

15.William O. Douglas, "Who Speaks for Nature's Voiceless," *Los Angeles Times*, Apr. 23, 1972.

16.Sierra Club, press release, "Sierra Club Sees Mineral King Decision as a Technical Rebuff."

17.Elizabeth Fullenwider, Conservation Dept., Sierra Club, letter to Elaine McAndrews, June. 9, 1972.

18. "Sierra Club Effort to Bar Disney Complex at Mineral King Is Set Back by High Court," *Wall Street Journal*, Apr. 20, 1972.

19.Sierra Club, press release, "Sierra Club Sees Mineral King Decision as a Technical Rebuff," 2.

20.Tom Turner, "Mineral King: Did We Win or Lose?" *Not Man Apart* (June. 1972): 7, 10.

21.42 U.S.C. § 4332(C).

22.W.S. Davis, chief, "Mineral King Environmental Statement," memorandum to Ray Housely, director of recreation, Jan. 26, 1972; NARA II Forest Service Files.

23.Forest Service, Region Five, U.S. Dept. of Agriculture, *Environmental Statement, Mineral King, A Planned Year-Round Recreation Development, Sequoia National Forest, California*, draft, Jan. 1972, 21; NARA II Forest Service Files.

24.Russell P. McRarey, acting deputy chief, "Mineral King Environmental Statement (Your Memo 1/26)," memorandum to regional forester, R–5, May 3, 1972, 1–2; NARA I Forest Service Files.

25.Earl L. Butz, secretary, letter to Honorable Rogers C.B. Morton, secretary, June 20, 1972; NARA II Secretary of Agriculture Files.

26.Walt Disney Productions, *DisneyNews*, remarks by E. Cardon Walker, president, Walt Disney Productions, Visalia, California, May. 3, 1972, 3–4; Sierra Club Records.

27.Id. at 6–7.

28.Id. at 5, 7.

29.Id. at 5.

30.Id. at 2–3.

31.Id. at 7–8.

32.Walter A. Williams, "News Conference—Mineral King Proposal," memorandum to superintendent, May. 17, 1972, 1; SNP Files. 威廉姆斯说，他参加了这次新闻发布会，并

在给红杉国家公园和国王峡谷国家公园负责人的备忘录中详细描述了所发生的事情。

33.Walt Disney Productions, *DisneyNews*, remarks by E. Cardon Walker, 9.

34.Id.

35.Earl Wallace, "County Officials See Sierra Club as Loser," *Visalia Times–Delta*, May. 4, 1972. "迪士尼已经安排第二天在全州的主要报纸上刊登整版广告，讲述公司的故事。"

36.Walt Disney Productions, advertisement, "I Remember Because I Was There with Walt Disney at Mineral King," *San Francisco Examiner*, May. 8, 1972.

37.Id.

38.Williams, "News Conference—Mineral King Proposal," 2.

39.Walt Disney Productions, advertisement, "I Remember.".

40.Williams, "News Conference—Mineral King Proposal," 1.

41.Bob Hicks, "Train Access to Mineral King," inter Office communication, Dec. 30, 1971, 1; RBH Papers.

42.Williams, "News Conference—Mineral King Proposal," 1.

43.Douglas R. Leisz, "Statement of Douglas R. Leisz, Regional Forester, Visalia, California," May. 3, 1972, 1; SCLDF Files.

44.Forest Service, Region 5, "Mineral King Reaches a Turning Point," *California Log*, May. 10, 1972, 2.

45.Leisz, "Statement of Douglas R. Leisz," 3.

46.Merle E. Stitt, acting director, Western Region, letter to Edward Savage, May. 11, 1972, 1; SNP Files.

47.Daniel J. Tobin Jr., acting director, Western Region, letter to Edward Savage, May. 23, 1972; SNP Files.

48.Earl Wallace, "Mineral King Railway Proposed," *Visalia Times–Delta*, May. 5, 1972.

49.Donn B. Tatum, chairman of the board, letter to Calvin E. Baldwin, county counsel, May. 31, 1962, 1–2; RBH Papers.

50.Robert B. Hicks, letter to John A. Leisure, forest supervisor, Mar. 28, 1975, 3; NARA I Forest Service Files, 如果公园管理局颁发许可证，"该许可证显然必须是可撤销的，这无疑会阻隔私人融资进来"。

51.See, e.g., Walt Disney Productions, letter to Secretary [Orville] Freeman, "Observations Made by Members of the Staff of Walt Disney Productions Regarding the August 10, 1967 Letter from Secretary of the Interior Stewart L. Udall to Yourself," undated [1967], 4; NARA II Secretary of Agriculture Files.

52.Roy O. Disney, president, letter to Stewart L. Udall, secretary of the interior, Sept. 21, 1967, 3; NARA II National Park Service Files，引用了 2 份迪士尼之前的可能性报告。

53.Williams, "News Conference—Mineral King Proposal," 3.

54. "New Developments on Mineral King," editorial, *Los Angeles Times*, May. 7, 1972.

55.Id.

56.E. Cardon Walker, president, Walt Disney Productions, letter to the editor, *Los Angeles Times*, May. 13, 1972.

57.Ron Taylor, "Disney May Cancel Mineral King Plans," *Fresno Bee*, May. 14, 1972.

58.Sierra Club, press release, "Sierra Club Will Still Oppose Mineral King Development," May. 3, 1972; SCLDF Files.

59.Sierra Club, minutes, Annual Organizational Meeting of the Board of Directors, May 6–7, 1972, 19.

60.Sierra Club, transcript, Sierra Club press conference, June. 6, 1969，原件藏于班克罗夫特图书馆；作者持有。

61.Sierra Club, minutes, Meeting of the Annual Organizational Meeting, 19.

62.Id. at 20.

63.Id.

64.Sierra Club, staff report, "Mineral King: The Battle Goes On," *Sierra Club Bulletin* (May. 1972): 26.

65.Notice of Motion and Motion to Amend Complaint, Sierra Club v. Morton, No. 51464 WTS (N.D. Cal. 1969), June. 2, 1972, 1–2.

66.Id. at 3–5.

67.Defendants' Memorandum of Points and Authorities in Opposition to Plaintiffs' Motion to Amend the Complaint, Sierra Club v. Morton, No. 51464 WTS (N.D. Cal. 1969), June. 22, 1972, 3.

68.Plaintiff's Reply Memorandum in Support of Motion to Amend the Complaint, Sierra Club v. Morton, No. 51464 WTS (N.D. Cal. 1969), June. 29, 1972, 5.

69.Memorandum of Decision on Plaintiff's Motion for Leave to Amend Complaint, Sierra Club v. Morton, No. 51464 WTS (N.D. Cal. 1969), July 6, 1972, 2.

70.James W. Moorman, "Re: Mineral King," memorandum, July. 28, 1972; Sierra Club Members Papers.

71.Plaintiffs' Memorandum of Points and Authorities in Opposition to Defendants' Motion to Dismiss the Amended Complaint, Sierra Club v. Morton, No. 51464 WTS (N.D. Cal. 1969), Aug. 29, 1972, 3.

72.Id. at 30.

73.Id. at 31–33.

74.James W. Moorman, interview by Ted Hudson, Sierra Club Oral History Series, 1994, 75.

75.Memorandum of Decision, Sierra Club v. Morton, No. 51464 WTS (N.D. Cal. 1969), Sept. 12, 1972, 2–3.

76.Id. at 3.

77.James W. Moorman, "Mineral King," memorandum to Sierra Club and Sierra Club Legal Defense Fund Officers, Sept. 14, 1972; SCLDF Files.

78.John D. Hoffman, "Re: Mineral King," letter to Professor Christopher Stone, Sept. 3, 1974, 2; SCLDF Files.

79. "An OK for Mineral King Road Ban," *San Francisco Chronicle*, May. 19, 1972.

80. "Mineral King Road: Assembly Votes to Kill Half of Proposed Route," *Fresno Bee*, May. 31, 1972. See also United Press International, "Vote to Ban Road into Mineral King," *San Francisco Chronicle*, May. 31, 1972.

81.Norman B. Livermore Jr., interview by Ann Lage and Gabrielle Morris, Sierra Club Oral History Series, 1981–82, 78.

82.N. B. Livermore Jr., letter to Donn Tatum, Aug. 2, 1972; Norman B. Livermore Jr. Papers.

83.George B. Hartzog Jr., "Mineral King," memorandum to assistant secretary for Fish and Wildlife and Parks, Aug. 15, 1972; George B. Hartzog Papers.

84.Livermore, interview, Sierra Club Oral History Series, 1981–82, 81.

85.Id. at 81, 82.

86.Ford B. Ford, assistant secretary for resources, letter to George B. Hartzog Jr., Aug. 30, 1972; George B. Hartzog Papers.

87.Ronald Reagan, press release, "Mineral King," Aug. 18, 1972; Sierra Club Records.

88.United States Ski Association, press release, "Mineral King," Aug. 23, 1972; MKPS.

第十二章

1.Peter J. Wyckoff, "Environmental Statement, Mineral King," memorandum to Bob Hicks, Aug. 1, 1972, 1–2; RBH Papers.

2.Bob Hicks, "Telephone Conversation with Pete Wyckoff, July. 17, 1972," inter office communication to file, July. 17, 1972; RBH Papers.

3.Forest Service, U.S. Dept. of Agriculture, "Minutes of Inter–Agency Meeting Regarding Mineral King Environmental Statement," undated, 5; NARA I, 政府部门中, 许多人认为这一预估"太过乐观了"。

4.M. R. James, forest supervisor, "Mineral King Environmental Statement," memorandum to regional forester, July. 18, 1972; SNP Files.

5.Earl L. Butz, secretary, letter to Rogers C. B. Morton, secretary of the interior, Dec. 26,

1972; SNP Files.

6.Nathaniel P. Reed, assistant secretary of the interior, letter to Earl L. Butz (addressee unidentified on letter itself), Feb. 1, 1973, 1; NARA I Secretary of the Interior Files.

7.Id. at 2.

8.Nathaniel P. Reed, memorandum to Associate Director Bulett, quoted in John C. Raftery, acting superintendent, Sequoia and Kings Canyon, "Mineral King Transportation Analysis," memorandum to regional director, Western Region, from acting superintendent, Sequoia and Kings Canyon, Sept. 21, 1973; SNP Files.

9.Bob Hicks, "Proposed Compromise for Development of Mineral King," interoffice communication, July. 3, 1973, 1; RBH Papers.

10.Robert B. Hicks, letter to W. S. Davis, Feb. 13, 1973, 2–3; NARA I Files.

11.Id .at 3.

12.W. S. Davis, chief, Division of Recreation, letter to Robert B. Hicks, Feb. 16, 1973; NARA.

13.Alan M. Voorhees and Associates, Inc., *Mineral King Transportation Analysis*, June. 1973; NARA I.

14.U.S. Forest Service, "Multimodal Access to Mineral King," 1973, 1; RBH Papers.

15.Robert B. Hicks, letter to Douglas R. Leisz, regional forester, Oct. 13, 1973; RBH Papers.

16.Philip Fradkin, "Planned Mineral King Resort Appears Doomed," *Los Angeles Times*, Oct. 23, 1973.

17.John C. Raftery, acting superintendent, Sequoia National Park, "Mineral King Transportation Analysis," memorandum to regional director, Western Region, Sept. 21, 1973; SNP Files，"我们认为目前路权不属于该县"。

18.M. R. James, forest supervisor, letter to Mr. Raymond Sherwin, Apr. 27, 1973, 2; NARA II Forest Service Files.

19.J. M. McCloskey, "Notes of Conference with Supervisor, Sequoia National Forest, May. 31, 1973."

20. "Minutes of Sierra Club–Forest Service Meeting," May. 31, 1973, 5; Sierra Club Records. 虽然这份文件的作者是谁并不清楚，但内容似乎表明，这是一份塞拉俱乐部的文件，而且分发给了所有与会者，包括林业局人员。

21.See, e.g., Philip Fradkin, "Disney Studying Lake Near Truckee for Sierra Resort," *Los Angeles Times*, Sept. 3, 1974; "Disney Eyes Tahoe Area Site; Mineral King Resort 'Not Out,'" *Fresno Bee*, May. 16, 1974.

22.United Press International, "Sierra Club, Disney Reveal Project Accord," *Los Angeles Times*, Dec. 19, 1974.

23.See, e.g., Robert A. Jones, "How Disney Resort Plans Went Awry," *Los Angeles*

Times, Mar. 22, 1978.

24.A. E. Hall Jr., chief, Fisheries Habitat Branch, "Mineral King Environmental Impact Statement: Fish and Wildlife," Mar. 29, 1973; NARA II Forest Service Files.

25.Peter J. Wyckoff, "Mineral King Preliminary Draft Environmental Statement," letter to Robert Hicks, May. 29, 1974; NARA I Forest Service Files.

26.Douglas R. Leisz, regional forester, letter to W. S. Davis, undated; NARA II Forest Service Files.

27.Michael McCloskey, "Preliminary Draft Mineral King Environmental Statement," letter to John Leasher (*sic*; correct spelling is Leasure), forest supervisor, July. 16, 1974, 5; SCLDF Files.

28.Ronald J. Cayo, letter to Laurens H. Silver, Esq., Sept. 18, 1973; SCLDF Papers.

29.Robert B. Hicks, letter to John Leasure, supervisor, Sequoia National Forest, July. 25, 1974, 8; NARA I Forest Service Files.

30.Jim Stewart, "Mineral King Draft Environmental Statement," interoffice communication, Oct. 25, 1974; RBH Papers.

31.Id. at 1–2.

32.Id. at 2.

33.Id. at 3, 2.

34.Id. at 5–6.

35.The Solicitor's Office within the Department of the Interior had examined this issue. Under the 1973 decision of the United States Court of Appeals for the District of Columbia Circuit in Wilderness Society v. Morton, 479 F.2d 842 (D.C. Cir. 1973), cert. denied 411 U.S. 917, 一个强有力的论点认为，短期许可证必须是实际上可撤销的，而不仅仅是理论上的。See associate solicitor, Conservation and Wildlife, "Sierra Club v. Morton, Civil No. 51464 WTS (D.N.D. Cal., filed June. 5, 1969); A Reexamination of the Revocability Requirement for the Special Use Permit To Be Issued by the National Park Service," memorandum to assistant secretary, Fish and Wildlife, undated draft (likely 1973 or 1974 from content); SCLDF Papers.

36.Id. at 7.

37.Philip Fradkin, "Mineral King Valley Development Backed," *Los Angeles Times*, Jan. 13, 1975.

38.Ron Taylor, "Study Pictures Outsize Resort," *Fresno Bee*, Jan. 12, 1975.

39.U.S.Forest Service, "Analysis of Mineral King Comments Is Completed," *Forest Service News*, May. 23, 1975; Sierra Club Records.

40.Resources Agency of California, "Re: Draft Environmental Statement, Mineral King Recreational Development," letter to Douglas R. Leisz, regional forester, Mar. 28, 1975, 2.

41.Nathaniel Reed, assistant secretary of the interior, letter to [Douglas] Leisz, Apr. 4,

1975,1–2; SCLDF Papers.

42.King Patrick Leonard, division head, Environmental Section, Tulare County Planning Department, letter to Douglas R. Leisz, regional forester, Mar. 6, 1975, 6; SCLDF Papers.

43.Robert B. Hicks, letter to John A. Leasure, forest supervisor, Mar. 28, 1975, 3, 4–5; NARA II Forest Service Files.

44.John A. Leasure, forest supervisor, "Preparation of Mineral King Final Environmental Statement," memorandum to regional forester, May. 28, 1975; NARA II Forest Service Files，此处总结了 5 月 14 日会议上，对矿王谷项目的拟修改意见。

45.John A. Leasure, forest supervisor, "Meeting with Walt Disney Productions Concerning Mineral King Proposal," memorandum to regional forester, May. 27, 1975; SCLDF Papers.

46.Peter J. Wyckoff, letter to Charles A. Baker, Dec. 8, 1975; NARA II Forest Service Files，"我们花了相当多的时间，与迪士尼一起研究一项经过修改的建议"。

47.Michael McCloskey, executive director, "Conversation with Jim Stewart at Walt Disney Productions," memorandum to Larry Silver, SCLDF, Dec. 11, 1975, 1–2; SCLDF Papers.

48.U.S. Forest Service, *Sequoia National Forest News*, news story version, "Revised Mineral King Development Proposal Announced," Feb. 26, 1976; NARA II Forest Service Files. U.S. Forest Service, *Sequoia National Forest News*, feature story version, "Revised Mineral King Development Proposal Announced," Feb. 26, 1976; Sierra Club Members Papers.

49.Joan Sweeney, "Skiing: Forest Service Proposes Cut in Visitors to Mineral King," *Los Angeles Times*, Mar. 11, 1976.

50.Sierra Club, press release, "Mineral King Project Would Damage Sequoia National Park and Wildlife Refuge," Apr. 1, 1976; Sierra Club Members Papers.

51.Jack Cavanaugh, "Polly Lauder Tunney, 100, Fighter's Widow, Dies," *New York Times*, Apr. 15, 2008.

52.Jean Merl, "John Tunney, California Senator Who Worked for Environmental Protection and Civil Rights, Dies at 83," *Los Angeles Times*, Jan. 12, 2008.

53.George L. Baker, "M–K Development Opposed by Cranston," *Fresno Bee*, Apr. 15, 1976.

54.Claire Dedrick, secretary for resources, letter to Douglas R. Leisz, Sept. 16, 1976; SCLDF Papers.

55.Office of Congressman John Krebs, news release, Mar. 15, 1976; Tulare County Library, Mineral King Archives.

56.Office of Congressman John Krebs, news release, Mar. 15, 1976, 6; Tulare County Library, Mineral King Archives.

57.See, e.g., Doug Hoagland, "Harrell Raps Krebs' Mineral King Stand," *Visalia Times–Delta*, Mar. 16, 1976.

58.Associate director, National Park Service, "H.R. 6882 — Addition of Mineral King Valley to Sequoia National Park," memorandum to legislative counsel, Mar. 1, 1976; NARA II National Park Service Files.

59.National Park Service, Dept. of the Interior, *Feasibility Report, Mineral King, California*, 43; SCLDF Files.

60.Associate director, National Park Service, "H.R. 6882," 1, 3.

61.James Moorman, "Mineral King," memorandum to John Hoffman, Larry Silver, and Mike McCloskey, Aug. 18, 1976, 2; Sierra Club Members Files.

62.John Hoffman, interview with the author, Corte Madera, CA, Jan. 18, 2019.

63.Doug Hoagland, "Sierra Club Lawsuit Dismissed," *Visalia Times–Delta*, Mar. 16, 1977.

64.John D. Hoffman, "Re: Mineral King," memorandum to Sierra Club Conservation Administration Committee, Apr. 7, 1977; SCLDF Papers.

65. "Sierra Club Shelves Mineral King Suit," *Fresno Bee*, May. 31, 1977.

66.Ron Taylor, "Mineral King Compromise," *Fresno Bee*, July. 8, 1977.

67.Robert A. Jones, "Mineral King Resort Proposal Resurrected," *Los Angeles Times*, Sept. 19, 1977.

68.Skiers to Keep Mineral King Natural, "Recent Conversation with James Stewart of Disney," Newsletter #6, Oct. 7, 1977; Ed Pell, "Notes of Conversation with Jim Stewart, Disney VP, 9/23/77," undated; UCLA Sierra Club Files.

69.George L. Baker, "Interior Opposes Newest Proposal for Mineral King," *Fresno Bee*, Nov. 24, 1977.

70.Doug Hoagland, "New Mineral King Plan Unveiled," *Visalia Times–Delta*, Jan. 12, 1978; United Press International, "U.S. Offers Scaled–Down Resort Plan," *Los Angeles Times*, Jan. 13, 1978.

71.Larry E. Moss, "On Mineral King and the Kern Plateau," *Sierra Club Bulletin*(Oct. 1973): 43, 46.

72.John Jacobs, *A Rage for Justice: The Passion and Politics of Phillip Burton* (Berkeley: University of California Press, 1995), 352–53.

73.Judith Robinson, *You're in Your Mother's Arms: The Life and Legacy of Congressman Phil Burton* (San Francisco: M. J. Robinson, 1994), 403.

74.Id. at 406.

75.Carl Cannon, "Wheeler–Dealer for the Powerless," *Washington Post*, Apr. 17, 1983.

76.Ben Pershing, "A Look Back at Congress' Most Memorable Leadership Battles," *Roll Call*, June 19, 2014 (discussing the 1976 race for majority leader).

77.Nancy Ingalsbee, telephone interview with the author, Los Angeles, May. 18, 2017.

78.Nancy Ingalsbee, testimony, "House of Representatives Subcommittee on National Parks and Insular Affairs—Hearing October. 27, 1977," 3; Sierra Club Records.

79.Mary Ann Eriksen, "Testimony of Mary Ann Eriksen, Southern California Representative, Sierra Club, and Southern California Vice President, Federation of Western Outdoor Clubs on H.R. 1771, The Addition of Mineral King to Sequoia National Park," Oct. 27, 1977, 3; Sierra Club Records.

80. "Statement of United Brotherhood of Carpenters and Joiners of America Before Subcommittee on National Parks and Recreation. House Interior Committee H.R. 1771–Mineral King," Oct. 27, 1977, 2; Sierra Club Records.

81.Jerome Waldie, "Testimony of Jerome Waldie representing Friends of the Earth on H.R. 1771 before Subcommittee on National Parks and Insular Affairs, Committee on Interior and Insular Affairs," Oct. 27, 1977, 2; Sierra Club Records.

82.T. Mark O'Reilly, "Statement of T. Mark O'Reilly, Director of Public Relations, United States Ski Association," undated; Sierra Club Records.

83.David Beck and Susan Beck, letter to Honorable John Krebs, Oct. 22, 1977, 2; UCLA Sierra Club Records.

84.Subcommittee on National Parks and Insular Affairs, transcript of proceedings, Hearing Held Before Subcommittee, Oct. 27, 1977, 70.List of Witnesses, Subcommittee on National Parks and Insular Affairs, Oct. 17, 1977, 2.

85. "Statement of John Krebs, Member of Congress, Before the U.S. House of Representatives Subcommittee on National Parks and Insular Affairs," Oct. 27, 1977, 9; Sierra Club Records.

86. "Statement of John Krebs, Member of Congress, Before the U.S. House of Representatives Subcommittee on National Parks and Insular Affairs," Oct. 27, 1977, 9, 6; Sierra Club Records.

87.Senator Alan Cranston, "Statement by Senator Cranston Before the House Interior Committee Parks and Recreation Subcommittee on H.R. 1771," Oct. 27, 1977, 3.

88.Walt Disney Productions, "Statement for the Interior and Insular Affairs Committee— National Parks and Insular Affairs Subcommittee—Hearings on H.R.1771 Presented by James L. Stewart—Vice President, Corporate Relations, Walt Disney Productions." Oct. 27, 1977; Sierra Club Records.

89.Transcript, testimony of James Stewart, Hearing before the Subcommittee on National Parks and Insular Affairs of the Committee on Interior and Insular Affairs, Oct. 27, 1977, 102.

90.John Fogarty, "Sharp Debate over Mineral King's Future," *San Francisco Chronicle*, Oct. 28, 1977.

91.J. Y. Smith, "Outspoken U.S. Senator S. I. Hayakawa Dies at 85," *Washington Post*,

Feb. 28, 1992.

92.Gladwin Hill, "Carter Plan Opposes a 'Disneyland North,'" *New York Times*, Jan. 26, 1978.

93.Dept. of the Interior, news release, "Administration Recommends Incorporation of Mineral King into Sequoia National Park," Jan. 26, 1978; SNP Files.

94.M. Rupert Cutler, "Statement of M. Rupert Cutler, Assistant Secretary for Conservation, Research and Education, Before the Subcommittee on National Parks and Insular Affairs, House of Representatives, Relating to H.R. 1771 and H.R. 1772 Which Would Transfer the Mineral King Valley of the Sequoia National Forest, Calif., to the Sequoia National Park," Jan. 26, 1978, 3; SNP Files.

95.William J. Whalen, "Statement by the Department of the Interior Before the Subcommittee on Parks and Insular Affairs, House Committee on Interior and Insular Affairs, on H.R. 1771 and Other Bills Concerning the Mineral King Valley, California," Jan. 26, 1978; SNP Files.

96.Hot Sheet, U.S. Forest Service, California Region, "Administration Supports Mineral King's Addition to Sequoia National Park," Jan. 27, 1978; NARA II Forest Service Files.

97. "Disney Raps Action on Mineral King," *San Francisco Chronicle*, Feb. 16, 1978; see also "Disney Chief Hits Mineral King Decision," *Los Angeles Times*, Feb. 16, 1978.

98.Edmund G. Brown Jr., governor, letter to John H. Krebs, member of Congress, Feb. 14, 1978; SNP Files.

99.Jacobs, *A Rage for Justice*, 352, 365.

100.Paul Houston, "House Oks Parks Measure; Burton Tactics Criticized," *Los Angeles Times*, July. 13, 1978.

101.Advertisement, "Mr. President, Senators and Members of Congress, as Citizens of California's 17th Congressional District, We Want You to Know," *Washington Post*, Apr. 28, 1978.

102.Senator Alan Cranston, "Statement by Senator Alan Cranston Before the Senate Energy and Natural Resources Committee Subcommittee on Parks and Recreation in Support of S. 88, A Bill to Add Mineral King to Sequoia National Park," Apr. 28, 1978, 3; Samuel I. Hayakawa Papers.

103.Roberta Hornig, "Rep. Burton Out to Save Parks Bill: He's a One-Man Conference Committee," *Washington Star*, Oct. 12, 1978.

104.Jacobs, *A Rage for Justice*, 374.

105.Doug Underwood, "Mineral King Downhill Skiing Axed," *Visalia Times-Delta*, Oct. 13, 1978.

106.Ingalsbee, interview with the author.

107.United States Ski Association, "Cranston 'Walks Out' on Skiers," *Far West Ski*

News, Oct. 17, 1978.

108.Ingalsbee, interview with the author.

109.Jacobs, *A Rage for Justice*, 377.

110.Seth S. King, "President Signs a Bill for Record Spending of $1.2 Billion on 100 Parks, Rivers, Historic Sites and Trails," New York Times, Nov. 12, 1978.

结语

1.Oliver Houck, "Unfinished Stories," 2002, 73 U. Colo. L. Rev. 867, 909.

2.James Salzman and J. B. Ruhl, "New Kids on the Block—A Survey of Practitioner Views on Important Cases in Environmental and Natural Resources Law," 2010, 25 Nat. Resources & Env't 45 (ranking the case seventh); James Salzman and J. B. Ruhl, "Who's Number One?" Nov.–Dec. 2009, Env't Forum (ranking it eighth in a 2009 survey and fourth in a 2001 survey).In the 2009 survey, academics ranked it fourth while practitioners ranked it third.

3.A search on Westlaw reveals that between 1972 and 1975, ninety–five environmental cases cited the *Sierra Club v. Morton* decision. Of those, seventy–three mentioned standing. Fifty–nine of those cases found that the plaintiffs had standing to sue; fourteen did not. During the same period, forty–one cases in the state courts cited the case.

4.504 U.S. 555, 560–61 (1992).

5.549 U.S. 497, 524 (2007).

6.David B. Spence, "Paradox Lost: Logic, Morality, and the Foundations of Environmental Law in the Twenty–first Century," 20 Colum. J. Envtl. L. 145, 168，1995 年，20 世纪 80 年代环境组织的年增长率从 9% 到 67% 不等。

7.See Christopher Warshaw, and Gregory E. Wannier, "Business as Usual? Analyzing the Development of Environmental Standing Doctrine Since 1976," 5 Harv. L. & Pol'y Rev. 289 (2011).

8.Jeanne Nienaber, "The Supreme Court and Mickey Mouse," *American Forests*(July 1972): 31.

9.Russell J. Mays, Office of General Counsel, U.S. Department of Agriculture, interview by Rupert Cutler, Aug. 14, 1970, quoted in M. Rupert Cutler, "Sierra Club v. Hickel: Mineral King Valley" (undated draft), Lyndon B. Johnson Presidential Library.

10.See David Halberstam, *The Best and the Brightest* (New York: Random House 1972).

11.Bob Hicks, interview by Louise Jackson, May. 22, 2013, 6; RBH Papers.

12. "Interest Revives in Mineral King," *Visalia Times–Delta*, Jan. 30, 1953.

13.John Henry Auran, "Special Report: Defend Your Right to Ski," *Skiing*(Oct. 1969): 63, 引用自题为《矿王谷是一个生态问题吗？》的边栏文章。

14.Walt Disney Productions, *Walt Disney's Plans for Mineral King*, 1966; RBH Papers.

15.Deputy assistant director, Interpretation, National Park Service, "Mineral King Study by Dr. Clarkeson," memorandum to chairman, Road Committee, June. 10, 1968; NARA II National Park Service Papers.

16.Walt Disney Productions, "Conservation: The Greatest Disney Story," undated, 4; RBH Papers.

17.Richard Hubler, *Biography of Walt Disney*, unpublished draft, 613; from the Richard Hubler Collection, Howard Gotlieb Archival Research Center, Boston University.